포즈랑의 투자 이야기

포즈랑 지음

수익은 시장이 주고 손실은 내가 낸다
포즈랑의 투자 이야기

추천사

이 책을 통해 미로 같은 시장에서 길을 찾아나가시길……

포즈랑 님과의 인연은 완벽한 우연이었다. 2023년 겨울, 우연히 포즈랑 님의 글을 하나 읽게 되었는데, 그 글이 마음에 큰 울림을 줬다. 그렇게 나는 포즈랑이라는 필명을 처음 알게 되었다. 그리고 2024년 봄, 내 블로그에 남긴 긴 댓글을 만나게 되는데. 그건 포즈랑 님이 남긴 것이었다. 내가 포즈랑 님의 필명을 기억하지 못했다면 그냥 지나쳤을 텐데, 나는 포즈랑 님을 정확히 기억하고 있었다. 그렇게 두 번의 우연이 겹쳐서 포즈랑 님을 만났다.

처음 만난 날 우리는 오랜 시간 아주 많은 이야기를 나눴고, 나는 다음 날부터 포즈랑 님이 적어놓은 과거 모든 글을 다 읽었다. 그리고 포즈랑 님이 내가 가진 오랜 의문에 답을 줄 수 있는 분이라고 느꼈다. 내 오랜 의문은 평범한 개인이 투자 세계에서 길을 찾을 수 있을까? 하는 것이었다. 포즈랑 님의 긴 여정은 내 의문에 답을 제시해주었다. 평범한 개인도 가능하다고 말이다.

그래서 포즈랑 님이 책을 썼으면 하는 마음이 들었고 나는 포즈랑 님에게 강력하게 책을 쓸 것을 권했다. 물론 포즈랑 님은 내 권유에 전혀 동요하지 않았고, 그럴 마음이 전혀 없어 보였다. 여느 분야와 다르게 투자 세상은, 진짜들이 사람들 앞에 나서는 걸 꺼려 하는 경향이 있다. 돈을 벌었다는 게 알려지면 좋지 않은 일에 휘말리는 경우가 더 많기 때문이다. 그래도 나는 여러 번 아주 강하게 권했다. 우리나라 투자 시장에 읽을 만한 책이 몇 권이나 되냐고. 허구한 날 비법이니 얼마를 벌었다느니 하는 그렇고 그런 책이 대부분인 현실에서, 제대로 된 과정과 결과를 가진 투자자 한 명쯤은 마음을 담아서 경험을 이야기해줘야 하지 않겠냐고 계속 설득했다. 그러니까 지금 이 책이 세상에 나오게 된 건 내 권유가 시작이었다.

투자 세상에 들어오는 모든 사람은 돈이라는 같은 욕망을 가지고 출발한다. 그리고 이쪽 일이 제법 쉬워 보인다는, 같은 착각도 하게 된다. 같은 욕망, 같은 착각으로 시작은 누구나 엇비슷한 과정을 겪게 된다. 무언가 될 듯 될 듯하지만 미끄러지는 그런 과정을 반복하다가 한순간의 욕심, 망설임, 작은 자만에 생각해본 적 없는 큰 손실을 만나게 된다. 그제야 시장이 얼마나 냉정하고 잔인한 존재인지 알게 된다. 그리고 우리의 준비가 얼마나 부실

했고, 보잘것없었는지 깨닫게 된다. 나 또한 모두 경험한 일이고, 지금도 그때의 아픔을 고스란히 기억하고 있다.

내가 깨달은 모든 것들은 실패에서 배웠다. 그리고 실패는 나를 더욱 단단하게 만들었다. 공포 앞에서 담담해질 수 있고, 손실을 받아들일 수 있게 되었으며, 빨리 이루고 싶은 조급함을 모두 내려놓을 수 있게 되었다. 조급함은 내려놓고 꾸준함을 가지게 되면서, 기다리는 법과 나 자신을 제어하는 법을 배웠다. 오랜 세월 시장에서 살아남은 나는 분명하게 이야기할 수 있다. 투자는 지식의 싸움이 아니라 심리와 태도의 싸움이라고 말이다.

이 책이 너무 멋진 이유는 바로 그것을 이야기하고 있어서다. 포즈랑 님은 오랜 세월 그 싸움을 견뎌내고 이겨냈다. 환호 속에서는 차분함을 가지려 했고, 모두가 두려워하는 순간에도 자신의 원칙을 그대로 지켜나갔다. 이 책은 단기 성과나 화려한 성공을 이야기하고 있지 않다. 대신 그 긴 시간 시장에서 버텨내며 터득한 교훈을 담담히 전하고 있다. 결코 (존재하지도 않는) 빨리 가는 무슨 비법이 아니라 시장과 대면하면서 느꼈던 온갖 고민과 경험 끝에 깨달은 오래 살아남는 힘을 말이다. 그리고 그것은 모두 포즈랑 님이 직접 겪은 경험에서 오는 진실한 이야기이며, 그가 첫 만남에서 나에게 보여줬던 꾸밈없는 모습처럼 자신을 포장하지 않고 있는 그대로 적어주었다.

시장에서 큰 수익을 거둔 소위 고수들은 무슨 구름 위에 떠 있다고 생각들 하지만, 사실은 그 번민의 무게와 종류는 고수라고 다를 게 없다. 다만, 그 고민 속에서 끝없이 길을 찾아가는 과정을 포기하지 않고, 찾고 또 찾아나갈 뿐이다.

수많은 이는 재능과 운을 이야기한다. 당연히 무시할 수 없다. 그런데 포즈랑 님은 책에서 이렇게 이야기하고 있다. "재능이 있든 없든, 압도적인 노력이 없으면 발현되지 않는다"라고. 나는 이 문장에 완벽하게 동의한다. 사실 단기적인 승부는 운이 좌우할 수 있지만, 장기적으로 살아남는 것은 결코 운이나 재능만으로 가능한 것이 아니다. 압도적인 노력. 이것은 투자 세상에서 살아남고 궁극의 목표를 이루기까지 반드시 필요한 것이다. 이 책을 읽는 분들은 깨닫게 될 것이다. 결국 끝까지 살아남는 이는 단기 성과를 추구하는 이가 아니라, 묵묵히 자신의 원칙을 찾고 그것을 꾸준히 지켜나가는 사람이라는 것을 말이다.

시장의 변덕은 내가 어찌할 수 없지만, 내 원칙과 나의 태도는 지켜나가야 한다. 포즈랑 님은 바로 그 원칙을 어떻게 찾고 지켜야 하는지 이야기해주고 있다. 조급함 대신 기다림을 배우는 법. 내 계좌의 손익에서 내 마음을 지키는 법. 포즈랑 님은 책을 통해 본인의 경험을 차분히 들려준다.

투자 세상에서 지름길은 없다. 포즈랑 님의 여정은 여러분에게 그걸 분명히 각인시켜줄 것이다. 절대 빠른 길을 찾아서 무리한 승부를 펼치지 말고 묵묵히 자신의 길을 가라고 말이다.

이 책은 서점에 있는 무수히 많은 투자 서적과는 전혀 다른 통찰의 기록이다. 결코 하나의 비법서가 아니라, 힘든 순간에도 각자의 원칙을 생각하게 해주고, 조급한 마음을 다스리며 자신만의 길을 단단히 걸어가게 해줄 것이다. 무엇을 좇아야 할지, 무엇을 경계해야 할지, 무엇을 버려야 할지를 포즈랑 님이 걸어왔던 길에서 여러분도 찾아보시기를 바란다.

투자 세상은 결국 살아남은 자들의 세상이다. 이 책은 바로 그 살아남는 길을 보여준다. 아무쪼록 여러분이 이 책을 통해 이 미로 같은 시장에서 길을 찾아나가시길 진심으로 바라는 마음 가득하다. 내가 포즈랑 님에게 책을 쓰라고 권했던 바로 그 이유이기도 하다. 아마도 내가 투자 세상에 들어와서 한 일 중 가장 의미 있는 일이 아닐까 한다.

알바트로스 (파생 트레이더)

시작하며

투자는 공격적으로, 운용은 보수적으로

연도	수익률
2012(7월부터)	15%
2013	70%
2014	70%
2015	15%
2016	15%
2017	80%
2018	0%
2019	80%
2020	100%
2021	50%
2022	-5%
2023	15%
2024	15%
2025(6월까지)	30%

1.15×1.7×1.7×1.15×1.15×1.8×1×1.8×2×1.5×0.95×1.15×1.15×1.3 = 약 70배.

2012년 7월부터 2025년 6월까지의 '대략적인' 수익률이다. 대략적이라고 한 것은 대충 5와 10 단위로 끊어서 수익률을 적었고, 입출금 시기의 시간 가중은 평가하지 않고 연초 자산에서 연말 잔액을 대략적인 기준으로 삼았기 때문이다. 내가 운용사도 아니고 누군가에게 보여주려고 정리하는 게 아니다 보니 적당히 편의적으로 연말에 계산해보는 수치일 뿐이다.

단순히 연간 수익률로만 계산해보니 장기 성과는 좋다고 할 수 있겠지만, 연간으로 보면 중간에 특이하게 좋은 수익률을 올린 몇 해를 제외하면 눈에 띄게 특출나 보이는 수익률은 아니다. 어쩌면 엄청난 수익률을 자랑하는 사람들에 비해 초라해 보이기까지 하다.

그럼에도 불구하고, 만 13년의 기간 동안의 단리로 보면 놀라운 성과이기도 한데, 이것이 복리의 힘이리라(매년 생활비를 출금하고, 2016년경 부동산 매각 자금을 추가 투입하기도 했고, 분양 대금으로 큰 금액을 출금하기도 했는데, 시간 가중으로 치면 실질적인 수익률은 좀 더 높을 것 같다. 그리고 실제로 위에 단리로 계산된 자산보다는 좀 더 많으니 말이다).

어떤 투자를 하건 이 복리의 힘을 믿고, 시간이 흐를수록 더 좋은 투자자가 되어가는 과정을 거칠 수 있다면 시간이 꽤 지난 후에는 나쁘지 않은 성과를 올릴 수 있을 것이란 믿음 혹은 확신이 필요하다. 언제나 불안해하며 '지금이 아니면 영원히 돈을 벌지 못할 것처럼 주식시장을 대하는 조급증'에서 그나마 중심을 지키며 장기간의 투자 레이스를 지속해나가기 위해서는 말이다.

장기간 운용하면서 손실이 났던 해가 없었다는 점이 그나마 내세울 만한 자랑거리였는데 2022년에 보유 종목 중 하나가 사고를 쳐서 안타깝게 그것마저 깨지고 말았다. 변명을 하자면, 그 사고 친 종목이 아니었다면 2022년의 하락장에서도 마이너스는 나지 않았겠지만 투자의 성과란 그런 변명이 의미가 없다. 운 좋게 수익이 나기도 하지만 사고도 나는 법이고, 그런 것들에 대한 대처와 운용이 결국 장기 수익률의 한 부분이기 때문이다.

그리고 2023년 하반기와 2024년은 슬럼프라고 할까, 투자 공부를 거의 쉬었다고 할까, 개인적인 문제로 투자 공부도 거의 하지 않고 현금 비중이 거의 50% 수준이어서 수익률 극대화를 위한 운용이나 노력을 하지 않았다. 그러다 보니 2012년부터 2021년까지 10년 정도가 열정적으로 투자하던 시기였던 것 같고, 2021년에 장기적으로 세웠던 목표 자산에 도달한 이후 스스로 목적을 좀 잃어버리기도 한 것이 그 이유였는데, 이에 대한 내용은 뒤에 적게 될 것이다.

어쨌든 성과 측면에서 뭔가 대단한 투자를 해온 듯한 느낌은 전혀 아닌 터라, 나는 스스로 책을 쓸 만한 무언가를 이루었다고 생각하지 않았다. 그리고 4인 가족의 가장으로서 금전적으로 여유롭지는 않았지만, 그렇다고 경제적으로 아주 절박한 상황에 있었다고 하기도 힘들어서 무언가 드라마틱한 스토리가 있는 것도 아니다.

자영업을 해왔던 시간이 길다 보니 안정적인 수입이 없어 항상 불안하기는 했으나 첫 자영업이 망한 것도 아니었고, 집은 세 들어 살고 있었지만 작은 공장 부지를 투자로 보유 중이었기 때문에 최후의 보루는 있었다.

그리고 전업투자를 해온 13년 동안 연간 100% 넘는 수익률을 기록한 것은 시장이 너무나 뜨거웠던 2020년 단 한 번뿐이어서 주식 관련 책을 쓰기엔 화려한 이력도 아니다. 그것도 겨우 100%를 찍었을 뿐이다. 성과 측면에서는 나보다 훨씬 어마어마한 성과를 올린 사람들이 많을 것이다. 그래서 지금도 책을 쓸 만한 뭔가가 있다고는 생각지 않는다.

주식을 통해 돈을 좀 벌었고, 그것으로 조금 여유를 갖고 살 수 있다는 사실에 감사할 뿐, 그것이 어떤 대단한 성과라고는 생각하지 못했다.

나는 여의도에서 큰 자산을 운영하는 운용사의 대표도 아니고, 개인 전업투자자의 삶을 살고 있지만 공대 출신으로 대학생 시절 복수 전공으로 경영학 수업을 들으며 회계 과목 몇 가지 들은 걸 제외하면 투자 업계와는 무관한 인생을 살아왔었다.

대학을 졸업하고 일반 직장을 다니다 퇴사한 후 대학가에서 요식업을 6년가량 했고, 자영업을 정리한 뒤엔 무엇을 해서 먹고 살아야 하나 고민하다가 공무원 공부, 또 다른 취업, 새로운 자영업 준비 등 여러 상황을 거치다가 우여곡절 끝에 어쩔 수 없이 전업투자자가 된 사람이다.

말 그대로 전업투자는 내가 아주 잘할 수 있을 것 같은 스펙으로 투자에 임한 것이 아니라, 철저히 수동적인 입장에서 주식투자 외에는 할 수 있는 일이 많지 않아 도피성에 가까운 전업투자자가 '되어버린' 것이다.

온라인상에 잡다한 글을 끄적이긴 했지만, 내가 투자해온 과정을 책으로 쓴다는 것은 솔직히 상상도 해보지 않았을뿐더러, 누군가가 내게 그런 이야기를 해도 손사래를 치며 단 한 번도 진지하게 생각해본 적이 없었다.

그럼에도 이렇게 책을 내기 위한 글을 쓰고 있는 것은 순전히 한국의 파생 시장에서 전설과도 같은 '알바트로스'라는 닉네임을 쓰는 성필규 님을 뵌 덕분이다. 글을 쓰고 있는 지금까지 단 두 번 만난 게 전부지만, 그 두 번의 만남에서 그분은 내가 걸어온 투자의 시간들이 결코 보잘것없는 게 아니라, 대한민국의 많은 실패하는 일반 투자자들에게 현실성 있는 투자의 방향성을 제시해줄 수 있다고 하셨다.

처음에는 늘 그랬던 대로 손사래를 쳤다. 내가 그럴 만큼 대단한 뭔가를 이룬 것이 아니라고 생각했기에 당연히 그랬다. 하지만 대화를 거듭할수록 성필규 님이 왜 내게 이토록 끈질기게 권하시는지 조금씩 느낄 수 있었다.

성필규 님은 그간 성공한 투자자도 많이 만나셨지만, 그보다 훨씬 높은 비율로 투자에서 아픔을 겪고 사라져간 사람들도 많이 보아왔던 것이다. 그런 상황이 안타까워 본인의 블로그를 통해 글로 전달해주시려 하지만 본인은 파생 시장에서 몸담아오신 분이라 현물 주식시장에서는 적합하지 않으신 거였다. 파생뿐 아니라 현물 주식투자에서도 힘들어하는 사람들에게 무언가 방향성을 제시해줄 사명감을 갖고 있으신 터에 내가 거기에 아주 약간은 부합하는 사람처럼 보였던 것 같다.

그분의 권고에 그간 진지하게 생각해보지 않았던 집필에 대해 고민을 좀 했다. 내가 과연 책을 쓸 만한 무언가를 이룬 것일까? 내가 책을 통해 사람들에게 무엇을 이야기해줄 수 있을까? 내 이야기가 사람들에게 과연 도움이 될까?

어느 한 가지에서 내 생각이 머물렀다. 나는 결혼을 일찍 한 까닭에, 전업을 시작하던 서른일곱 무렵에 아내는 전업주부였고 나는 두 아이의 아빠였다. 나의 전업투자의 방향성은 주식투자를 통해 큰 부자가 되어 떵떵거리며 사는 것이 아니라, 절대적으로 가족의 생활이 망가지지 않는 데 있었다. '큰 부자가 될 수 있는 기회를 놓칠지언정 가족의 생활이 무너질 수 있는 리스크를 지는 것은 조금도 허용하지 않겠다'는 것이 대전제였던 것이다.

그래서 투자 기간 내내 공격적으로 투자를 안 한 것은 아니지만 어떠한 상황이 와도 내가 신용불량자가 된다거나, 반대매매를 당해서 깡통이 된다거나 하는 상황이 올 수 있는 운용은 절대로 하지 않았다. 즉 레버리지를 과도하게 쓰지 않았다.

나는 레버리지가 큰 상품들에 접근하는 루트 자체를 만들지 않았다. 전업투자를 한 지 13년 차지만 신용 계좌를 만들어본 적이 없을뿐더러, 가치투자자들도 헤지 형태로 지수 선물을 이용하기도 하는데 나는 선물 계좌도 만들어본 적이 없다. 또한 몇 년 전부터 활성화된 CFD(차액 결제 거래) 계좌도 만들지 않았다. 신용, 선물, CFD 모두 레버리지를 극대화해서 쓸 수 있는 상품들이다.

나는 기회라고 여겨 대출을 써야 할 때는 오직 주식 담보 대출로 전체 주식 자산의 10%에서 최대 20%를 절대 넘기지 않았다. 단 하루도 말이다. 심지어 포트폴리오에는 배당주와 자산주가 10~20%는 차지하고 있으므로 레버리지 같은 느낌도 없었고, 2019년 말부터는 그조차도 일절 사용하지 않았다.

신용, 선물, CFD 계좌를 전혀 만들지 않은 이유는 내가 나를 못 믿어서였다. 레버리지는 적당히 잘 사용하면 자산 증식에 굉장히 큰 도움을 주는 것을 모르는 바 아니다. 하지만 앞에 적었듯이, 나의 전업투자의 방향성은 큰 부자가 아니라 가족의 생활이 망가지지 않는 데 더 방점을 두었기 때문이다.

평균의 함정이 그런 것이다. '평균' 수심 1m의 물에 빠져 죽는다는 것. 주식투자자 중에는 투자를 못해서 망하는 사람도 많지만, 투자를 굉장히 잘하는 사람도 망하는 경우가 많다. 그것은 단 한 번의 실수가 작은 손실이 아니라 치명상이기에 그렇다.

그 치명상은 상상하기 힘든 어처구니없는 형태로 나타나기도 하는데, 나는 2015년 상장폐지를 그런 형태로 겪었기 때문에 더

욱더 철저하게 치명상이 될 수 있는 상황 자체를 단 하루도 만들지 않으려 했다.

나는 투자를 잘하는 사람이 아니라고 생각한 데다, 감정에 휘둘리기 쉬운 나약한 인간임을 스스로 잘 알고 있어서 치명상을 입을 정도의 행위를 할 만한 여건 자체를 만들지 않기 위해 신용, 선물, CFD 계좌는 지금까지 만들지 않았고 앞으로도 영원히 만들 일이 없을 것이다.

나의 투자 모토 중 하나가 '투자는 공격적으로 하되 운용은 보수적으로 한다'는 것이다. 현물 시장에서는 1종목 몰빵만 아니면, 적어도 3종목이라도 운용한다면 포트의 어느 기업이 망한다 해도 포트 전체가 회복 불가능할 정도로 망하지는 않는다. 극단적으로 망하는 경우는 대체로 운용의 문제이고, 그것의 대부분은 결국 과도한 집중과 레버리지 때문이다.

투자는 엄청난 부자가 되려고 하는 행위가 아니라, 은퇴 후나 노후에 안정적인 삶을 살기 위해 하는 것임을 온전히 받아들이고 투자에 임해야 한다. 빨리 가는 게 목표가 아니라(젊을 때 부자가 되는 것), 여유 있는 상태로 끝날 수 있어야 한다는 이야기다(죽을 때 부자로 죽어야 한다). 부자가 되기 위해 투자하는 것이 아니라, 꾸준히 하다 보니 부자가 되어 있더라와 같다고나 할까.

물론 빨리 안전하게 가면 최고다. 아니, 안전하지 않더라도 빨리 가면 그것도 좋을 것이다. 그러나 그 와중에 망할 수도 있는 위험을 안고 있다면 그건 성과가 아무리 잘 나더라도 독(毒)이다.

왜냐하면 투자는 거의 죽을 때까지 이어지므로 그 위험을 위험인 줄도 모르고 지속하다 보면 언젠가 한 번은 최악의 상황과 맞닥뜨릴 수 있기 때문이다.

"인생 뭐 있나 모 아니면 도지", "못 먹어도 고", "한강 아니면 한강뷰" 같은 말들을 자주 듣는다. 이런 말 하는 사람치고 스스로가 진정 '도'가 나오거나 '못 먹거나', '한강 간다거나' 생각하는 사람은 없다. 내심 다 '모'를 바라고, '먹기를 바라고', '한강뷰를 바란다'. 두려움을 이기려고 뱉는 말이지, 진심으로 내가 잘못될 수도 있고 잘못되면 인생이 비참해져도 받아들이겠다는 마음가짐은 아니다.

하지만 인생이 비참해져도 받아들일 수 있는 사람은 아무도 없다. 그저 그게 현실이 되지 않았기에 남의 일처럼 말하는 것일 뿐. 비참한 상상이 현실이 되었을 때 "모 아니면 도", "못 먹어도 고", "한강 아니면 한강뷰" 같은 소리를 하며 베팅했던 스스로가 얼마나 멍청한 짓을 했는지, 그때 가지고 있던 것들이 얼마나 크고 소중한 것들인지, 가족들을 지키던 행복의 울타리가 얼마나 소중한 것인지, 그런 소중한 것들을 걸고 도대체 자신이 무슨 멍청하고 끔찍한 짓을 저질렀는지를 뼈저리게 알게 된다.

그리고 천천히 가는 것보다 큰 손해를 복구하는 것이 백만 배쯤 어렵거나 혹은 불가능하다는 것을 그제서야 깨닫는다. 그러니 처음부터 내 인생이 비참해질 가능성이 있는 선택지는 없어야 한다.

투자는 어릴 적에 하던 땅따먹기 놀이와도 비슷한 것 같다. 자기 땅을 지키면서 조금씩 넓혀가는 것이다. 본진을 위험에 빠뜨리며 땅을 넓히는 것은 그야말로 멍청한 짓이다. 돈이란 산소와 같아서 적당히 있을 땐 소중한 줄 모르지만, 없으면 그보다 비참한 것이 없다.

그래서 처음부터 투자의 방향과 목적을 명확히 인지해야 한다. 절대로 내 인생이 비참해질 수 있는 선택지는 없어야 하고, 투자는 빨리 부자가 되는 것이 목표가 아니라 부자로 죽는 데 목표를 두어야 한다는 것이다.

그런 쪽으로 생각이 이어지자 알바트로스 성필규 님께서 책을 쓰라고 말씀해주신 의미와, 내가 나의 책을 읽을 사람들에게 해줄 수 있는 이야기가 있을지도 모른다는 생각으로 발전해, 지금 이렇게 글을 쓰고 있다.

내가 책에 쓴 글들은 쉽게 적는다고 했지만 초보 투자자들에게는 쉬운 내용이 아닐 것이다. 전업투자를 하면서 투자자로 발전해온 과정과 목표 자산에 도달한 이후의 마음 상태까지 정말 솔직하게, 그리고 더 이상 할 말이 없을 만큼 적었다. 내가 보통 사람이라면 많은 사람들이 나와 약간은 비슷한 과정을 투자자로서 거쳐가지 않을까 생각해보기도 한다.

당장은 '이게 무슨 말이야'라거나 '이런 건 공감 안 되는데' 하는 내용들이 나중에 자신이 그와 같은 경험을 겪으며 그러한 단계로 넘어가면서 다시 펼쳐볼 때, 먼저 걸어간 사람이 해주는 조언 같은 책이 되었으면 좋겠다. 그렇게 책장 한 켠에 두고 투자가 힘이 들 때나 막막할 때 가끔 펼쳐보는 그런 책 말이다.

투자를 하다 보면 몸소 겪고 나서야 보이는 것들이 있다. 그럴 때 '이 말이 그 말이었구나' 하게 될 그런 내용이기를 기대하며 열심히 썼다. 나도 처음에 버핏과 멍거의 책을 볼 때는 너무 당연한 말들이어서 '이게 뭐 그리 대단한 거냐' 했었는데, 시간이 지나고 투자 경험이 쌓이다 보니 그 책에서 본 내용들이 대단해 보였던 것처럼 말이다.

투자자는 외롭다. 성과가 좋든 나쁘든, 아무리 힘들어도 그것을 온전히 털어놓고 공감을 얻기 힘든 분야다. 그럴 때 비슷한 경험을 했던 사람이 옆에서 조언을 해준다고 느껴질 만한 책이 된다면 정말 너무나 기쁠 것 같다.

시간이 지난 뒤에 돌이켜보면 주식투자를 하면서 스스로 가장 의미 있게 느껴지는 것은 주식으로 자산을 늘린 일보다, 자산을 늘리는 과정에서 내가 배우고 느껴온 것들을 다른 누군가에게 이야기해줄 수 있다는 사실 같다. 그간 투자를 해오며 내가 겪어왔던 시행착오와 나 자신조차 이해하지 못할 감정들, 그리고 일반인이 투자자가 되면서 겪어온 고민과 고통 그리고 희열 같은 것들 말이다.

13년간의 투자를 통해 자산을 불려온 덕분에 나의 말에 힘이 실리고, 그 이야기를 후배 투자자들이 들어준다. 그리고 그 이야기를 듣고서는 고마워하고 스스로의 발전을 위해 힘을 쓴다. 내가 어느 대학을 졸업하고 어느 대기업에 들어간들, 자영업을 해서 엄청 성공을 했든, 내 인생에서 내가 생각할 수 있는 그 어떤 방식으로 돈을 벌었더라도, 지금보다 내 이야기를 더 관심 있게 들어줄 사람이 많아질 수는 없을 것 같다. 그래서 주식으로 돈을 번 것보다 오히려 그 돈을 벌어온 시간들 덕분에 이런 이야기를 할 수 있다는 것이 더 의미 있게 느껴진다.

  그리고 '투자와 관련 없는' 삶을 걸어온 내가 뒤늦게 투자에 뛰어들어 좌충우돌하며 시행착오를 겪어온 과정을 쓴 이 책이 주식시장에서 살아남으려고 발버둥 치는 누군가에게 약간이라도 도움이 되기를 기대한다.

포즈랑

차례

추천사 이 책을 통해 미로 같은 시장에서 길을 찾아나가시길…… 5
시작하며 투자는 공격적으로, 운용은 보수적으로   10

제1장 나는 돈을 벌고 싶었다

돈을 벌고 싶었다 ·· 29
가치투자연구소에 가입하다 ·· 35
배당주 투자의 한계를 받아들이다 ·· 42
처음으로 큰 성공의 경험을 얻다 ·· 49
성장하는 산업에는 마음을 닫지 마라 ···································· 64
바이앤홀드의 로망과 투자 능력 ·· 72
전업 사무실을 열고 투자에 집중하다 ···································· 80
분기별 실적 스크리닝을 시작하다 ·· 89
바이앤홀드의 어려움 ·· 99
올바른 복기, 잘못된 복기 ·· 108

제2장 투자는 원래 어렵다

상장폐지를 당하다 ··· 117
상장폐지에서 얻은 교훈 ··· 124
PBR 투자의 종료 ·· 130
코로나 사태를 겪다 ·· 133
투자 공부의 기본이란 ·· 142
투자는 원래 어렵다 ·· 149
불타기가 좋을까? 물타기가 좋을까? ···················· 156
운용과 매매의 사례 ·· 166
'견디는' 투자가 아닌 '그저 보유'하는 투자 ········· 178

제3장 누군가에게 투자를 가르쳐준다면

투자에도 단계가 있다 ·· 185
투자 모임을 만들다 ·· 194
발표 양식 - 기본 사항 ·· 201
발표 양식 - 재무제표와 손익 ································· 211
발표 양식 - '기본 사항, 재무제표, 손익' 사례 ······ 219
발표 양식 - 사업 모델 ·· 225
발표 양식 - 투자 아이디어, 리스크, 결론 ············· 234
투자 모임과 발표 자료의 의미 ······························ 245
분기 실적 스크리닝 과정 ······································· 251
망할 회사는 아니야 ·· 257

제4장 수익은 시장이 주고, 손실은 내가 낸다

투자에서의 행운과 불운 ·· **267**
근래의 주식시장에 대한 생각과 주식에 대한 태도 ················ **274**
주가가 떨어지면 더 살 수 있는가? ································· **281**
어느 날 문득 목표 자산에 도달해 있었다 ························· **286**
삶의 태도 변화 ·· **295**
수익은 시장이 주고, 손실은 내가 낸다 ···························· **303**

제5장 투자자들이 궁금해하는 것들 Q&A

마치면서 꾸준히 하다 보니 어느 순간 부자가 되어 있기를······ **333**
감사의 말 **341**

제1장

나는 돈을 벌고 싶었다

돈을 벌고 싶었다

2001년 대학 3학년의 나는 돈을 벌고 싶었다. 사람들 만나기를 좋아하는 것도 아니었고, 물욕이 많아서 무언가 갖고 싶은 게 많은 사람도 아니었지만, 지금 생각해보면 누구의 간섭도 받지 않고 조용히 살고 싶었다. 20대에 《좀머 씨 이야기》를 아주 좋아했으니 아웃사이더적인 성격이 강했었나 보다(《좀머 씨 이야기》의 주제는 '나를 좀 내버려두시오'였다).

어마어마하게 큰 돈이 아니라, 적당히 돈을 벌어 소소하게 살고 싶었다. 당시에는 그게 얼마나 어려운 일인지도 알지 못한 채, 제대한 이후에는 그러한 생각이 더 강해졌다. 과외나 아르바이트를 통해 돈을 벌기도 했고, 대학생임에도 당시 반짝 유행했던 플스방(플레이스테이션 콘솔게임방)을 동업 형태로 시도해보기도 했더랬다(플스방은 망했다).

그러다 우연히 주식투자를 알게 되었다. 정확히는 기억이 안 나지만 아마도 9·11 테러 때문에 주식이 폭락했다가 다시 반등했다는 뉴스를 보았을 무렵이 아니었나 싶다. 테러 때문에 폭락했을 때 샀더라면 쉽게 수익이 났을 거라는 생각을 했던 것 같다. 지금 생각하면 피식, 헛웃음이 나는 생각이었다.

대구은행에 가서 키움증권 연계 계좌를 만들었다. 그리고 모아 둔 돈 200만 원 정도로 주식투자를 시작했는데, 지금 생각하면 투자라기보다 트레이딩이었지만 당시에는 그런 구분도 못 하고 있었을 것이다.

어이없게도 수익이 잘 났다. 차트 책을 하나 샀다. 쉬워도 이렇게 쉬울 수가! 지금도 기억나는 건, '해리 포터' 1편이 개봉한다고 해서 지나월드라는 해리 포터 인형 만드는 회사를 샀는데 엄청 오르면서 크게 수익이 났다. 예나 지금이나 주식시장에서는 희한한 일들이 많이 일어난다.

이처럼 쉽게 돈 버는 방법이 있는데, 지금까지 나는 도대체 왜 대학에 들어오기 위해 공부를 하고 취업을 준비하고 있었단 말인가. 얼마간의 시간이 지나서 보니 400만 원이 되었다.

나는 주식투자에 재능이 있다는 생각에 빠져들었다. 그리고 머릿속에는 200만 원의 수익을 냈다는 기쁨은 온데간데없고, 왜 원금이 2000만 원, 아니 왜 2억이 아니라 200만 원이었냐는 아쉬움만 가득했다. 2000만 원이면 4000만 원이 되었을 것이고, 2

억이면 4억이 되었을 것이기 때문이다.

　두근두근했다. 가만히 있을 수 없었다. 공부고 나발이고 이렇게 돈을 벌면 되는데, 대학 졸업을 뭐 하러 하며 취업은 뭐 하러 한단 말인가. 마음이 급했다. 지금 이 시간에도 돈을 불릴 수 있는데 시간을 허비하는 기분이었다. 돈을 구해야만 했다!

　그러나 대학생이 돈을 구할 데가 어디 있겠나. 일단 어머니께 욕먹을 각오로 스리슬쩍 말을 꺼내봤는데, 웬걸 당시의 내가 약간은 이해하기 어려운 표정과 함께 한번 구해보겠다고 말씀해주셨다. 그리고 며칠 후, 이모에게서 빌려 2000만 원을 마련해주시겠다고 하셨다. 나는 이자를 약정한 뒤 주식 계좌에 넣고 본격적으로 주식에 매달렸다.

　당연한 결과라는 듯, 얼마 지나지 않아 계좌는 쪼그라들기 시작했다. 2400만 원이던 계좌는 2000만 원이 깨지고 1000만 원이 깨지고 잔고가 대략 700만 원 남았다. 돈도 돈이지만, 수업을 가는 둥 마는 둥 하는 데다, 밤에도 주식 공부를 한답시며 컴퓨터만 쳐다보고 있으니 다크서클이 발까지 내려올 기세였고 생활은 엉망진창이 되었다.

　700만 원이 남은 계좌를 만신창이가 된 기분으로 확인하고 난 뒤에 문득 거울을 보니, 거기엔 그냥 도박꾼 같은 폐인이 한 명서 있었다. 대학생이 몇 달간 2000만 원에 가까운 돈을 날렸으니 어디 제정신일까. 2001년의 2000만 원은 지금 물가로 치면 5000만~6000만 원은 되는 금액이었을 테니 말이다.

주식 천재였던 것만 같았던, 금방 1억~2억을 모아 자유롭게 살 날을 꿈꾸던 나는 이제 없었다. 200만 원이 400만 원이 되었던 구간은 초심자의 행운과 시장이 좋았기 때문이었을 뿐이란 걸 그제서야 어렴풋이 알게 되었다.

어머니께 사실대로 털어놓고 남은 700만 원을 드리면서 이모에게 빌린 돈은 2년 후 취업하는 대로 갚겠다고 말씀드렸다. 그리고 내가 주식한다고 했을 때 꾸중하지 않으시고 왜 선뜻 돈을 구해주셨냐고 여쭤보았다. 어머니의 대답은 이랬다.

첫째는 그간 내가 공부도 알아서 해온 터라 혹시나 하는 믿음이 아주 약간 있었고, 둘째는 과거에 아버지가 주식으로 당시 집 한 채 가격을 날리신 적이 있는데, 내가 언젠가는 주식으로 망할 것 같아서 차라리 지금 해보는 게 낫지 않을까 생각했다고 말씀해주셨다. 돈을 구해주시겠다고 하시면서 짓던 어머니의 아리송한 표정이 그제서야 이해되었다.

그렇게 나는 주식투자를 그만두고, 다시 대학생의 생활로 돌아갔다. 폭풍 같은 반년 정도의 시간이었던 듯싶다. 주식투자는 그만두었지만, 내가 왜 잘 안 되었는지를 복기해보았다. 그리고 내린 결론은, 나는 심지가 약해서 트레이딩을 못한다는 것이었다. 수익이 나는 것은 잘라먹고, 손절은 하지 못하니 당연한 결과였다. 그러던 와중에 우리나라에선 아직 생소했던 가치투자라는 개념을 알게 되었다.

당시 팍스넷을 들락날락하다가 우연히 서울대 투자연구회에서 발행했던 가치투자 신문을 보내주는 사이트를 알게 되었고, 신문을 구독하여 매달 읽어보곤 했다. 그것도 서서히 흐지부지되며 대학을 졸업하고, 취업을 하고, 자영업을 하는 시간들이 지나면서 투자는 나의 삶에서 거의 잊혀갔다. 이렇게 나의 첫 번째 투자 여정은 싱겁게 끝이 났다.

대학을 졸업하고 취업을 했다가, 자영업을 6~7년 했다가, 다시 취업을 했다가, 공무원 준비를 했다가, 다시 자영업을 준비하고 있었다. 10여 년 동안 주식 생각은 거의 하지 않고 시간이 흘렀는데 이때가 2012년이었다. 2012년에 준비하던 자영업은 대학교 앞의, 지금은 흔해진 '스터디룸' 혹은 '모임 공간' 같은 것이었는데, 권리금 조율도 끝나고 건물주와 계약만 하면 되는 상황이었다. 양도하기로 했던 세입자와의 조율이 끝난 상황이어서 별문제 없이 계약될 줄 알았는데 갑자기 건물주가 월세를 인상하겠다는 것이었다. 빈정 상했던 나는 일단 계약을 보류했고, 권리금을 받기 위해서라도 이전 세입자가 어느 정도 조율할 것이라 생각했는데 어이없게 그냥 엎어져버렸다.

결과적으로는 건물주가 월세를 인상하겠다고 한 덕분에 전업 투자의 길로 들어섰으니 평생의 은인이었는데, 그 당시에는 야속하기만 했다.

뭔가 새롭게 준비해보기에도 조금 지쳐 있었다. 결혼도 비교적 이른 나이에 했고, 아이도 아들과 딸이 있어서 언제나 생활비에 쫓겼는데, 자영업을 오래 해서 경력이 단절된 서른일곱의 아저씨는 4인 가족이 생활할 만한 월급을 받을 수 있는 직장은 구하기도 힘들었고, 다시 자영업을 준비하려면 어디서 시작해야 할지 막막했을 뿐 아니라, 하고 싶지도 않았다.

뭔 짓을 해도 여유롭게 사는 것은 너무나 힘든 일이어서 투자를 해야겠다는 생각은 계속해서 하고 있던 터라, 백수 같은 전업 투자자로 서서히 진입하고 있었다. 뭔가 도피성의 흐름이었다.

인간은 심리적 기제에 있어 어떤 일을 시작할 때 뭔가 잘될 것이라는 허황된 믿음을 갖는 동물이다. 그래서 나는 얼마나 힘든 일인 줄 모른 채 그저 막연히 잘할 수 있으리라는 믿음이 있었던 것 같고, 과거의 트레이딩으로 쓴맛을 봤으니 가치투자로 배당을 받으며 안정적으로 운용해보자고 생각하면서 여기저기 검색하다가 네이버의 '가치투자연구소'라는 카페를 알게 되었다.

가치투자연구소에 가입하다

대학생 때 트레이딩에서 망해본 경험이 있던 나는 차트 투자를 못한다고 명확히 인지하고 있었기 때문에 가치투자로 이것저것 검색해보던 중에 가치투자연구소라는 카페에 가입을 하고 활동을 시작했다.

  가치투자연구소에서 글을 읽고 쓰고 공부하는 것이 미래에 얼마나 큰 결과를 가져올지, 그리고 인생의 진로가 바뀌게 될 것인지 그 당시에는 전혀 몰랐다. 그저 가치투자자들이 많이 활동하고 있었고, 온갖 정성을 들인 기업 분석 글이 올라오고 거기서 댓글로 토론이 이루어지고 있어 배울 게 많구나 하면서 매일 수시로 들락날락거렸다.

  투자를 시작하면서 느낀 점이나 시행착오를 겪는 과정을 어설프게나마 써서 가치투자연구소에 올리기 시작했다. 그렇게 글을 썼던 이유는 나도 정확히 기억나지 않지만, 주변에 투자와 관련된 이야기를 나눌 사람이 없었기 때문에 온라인에서 글로나마 소통하고 싶었던 듯싶다. 지금은 주식투자를 한다는 것이 많이 대중화되어 이상하게 생각하지 않지만, 2012년 무렵에는 어디 가서 전업투자를 한다고 하면 도박꾼이나 날백수보다 한 끗 나을까 말까 한 수준이었으므로 전업투자자라고 말하기도 민망했던 시절이었다. 아니, 어쩌면 스스로도 그렇게 생각하고 있었던 것 같다. 당연하게도 전업투자를 한다는, 스스로에 대한 자존감이 굉장히 낮은 상황이었기 때문에 온라인상에서의 소통이 더더욱 중요했을지도 모르겠다.

그렇게 시작한 가치투자연구소에서의 글은 1~2개월마다 한 번씩 꾸준히 작성했고 10년 넘게 지속했던 듯싶다. 투자를 하며 알게 된 것, 나의 심리, 실수, 복기, 깨달음 등 전업투자자로서 여러 가지 느껴지는 바와 스스로에게 하고 싶은 말들을 꾸준히 적다 보니 아주 천천히 내 글을 좋아해주는 사람들이 늘어났고, 그것이 신나서 더 의미 있는 글을 쓰기 위해 노력하게 되었고, 결국 그 글들이 나를 발전시켜주는 큰 밑거름이 되었다.

우습게 들릴지 모르겠으나, 내가 몇 시간 혹은 며칠 동안 걸려서 쓴 글들은 그 당시에도 고심하여 적은 것들이었지만 글을 올린 후에도 수십 번을 다시 읽어봤던 것 같다. 가치투자연구소에 올리는 글들은 대체로 나의 후회와 스스로에 대한 위안과 실수에 대한 복기와 앞으로의 의지의 표현을 타인에게 말하듯이 적은 글들이었기 때문이었다. 한마디로 표현하면, 나를 위한 글을 타인에게 이야기하듯 적은 것이 많다. 아마 그것이 가치투자연구소 회원들이 많은 공감을 하게 된 가장 중요한 요소가 아니었나 싶다. 나를 비롯한 대부분의 투자자들은 자신의 실수를 후회하고 미래가 불안하며 더 잘할 수 있었다는 아쉬움으로 마음이 힘든 시간을 보낼 때가 많은데, 나는 정말 내 기분을 솔직하게 적었으니 '다른 사람도 이렇구나'라는 공감의 기분을 느끼지 않았을까 싶다. 나는 진심으로 말하건대, 내 심리를 감추지 않았고 멋있게 보이려 포장하지도 않았다. 나 스스로가 똥멍청이라고 느껴지는 순간을 있는 그대로, 뭔가 추해 보이는 욕망을 스스로 느낄 때조차도 그것을 숨김없이 적었다. 그랬던 이유는 다른 사람이 아닌 나 스스로를 위해서였다.

그때도 느끼고 있었는지 모르겠지만 '투자는 자기 스스로를 가장 잘 알아야만 잘 해나갈 수 있는 일'이다. 사람은 자신조차도 속이기 쉽고, 자신이 자신에게조차 좋은 사람으로 보이고 싶어 하기 마련인데, 외부에 솔직히 적는다는 것은 살짝 꺼려지는 일일 수 있다.

하지만 분명히 말할 수 있다. 자신이 어떤 사람인지 명확히 인지하고 받아들여야 한다. 그래야만 그에 맞는 투자 방향을 제대로 설정할 수 있다.

크게 보면 트레이딩을 해야 할지 투자를 해야 할지, 불타기를 해야 할지 물타기를 해야 할지, 종목 분산을 해야 할지 집중을 해야 할지, 가끔 큰 수익을 얻는 투자를 해야 할지 잦은 수익을 추구해야 할지 등 스스로가 어떤 사람인지에 따라 방향 설정이 미묘하게 다르다.

투자는 전략이 매우 다양하다. 똑같은 전략으로도 누군가는 성공을 하고 누군가는 실패를 하고, 심지어 똑같은 기업 혹은 신고가를 가고 있는 종목에서도 누군가는 수익을 내고 누군가는 손절을 한다.

그 이유가 뭘까. 생각은 하루에도 수십 번 바뀌고, 스스로가 어떤 상태인지 자기가 자신을 모르는 상태인데, 매매는 클릭 한 번으로 이루어지는 너무 쉬운 행동이기 때문이다. 최근에는 공부에서도 메타 인지가 중시되고 있는데, 투자에서만큼 메타 인지가 중요한 분야는 없는 것 같다. 자신의 상태와 생각을 가감 없이 글로 적어 다른 사람과 공유한다는 것은 메타 인지에 굉장히 큰 효과가 있다. 물론 가치투자연구소에 글을 올리기 시작했을 때 이런 것들을 알고 했던 것은 아니다. 시간이 지난 뒤에 나의 성과가 꾸준히 나쁘지 않았던 이유가 뭘까를 반추해보다가, '가치투자연구소에 적은 글들이 남들을 위한 것인 줄 알았는데 나를 위한 것이었구나'를 깨달으면서 알게 된 것이다.

그래서 이 글을 읽는 누군가에게도 권하고 싶다. 누가 보든 안 보든 자신이 투자하면서 겪는 우여곡절과 자신의 심리 상태를 어딘가에 꾸준히 적고 공유하며 남겨보라고. 아니면 적어도 일기

처럼이라도 적어놓고 가끔씩 열어보라고.

  나는 평생 일기 같은 걸 써본 적이 거의 없지만, 투자에서 복기는 끊임없이 해왔다. 나도 모르게 내가 미친 짓을 한다거나, 잘 견뎌낼 줄 알았는데 도저히 이겨낼 수 없는 심리가 있다거나, 미련을 못 버렸다가 결국 크게 사고를 친다거나, 흐리멍덩하게 보내다가 중요한 변화를 놓친다거나 등등 스스로가 스스로에게 짜증 나서 미칠 것 같은 행동을 했을 때는 꼭 글로 남겨둔다. 그리고 그걸 수시로 읽었다. 그렇게 스스로가 어떤 사람인지 알고, 했던 실수를 반복하지 않으면 어느 순간부터 운용이 몸에 맞게 굴러가는 것을 느낄 수 있게 된다.

  그리고 가치투자연구소에서 얻은 큰 선물이 또 하나 있다. 2012년에 DIS라는 신생 투자 모임에 가입한 것이다. 당시에는 가치투자자들이 모이는 카페가 많지 않아 대부분의 모임이 가치투자연구소를 통해 만들어지곤 했었다. 대구에서 하는 가치투자자들의 모임이었는데, 그때는 투자 모임에 그리 관심이 많지 않던 시절이어서 지원하면 거의 들어갈 수 있었다. 당시의 나는 본격적으로 투자한 지 얼마 되지 않은 데다 배당주 위주로 투자하고 있었음에도 모임에 들어갈 수 있었는데, 지금으로선 어림도 없었을 것이다.

  모임에 들어와보니 투자를 좀 더 액티브하게 하는 분들을 볼 수 있었다. 구체적으로 얘기하면, 탐방을 가기도 하고 실적 추정을 디테일하게 해서 좋은 실적이 나오면 주가가 반응할 것이라 기대하는, 요즘 대부분의 투자자가 하는 그런 것들 말이다. 나는 초기에 그런 것들이 가치투자인가, 라는 의문을 갖기도 했었다. 가치투자의 기본적인 전제는 회사를 통째로 산다면 얼마에 살 것인가부터 해서, PBR(주가 순자산 비율)이 낮아야 하고, 재무제표도 건전해야 하고, 배당도 많이 주는, 그래서 '시세 차익은 기업 본연의 가치 평가를 통해 이루어져야 한다'와 같은, 책으로 배운 가치투자의 생각에 빠져 있던 때였다. 그래서 분기 실적이 좋다고 주가가 크게 움직이는 것에 반감이 들기도 했고, 한두 분기 실적에 따라 회사의 본질적 가치가 뭐 그리 크게 변화하겠느냐는 전업투자자 같지 않은 생각에 빠져 있었다. 주가가 크게 움직이면 그 이유를 궁금해하거나 수익을 낼 궁리를 하지 않고 반감을 갖고 있으니 제대로 투자가 되겠는가. 그래서 액티브하게 투자하는 분들이 실적이 급증할 수 있는 회사를 발표하면, 나는 마음속으로 저런 투자는 가치투자가 아닌데 하고 마음의 장벽을 쳤던 것 같다. 웃기게도, 실적에 반응해 올라가는 주가를 보며 왜 안 샀을까 하고 배 아파 하면서도 말이다.

대학 시절에 했던 어설픈 차트 투자와 전통적 가치주 투자와 미래 실적을 기반한 가치투자가 내 머릿속에선 뒤죽박죽이었다. 대학 시절의 아픈 경험은 크게 깨지는 것을 막아주었지만 앞으로 나아가는 것도 막고 있는 상황이었다. 솔직히 말하면, 모임을 탈퇴할 생각도 한 적이 있었다. 나의 가치주 투자 스타일에서는 살 수 없는 기업들에 대한 발표들을 계속 들어야 했고, 그런 기업들의 주가가 올라가는 것을 지켜보는 일이 힘들었기 때문이다. 그래도 한 달에 한 번이지만 주식 얘기를 마음껏 할 수 있는 사람들을 만난다는 것만으로도 큰 행복이었기에 그런 생각은 오래가지 못했다.

하지만 나는 꽤 오랜 기간 동안 내 기준에 매몰되어 있었다.

배당주 투자의 한계를 받아들이다

내가 전업을 시작할 때의 계획은 대략 이랬다. 투자금이 2억 원 정도였으니 배당으로 1000만 원 확보하고 시세 차익 최소 20% 정도면 합해서 5000만 원 정도는 벌 수 있을 것이라 생각했다. 또 운이 좋으면 30%나 40%의 수익도 날 수 있으니 어찌어찌 생활하면서 돈을 좀 모을 수 있지 않을까 싶었다. 손실이 날 거라는 전제는 거의 없었던 듯싶다.

대학생 시절의 경험으로 어떻게 하면 돈을 빨리 잃는지는 알고 있었고, 잃고 난 이후에 회복하려면 얼마나 어려운지도 알고 있었기에 원금 손실이 그 무엇보다도 무서웠다. 그래서 철저하게 하방이 크지 않거나 혹은 조금 떨어지더라도 좀 더 살 수 있을 것만 같은 기업들에 관심이 있었다. 하방이 크지 않다는 것은 PBR

이 충분히 싸다거나 배당 수익률이 6~7%쯤 되는 것들이었다. 당시에는 실적 추정을 그리 세심하게 하지 않던 초보 시절이어서 PER(주가 수익 비율)은 변동 폭이 크기에 가치투자자답게 PBR에 좀 더 포커스를 두었던 것 같다.

대학 시절 구독한 가치투자 신문에서 읽었던 내용들과 그레이엄의 원칙들 속에서 청산 가치가 그 무엇보다 중요하다 느끼고 있었고, 이익의 변동에도 그간 쌓아온 자본이 많은 회사들의 자본 총계는 크게 변화하지 않는 지표이기도 했기 때문이다. 내 기억에는 정말 웬만큼 회사가 망가지지 않고서야 PBR이 0.4 수준은 지켰던 것으로 기억되는데, 그 당시에는 PBR을 중시하는 가치투자자들이 꽤 많았던 게 그 이유가 아니었을까 싶다. 이익단이 망가져도 순자산 측면에서 충분히 싸다면 보유할 만한 이유가 충분하다고 생각하는 투자자들이 많았다는 이야기다. 그 당시의 나도 그레이엄의 꽁초 투자가 안전하다고 느끼고 있었다. 이익 상승이 주가 상승으로 연결된다는 대전제를 부정하는 것은 아니었지만 책에서 배운 가치투자에서는 이익은 변동이 심한 부분이라 그 이익을 면밀히 추정하는 건 어려운 일로 생각하고 있었고, 추정해서 맞힐 자신도 없었다. 그래서 이익의 변동이 적고 PBR이 싼 회사에 투자하는 것으로 방향을 잡고 있었고, 주가가 오르지 않아도 배당 받고 살면 된다는 생각을 했기 때문에 저PBR이나 시가 배당률이 높은 기업들이 주로 나의 관심 종목이었다. 정상제이엘에스 같은 학원업이나 도시가스 업체들이 그런 회사들이었다.

정상제이엘에스는 그때 배당 수익률이 6~7% 정도였는데, 지금도 비슷한 수준이거나 좀 더 높아진 것 같다. 하지만 주가는 10여 년 전이나 지금이나 비슷하다. 당시에는 포트의 배분 차원에서 배당주를 선택하는 것이 아니라, 실제 돈을 벌어 배당을 많이 주는 회사가 가치롭다고 생각했기 때문에 포트에서 메인을 차지하고 있었다. 이후에도 정상제이엘에스는 3~4년간 내 포트에서 10% 정도 비중의 수비적인 배당주로 자리 잡고 있었는데, 배당보다 성장이 중요하다는 것을 온전히 받아들인 후에야 포트에서 완전히 제외했다.

나름 가치투자를 공부한답시며 이것저것 뒤적이기도 하고, 《월가의 영웅》 같은 투자 고전과 주식을 사고파는 과정에서 스스로 느끼는 심리의 향방이 이해되지 않을 때가 있어 경제심리학 책들을 읽으며 어느덧 2012년이 저물고 있었다.

2012년은 엑셀로 연말 수익률 정산도 하지 않았고, 당시 사용하던 대우증권이 미래에셋과 합병되면서 과거 기록도 HTS에서 조회가 되지 않아 투자 기록이 남아 있지 않아서 정확하지는 않지만 대략 수익률이 들어올 배당을 포함해 15~20% 정도였던 것으로 기억난다. 첫해에 손실을 보지 않고 수익을 꽤 낸 것이 지금 생각하면 굉장히 잘한 것 같기는 한데, 당시 코스닥 차트를 보니 6월부터 10월까지 지수가 10% 정도 상승했다가 연말까지 하락했던 걸로 보아 그냥 진입 타이밍에서 운이 좀 좋았던 듯싶다.

그런데 생활비를 따로 빼놓고 주식을 하는 게 아니다 보니 4인 가족 연간 생활비가 수익 난 금액보다 더 많이 나간 것이다. 즉 수익이 좀 나도 원금이 줄어들었는데 산술적으로는 당연한 일이었다. 그러나 산술적으로는 당연했지만 체감되는 감정은 달랐다.

반년 정도의 기간 동안 앞으로의 투자에 자신감이 넘칠 만큼의 무언가를 보지 못했기에 연간 20%를 넘는 수익을 못 내면 원금이 줄어들 것이고, 그렇게 몇 년 가면 2억 정도의 돈은 그냥 눈 녹듯 사라질 것 같은 두려움이 밀려오기 시작했다. 그렇게 전업 투자자의 위기감을 온몸으로 느끼고 있었다.

당시 집은 반전세로 살고 있었으나 부동산 자산이 약간 있어서 전업을 시작하던 2억이 전부는 아니었기 때문에 '잘못되면 길거리에 나앉는다'까지는 아니었다. 그러나 막연히 투자를 하면 잘할 수 있을 거라는 근거 없는 믿음이 사그라지기엔 충분했고, 나중에 자세한 내용을 적겠지만 그 부동산 자산은 매각 후 짧은 시간에 주식에서 거의 날려먹었다.

하지만 2013년이 두렵기만 한 것은 아니었다. 가치투자연구소를 통해 가입했던 DIS 투자 모임의 다른 투자자분들이 발표하고 운용하는 것들을 몇 개월간 지켜보며 그들의 투자를 간접적으로 체험하고 있었다. DIS 투자 모임은 지금까지 아주 잘 운영되고 있는데, 당시 가치투자 1세대 모임으로 유명한 PIC나 BIN 같은 모임에서 활동하던 형님들도 계셔서 그분들이 어떻게 투자하는지를 보는 것은 초보 전업투자자인 내게 굉장히 큰 도움이 되었다. 또 발표 자료를 만들고 브리핑하고 질문과 답변을 하는 과정에서 리서치의 기본이 조금씩 잡혀가고 있었고, 다른 분들이 수익을 내는 과정을 지켜보며 배아픔과 함께 주식시장의 속성을 조금씩 이해하게 되었다.

대표적으로 이런 것들이다. 나는 가치투자에서 가치란 것을 현재 회사가 가지고 있는, 혹은 벌어둔 자산에서 의미를 찾고 있었다. 과거 10년간 벌어서 모아놓은 자산과 앞으로 10년간 벌어들일 자산 중에 이미 모아놓은 자산이 훨씬 의미 있다고 생각하고 있었다. 그래서 PER이 낮은 것보다 PBR이 낮은 것이 더 의미 있다고 생각했다. PER이 낮아서 많은 돈을 벌어들이면 그것이 쌓여 자산이 늘어나는 것이기 때문이다. 왜 벌어놓은 자산보다 앞으로 벌어들일 자산에 주식시장은 더 큰 의미를 부여하는지 공감하지 못했다. 이런 생각은 꽤 오랫동안 지속되었다. 참고로, '자산=자본+부채'이지만 자산이란 표현이 더 자연스러워 여기서는 자산이라 표현했다.

같은 값이라면 1000억의 자산을 이미 보유한 기업을 시가총액 500억에 사겠는가 아니면 지금 모아놓은 건 없지만 앞으로 1000억의 자산을 벌 기업을 시총 500억에 사겠는가, 라는 질문에서, 나라면 당연히 당장 1000억의 자산을 이미 보유한 기업을 사겠지만 주식시장에서는 앞으로 1000억을 벌 기업을 더 좋아한다는 것이다. 내가 현재 1000억의 자산을 이미 보유한 기업을 더 좋아한 이유는 앞으로 1000억을 벌 기업이라는 것은 어디까

지나 예측일 뿐, 실제로 1000억을 벌지 못 벌지는 알 수 없다고 생각했기 때문이다. 경영권의 의미를 정확히 이해했거나, 주주 환원의 의미와 ROE(자기자본 이익률)의 의미를 정확히 이해하고 있었다면 좀 더 일찍 받아들일 수 있었겠지만, 당시에는 그냥 내가 옳다고 생각하는 게 옳은 시절이어서 꽤나 오랫동안 이런 생각에서 못 벗어났고, 2018년까지 PBR은 나의 투자에서 가장 중요한 지표였다.

2019년부터 의도적으로 PBR을 투자의 기준에서 거의 배제하기로 결정했는데, 그건 뒤에 적기로 하겠다. 어쨌든 자산이 많은 것에 의미를 두고 있었으므로 지금 실적이 좋아지는 회사에 투자해야 하는 것에 대한 의문이 나의 투자를 가로막고 있었다. 그러나 DIS 모임의 다른 투자자분들이 실적이 좋아지는 회사를 발굴해서 수익을 내는 것을 보며 그것의 옳고 그름을 떠나 부러웠고, 내 생각을 바꾸는 한 가지 명제를 드디어 받아들이게 되었다.

'주식은 실시간 가치 평가'라는 사실이다.

즉 기업의 상황에 따라 기업의 가치 평가가 지속적으로 변화한다는 사실이었다. 지금 보면 당연한 말인데, 나는 당시까지 가치란 크게 변화하지 않는 것으로 생각하고 있었다. 아니, 변하긴 하는데 빠르게 변하지는 않는다고 생각했다. 분기 실적 한 번 잘 나온다고 기업의 가치가 10%, 20%, 50% 변하는 게 아니라고 생각했기 때문에 분기 실적이 잘 나와서 주가가 오르는 것을 받아들이기 힘들었고, 그걸 이해하기 힘든 상황에서 나의 소중한 돈을 투자하는 결정을 내리기 어려웠다. 하지만 그런 현상들을 반복적으로 접하면서 인정하지 않을 수 없었다. 투자 모임의 다른 투자자분들을 보면서 '내가 옳다고 주장하는 것이 과연 무슨 의미가 있으며, 의미가 있어본들 그게 무슨 소용이 있는가'라는 사실을 받아들일 수밖에 없었다.

나는 무슨 철학을 지키기 위해 투자하는 것이 아니기 때문이고, 줄어든 자산에 엄청난 두려움을 느끼고 있었기 때문이다. '주식시장이 그렇게 돌아가는 곳이라면 내가 주식시장을 바꿀 수 없으니 내가 맞춰야 한다'는 생각을 하기 시작했는데, 그렇다곤 해도 PBR을 중시하던 투자자가 단번에 바뀔 수는 없고, 조금씩 수정과 적응을 해나가기로 마음의 결정을 내리게 되었다.

2001년 대학 시절에 겪은 손실의 고통이 뭔가 변화하려는 나의 발목을 잡았지만, 그냥 약간의 수익으로는 전업 생활을 이어갈 수 없다는 위기감이 그래도 나를 조금씩 변화하게 만들었다. 그렇게 배당주와 자산주 위주의 투자에서 서서히 벗어나야겠다는 생각을 하며 2013년을 맞이했다.

처음으로 큰 성공의 경험을 얻다

사업이 안정적이고 지속적이어야 하며, 대주주가 훌륭해야 하며, 배당 수익률도 좋고 저PBR이어야 하며, 저PER이어야 하는 등의 가치투자의 원론적인 부분에서 2013년부터는 조금씩 현실적으로 성과를 올릴 수 있는 방향으로의 전환이 필요하다고 생각하여 그렇게 해보기로 결심했다. 그렇다고 대학생 시절의 괴로움과 책으로 배운 가치투자에서 완전히 벗어나지는 못했고, 조금씩 확장해야겠다고 마음먹고 일단 산업 자체의 배제 기준을 낮추기로 했다.

2012년에 스마트폰, 반도체, 디스플레이, 자동차 벤더 등을 이익 안정성이 낮은 사업 모델이라는 이유로 모두 배제하고 나니 괜찮은 회사에 투자할 실질적인 풀 자체가 너무 적었다. 그래서 주식은 '기업 가치의 실시간 평가'라는 관점에서 기업이 좋아지는 구간이라면 투자해보자는 결심을 했다. 그렇지만 투자라는 것이 한번 이렇게 하자고 마음먹는다 해서 전환이 그렇게 쉽게 되겠는가. 마음먹은 이후로도 여러 심리적 장벽을 넘어야 했고, 새로운 섹터를 투자한다는 것에 대한 내 마음속의 불안함이 여전히 자리 잡고 있었다. 또한 PBR에 대한 기본적인 관점은 굉장히 오래 지속되어왔고, 개인적으로 가장 중요하게 보던 지표여서 PBR이 1을 넘으면 투자하는 데 극도로 고민이 되었기 때문에 아주 약간의 풀이 넓어졌을 뿐 드라마틱한 변화는 아니었다.

게다가 전업으로 나서긴 했지만 한 달에 한 번 갖는 투자 모임이 교류의 전부였고, 그 외 가치투자연구소에 올라오는 투자 아이디어들이나 증권사 리포트들에서 아이디어들이 간혹 있었지만 대체로 어느 정도 주가가 올라 있거나 PBR이 높은 기업들이 대부분이어서 막상 투자로 이어지기는 쉽지 않았다. 아마 이 글을 읽는 사람들은 조금 의아하게 생각할지도 모르겠다. PBR에 왜 그렇게 의미를 부여하는 것일까 하고.

나는 대학 시절 트레이딩을 하면서 손실을 확정 짓고 주식을 그만두면서 가치투자를 알게 되었고, 주식이란 무엇인가에 대한 고민을 많이 했었다. 그 고민 속에서 내린 결론은 주식을 산다는 것은 그 주가의 시총으로 '그 기업을 통째로 산다고 했을 때' 살 만한 가격이냐는 것이었고, 내가 그런 기업을 통째로 인수할 자금이 있다면 PBR이 1을 넘는 기업은 사고 싶지 않다는 결론에 이르렀었다. 물론 지금 그렇다는 말은 아니다. 당시 지극히 초보였던 시절에 가졌던 투자에 대한 관점으로 그렇게 생각하고 있었다는 이야기다.

그래서 기본적으로는 자산이 많은 회사를 좋아했다. 시총이 1000억인데 순현금이 1000억 있으면 나는 굉장히 흥분했다. 미국 주식시장에서는 주주 환원율이 아주 높기 때문에 현금성 자산이 많다는 것은 아주 큰 의미가 있는 지표이지만, 2025년의 한국 주식시장에서는 회사의 자산이 주주에게 환원되는 경우가 적으므로 이런 것에 의미를 두는 투자자는 많지 않을 것이다(지금 진행되고 있는 상법 개정 등을 통해 거버넌스의 개선이 진행되면 향후에는 의미가 커질 수 있다). 그러나 당시에는 책에서 읽은 가치투자의 관점이 내게 큰 영향을 주었기에 미국의 주식과 한국의 주식이 다르다는 생각을 많이 못 했고, 2000년대 가치주의 대약진이 있은 지 10년도 지나지 않았기 때문에 자산을 중시하는 가치투자자도 지금보다는 많았다.

그러던 것이 2020년대에 들어오며 해외 주식에 대한 직접투자가 아주 쉬워지면서 미국 주식과 한국 주식의 주주 환원이 극명하게 차이가 나고 대주주의 이익에만 치중하는 한국의 주식시장에 대한 반복적인 학습이 이루어지면서 회사가 가진 현금이 큰 의미를 못 가진다는 쪽으로 투자자들의 의식이 전환되어왔던 것 같다. 그러나 2010년대의 나 혹은 가치투자자들의 분위기는 요즘처럼 PBR을 부정적으로 바라보진 않았고, 대체로 현금 보유나 자산이 많다는 것은 꽤나 좋은 투자 포인트 중 하나였다. 그러다 보니 시장에 PBR 1 미만의 종목들이 없다면 모를까 즐비한 가운데, 굳이 PBR 1을 넘는 기업에 투자할 필요가 있을까, 라는 골수 가치주 투자 마인드로 무장되어 있던 내겐 여전히 PBR이 가장 중요한 지표였었다.

투자 아이디어가 많지 않고, 종목 풀도 넓지 않고, PBR 1배가 넘으면 잘 사지 않는 내게는 할 수 있는 일이 별로 없었다. 그래서 HTS에 시총 낮은 순으로 정렬해서 시총이 낮은 회사들부터 훑어보고, PBR이 낮은 순으로도 정렬해서 훑어보기 시작했다. 시총이 낮은 건 조금만 좋아져도 주가가 오르지 않을까 하는 얄팍한 생각이었고, PBR을 기준으로 아이디어를 얻으려면 PBR이 낮은 회사부터 직접 찾아보는 게 맞겠다고 생각했기 때문이었다.

전업투자자가 된 지 몇 개월밖에 되지 않은 데다 여러 이유로 대부분의 회사를 배제하고 있었기 때문에 정렬된 회사들은 거의 전부 생소한 회사였고, 한 회사의 사업 보고서에서 무슨 일을 하는지와 재무제표를 대충 보는 데만도 꽤 많은 시간이 걸렸다. DART(금융감독원 전자 공시 시스템)에서 사업 보고서를 보는 것도 능숙지 않았기 때문에 내가 찾는 내용이 어디에 있는지 알기도 어려워 하나하나 찾아보느라 시간이 더 걸렸다(지금은 그래도 항목별로 목차 구분이 잘되어 있지만 당시에는 그렇지 않았다). 꽤나 지루한 작업이었는데, 딱히 뾰족한 방법도 없었다. 지금 적고 있다 보니 당시의 나는 참 어처구니없었구나 싶은데, 그 덕분에 어쨌든 투자할 기업 발굴을 직접 하는 것이 몸에 배던 시기였던 것 같다. 그렇게 직접 스크리닝을 하면서 사업 보고서를 열어보고, 낯선 재무제표 용어들도 검색해서 찾아보고, 주석에 무슨 내용이 있는지 찾아보는 과정들을 통해 자연스럽게 그런 활동들에 익숙해지면서, 어떤 회사의 내용을 찾아보는 일에 대한 귀찮음이나 기업 공부에 대한 두려움이 사라져가고 있었던 듯싶다.

그러다 비교적 내 기준에 굉장히 부합하는 회사를 2013년 5월에 하나 발견했다. 이름도 멋진 '제우스'. 저PBR과 낮은 시총을 기준으로 하던 스크리닝에서 둘 다에 걸렸다. 게다가 PER도 낮고 앞으로 좋아질 요소들도 많아 보였다. 공부하면 할수록 내가 투자를 하고 싶던 그런 회사였다.

당시 시총이 500억 원 언저리였고 PBR이 0.5가 안 되었을 것이다. 2012년 실적으로는 PER이 12 정도였으나 2013년부터 반도체 업황이 돌아서고 있어서 PER이 낮아질 것으로 보고 공부를 시작했는데 디스플레이, 반도체, 플랜트 등 그간 내가 투자에서 배제해왔던 영역들의 사업을 꾸려가던 기업이었다.

2013년에 들어오면서 사업 모델이 안정적이지는 않아도 PBR이 낮고 이익이 늘어서 주가가 오를 수 있는 기업에 투자하기로 마음먹은 터였지만 IT 산업을 공부하는 것이 쉽지만은 않았다.

용어와 공정들부터 인터넷 검색과 산업 리포트들을 보면서 조금씩 익혀갔는데 그래봐야 뭐 얼마나 전문적이었겠는가. 그래도 최대한 익숙해지려 애썼고, 궁금한 것은 IR 담당자(흔히 '주담'이라고 칭한다)에게 물어보기도 했는데, 당시에 중소형 회사들의 주담은 지금보다 불친절한 경우가 많아 쉬운 일이 아니었다. 그리고 사업 보고서 내용을 읽고 이해 안 되는 것은 찾아보았는데, 특히 재무제표와 주석도 몇 번을 살펴보고 찾아보고 했는지 모른다. 중요 자회사들이 여럿 있어서 연결 재무제표와 별도 재무재표를 따로 보고 주석에 뭔가 중요한 내용이 있을까 살펴보는 과정에서 연결 재무제표와 별도 재무제표의 의미와 회계 용어에 많이 익숙해졌다.

   제우스에 대해 공부하면서 디스플레이와 반도체, 플랜트 쪽의 사업이 돌아가는 과정을 조금 이해하게 되었고, 회사 현황을 주담에게 적극적으로 물어보는 일도 익숙해지기 시작했다. 이렇게 글로 적은 것보다 훨씬 더 많은 내용을 반복적으로 살펴봤던 것 같다. 이유는, 태어나서 처음으로 한 종목의 주식을 1억 원 가까이 샀는데 혹시라도 잘못될까 봐 무척 두려웠기 때문이었다. 오래된 기억이라 희석되기 마련이지만 아직도 그때의 감정이 조금 남아 있는데, 이게 잘못되면 나는 정말 죽도 밥도 안 되는 상황이 올까 봐 두려웠다. 그리고 싸다고 사기는 했지만 그렇게 자신이 넘치진 않았고, 그 불안함을 이겨내고 매수를 많이 한 나 자신에게 그러한 당위를 주고 싶어서 할 수 있는 만큼 깊이 공부했던 것 같다. 그렇다, 내 선택을 믿고 싶어 공부한 것이다. 그리고 공부를 할수록 시간이 지나면 주가가 오를 것이라는 믿음을 가질 수 있었다.

그런데 두 달쯤 지났을까, 지금은 무엇 때문인지 기억도 잘 안 나지만 코스닥 지수가 굉장히 안 좋아지는 시기를 맞이했고, 제우스 역시 주가가 하락해서 시총 350억 정도까지 떨어졌었다. 시총 500억도 싸다고 생각했는데, 시총이 350억이 되니 '싸니까 더 사자'는 마음보다 '이거 잘못된 거 아닌가' 하는 생각이 머릿속에서 떠나질 않았고, 순식간에 몇천만 원의 평가손실을 마주하니 눈앞이 캄캄했다.

너무 무서웠다. 그때의 감정은 왜 내가 가치투자 같지도 않은 이런 새로운 섹터를 공부하고 투자해서 이런 꼴을 당하고 있나 하는 자책이 먼저였고, 더 사기를 무서워하는 내 감정을 마냥 지켜볼 수밖에 없었다.

불안함을 이기기 위해, 그리고 내가 맞다고 스스로에게 위안을 주기 위해 주담에게 전화해 이것저것 물어봤지만 주담은 여전히 불친절했고 뭔가 새로운 내용도 없었다. 솔직히 두 달 만에 회사에 일이 있어봤자 뭐가 있겠는가. 하지만 나는 불안함이 가시지 않아 각 사업부별 영업 부서로 전화를 돌렸다. 내가 틀리지 않았음을 스스로에게 각인시키고 불안을 이겨내기 위해서는 뭐라도 해야 했다. 각 사업부 영업 부서로 전화를 걸어 "나는 주주인데 사업이 어떻게 돌아가는지 궁금해서 전화했다"고 말을 꺼내는데 많이 부끄러웠다. 전화 받는 사람도 어이없다는 투로 어디로 전화해보라는 사람이 있는가 하면, 다시 전화 준다고 하고선 아무 연락이 없었다. 소위 뺑뺑이를 돌린 것이다. 몇 번인지 몇십 번인지 시도한 끝에 결국 그중 한 분이 내게 이런저런 상황을 들려주었는데 상황이 그렇게 나쁘지 않았던 것 같다. 뭐 어떤 깊은 얘기를 해줬겠는가마는 회사에 큰 문제가 없다는 사실을 직원에게 듣고 나니 그나마 조금 안심이 되었다. 이런 행동들은 뭔가 새로운 사실을 알아야겠다기보다는 그저 나의 불안을 잠재우기 위한 행동이었던 것이다.

그리고 용기를 내어 추가 매수를 했다. 그냥 살 수 있는 만큼 사서 평단을 조금 낮추었다. 정확히 기억은 안 나는데 제우스를 매입한 총금액은 매수 가격 기준으로 1억 2천 안팎 정도였다. 그게 용기를 낼 수 있는 최대치였다. 심장이 벌렁벌렁했다.

그 후 약간 반등하여 시총 400억 전후에서 한참을 머물러 있었다. 매수 시작은 5,000원 초반에서 했는데, 주가는 3,500원 정도까지 떨어졌고, 최종 평균 단가는 4,500원 정도 되었던 것 같다. 그리고 2분기 실적이 발표된 후 8월 말쯤 리포트로 작성했던 내용을 가치투자연구소에 올리기도 했는데, 그 분석 글이 지금도 남아 있다. 당시에 나는 자료를 아주 잘 만들었다고 생각했는데, 지금 그 자료를 보면 기본적인 내용은 그럭저럭 포함되어 있고 사업 내용도 나름 공부해서 적은 듯하지만 투자 아이디어는 지금 기준으로는 많이 부족한 듯싶다. 싸다는 것 외에 어떤 식으로 회사가 성장할지 예상할 수 있는 부분이 없고 탐방이 좀 필요한 기업으로 보인다. 하지만 당시의 나로서는 정말 온 정성을 다해 공부하고 만든 자료였다.

그렇게 여름이 지나고 가을이 끝나갈 무렵인 11월쯤부터 주가는 슈팅을 시작했고, 3분기 실적이 서프라이즈하게 나왔으며, 2014년 상반기까지 끌고 가서 대략 시총 1500억~1800억 사이에서 매도해 250% 정도의 수익률로 마무리했다(서문에 밝힌 수익률에서 2013년과 2014년의 연간 수익률이 70%로 꽤 높은데, 제우스가 2년에 걸쳐 수익이 나서 그런 것이다).

글로서는 짧은 순간이지만 5월에 투자를 시작해 11월까지 기다리는 것도, 11월부터 수익 구간에서 몇 개월을 더 보유하는 것도 언제나 번뇌의 연속이었다. 횡보하던 구간에서는 내 아이디어가 맞는 걸까에 대한 의문이 계속 고개를 들었고, 수익으로 돌아서고부터는 하루에도 수십 번을 '팔까……' 하는 생각을 끊임없이 했으니 말이다. 어찌 보면 초반의 운도 크게 작용했던 것 같다. 실적이 좋아질 개연성은 충분했는데 내가 예상하던 것보다 훨씬 더 좋게 나와서 목표가를 높이고 좀 더 오래 끌고 갈 수 있었던 듯싶다. 방향은 맞았는데 폭은 틀렸다고나 할까?

태어나서 처음으로 한 종목에 1억이 넘는 금액을 사고, 그게 또 큰 평가손실에 머무르고, 그 두려움을 이겨내기 위해 반복적으로 리서치한 경험들은 나의 투자 여정에서 커다란 전환점이 되었다. 주식을 그냥 조금 보유하는 것과 심리적으로 굉장히 부담되는 금액을 보유한다는 것, 그리고 그 주식의 주가가 떨어질 때의 두려움을 온몸으로 느끼고, 그 두려움을 이기고자 했던 노력과 행동들이 앞으로 어떤 식으로 투자해야 견딜 수 있을지에 대한 힌트를 조금 주었다. 게다가 다행히 그것이 성공적인 결과로 마무리되면서, 나에게 큰 성공의 경험을 안겨주어 주식은 이렇게 하면 되는구나를 완벽하게 체감한 케이스가 되었다.

이때부터 기업의 실적이 좋아지면 주가가 오른다는 것을 완벽하게 믿기 시작했다. 주가의 뒤편엔 기업이 있고, 주가는 그 기업의 그림자처럼 늘어났다 줄어들었다 할 뿐 그 본질의 가치가 오른다면 주가는 그에 합당하게 따라간다는 확신을 가지는 것은 가치투자에서 그 무엇보다 중요하다. 기준점을 '주가'에 두는 게 아니라 주가 뒤의 '기업'에 둘 수 있기 때문이다.

흔들리는 주가 속에서 자신의 심지를 굳건하게 둘 수 있는 방법은 확신의 강도를 높이는 방법뿐이란 것도 알게 되었고, '나'라는 사람은 대학 시절 때처럼 트레이딩은 너무 못하지만 기업 가치를 기반으로 투자하는 것은 할 수 있겠다는 자신감도 얻게 되었다.

시간이 좀 더 지나서 알게 되었지만, 확신의 강도를 높인다는 것은 큰 실패의 원인이 되기도 한다. 큰 성공과 큰 실패는 모두 자신의 확고한 확신에서 비롯되기 때문이다. 하지만 투자에도 과정이 있다면, 확신을 가지는 과정을 겪으면서 성공의 경험을 얻고 난 후에야 비로소 다음이 시작될 수 있는 것 같다. 그 확신이 정말 옳은 것인지, 생물과 같이 변화하는 기업에서 내가 잘못된 판단을 내린 것은 아닌지 계속 스스로에게 자문하며 다듬어가는 것은 확신의 과정을 겪고 난 그다음의 과정이 아닌가 한다.

  그래서 투자 모임을 같이하는 후배들에게는 초반에는 리서치를 좀 깊게 하기를 권한다(말로는 권한다고 하지만 실제로는 강요한다). 초반에 깊은 리서치를 해본 경험이 앞으로의 투자 여정에 계속 남아 있기 때문이고, 초반에는 리서치를 깊게 하더라도 시간이 지나면서 그 깊이는 옅어지면 옅어지지 점점 더 깊게 하는 사람은 본 적이 없기 때문이다. 그래서 투자를 한 지 오래되지 않았다면 초반에는 리서치를 더욱 깊게 하기를 권하는 바다.

  단, 깊게 하되 투자와 관련 있는 리서치를 해야 한다. 간혹 아무 상관도 없는 리서치를 너무 깊게 하는 사람들이 있다. 예를 들어 반도체 공정을 공부한다고 할 때 그 공정의 역할과 중요도와 관련 기업을 공부하면 되는데, 반도체학과 학생처럼 공정 자체에 대한 공부를 엄청 깊게 하는 것이다.

  회계 공부도 비슷하다. 회계학과 학생처럼 공부하는 게 아니라 실무적으로 투자와 관계있는 회계를 공부하면 되는 것이다. 복식부기의 원리를 이해하고, 본인이 투자하는 회사의 재무제표와 주석을 보면서 모르는 내용을 찾아보는 것이 효율적인 방법이다. 투자에서는 이익과 비용 구조에 대한 부분이 중요하다. 그 과정에서 제조원가 같은 실제 비용과 대손충당비 같은 회계적 비용들, 그리고 연구개발비가 자산으로 잡히는지 비용으로 잡히는지 등을 알게 된다. 그리고 대차대조표에서 기업의 안정성을 보기 위해 금융 부채 같은 유이자 부채와 선수금 매입 채무 같은 이

자성 부채가 아닌 것을 구분하게 되고, 매출 채권과 재고 자산 등의 회계적 의미를 이해하면서 각 기업의 투자에 필요한 항목들을 찾아 공부해나가면 된다. 모든 기업에서 중요한 부분이 모두 같은 것도 아니어서, 사업이 심플해 회계 자체가 단순한 기업들도 있고, 납기가 굉장히 길어 매출을 공사 진행률로 인식하는 기업들은 미청구 공사나 초과 청구 공사 같은 항목을 알아야 하는 경우도 있다. 말 그대로, 자신이 관심 있는 기업이 생겼을 때 재무제표와 주석을 보면서 필요한 항목들을 공부하다 보면 시간이 지날수록 투자에 필요한 회계가 익숙해지기 마련이다.

  투자를 위한 공부는 관련 학과 학생의 공부보다 훨씬 쉽다고 생각한다. 그렇게 보면 투자자는 엄청난 지식이나 두뇌의 뛰어남보다는 부지런하고, 반복적으로 지루한 작업을 지치지 않고 계속할 수 있는 사람이 더 잘하는 것 같다. 나 역시 그렇게 뛰어난 두뇌의 소유자가 아니기도 하니 말이다.

  2025년 지금의 투자자들을 보고 있으면, 텔레그램을 통해 많은 가공된 정보를 보고 그 정보들에 대한 의사 판단만으로 투자 결정을 내리는 경우를 자주 본다. 이것은 펀드매니저의 역할만을 하는 것이다. 나는 투자자라면 애널리스트와 펀드매니저 역할을 모두 해야 한다고 믿고 있다. 투자자는 애널리스트의 역할로서 직접 데이터를 확인하고 회사에 문의하고 자료를 조사해 리포트를 작성하고 그 자료를 기반으로 펀드매니저의 역할로서 자신의 포트에 편입할 것인지, 한다면 어느 정도의 비율로 할 것인지, 언제 편출할 것인지 의사 결정을 모두 해야 하는 위치인 것이다.

누군가는 되물을 수 있다. 왜 그렇게까지 해야 하냐고. 나의 대답은, "잃으면 안 되는 본인의 돈"이기 때문이다.

펀드매니저는 본인의 돈을 굴리는 사람이 아니다. 운용이 잘못되면 질책은 받겠지만 연봉을 못 받는 것도 아니고, 운용하는 자산도 자신의 돈이 아니다. 애널리스트도 최선을 다하겠지만 무언가 잘못된 정보를 전달했을 때 역시 질책은 받을 수 있지만 인생이 나락으로 가는 것은 아니다. 하지만 투자자는 그렇지 않다. 잘못된 의사 결정 몇 번으로 자신의 돈을 크게 잃을 수 있는데, 그게 소액이면 별문제가 아니겠지만 큰돈을 잃는다면 그건 큰 문제다. 그리고 잃고 난 후에는 그 돈을 다시 만회한다는 것이 얼마나 까마득하게 어려운 일인지 잃고 나서야 알게 되는 법이다. 온라인상에는 깡통을 찼다가 회복하는 드라마틱한 스토리가 종종 있지만 본인이 그럴 수 있다는 기대는 안 하는 게 좋다. 내 생각에는 회복하려다 점점 더 심하게 무너지는 경우가 99%이고, 아마 1% 혹은 0.1%만 재기하는 정도이지 않을까 싶다.

버핏의 1원칙, 2원칙이 왜 '절대로 돈을 잃지 마라'인지를 정말 진지하게 생각해봤으면 좋겠다.

인간은 쉽게 불안에 사로잡히는 존재이기도 하지만, 자신의 결정이 장밋빛으로 그려지는 착각에도 많이 빠지는 존재다. 로또가 잘 팔리는 것도 자신이 번호를 직접 고르면 똑같은 확률임에도 당첨될 것 같은 착각 속에 빠지는 것과 비슷하다. 투자도 자신이 선택한 종목은 왠지 장밋빛 미래를 안겨줄 것만 같은 착각에 많이 빠지는데 그런 것들을 타인의 분석에 의존하면 그 미래를 맞이함에 있어서의 의사 결정을 타인에게 의지하게 된다.

실제로 어떤 회사에 대한 애널리스트의 전망이 틀렸다고 해보자. 그들은 어떻게 할까? 아이디어 훼손으로 '목표가 하향 또는 커버리지 제외'를 한다.

그렇다면 그 회사에 투자하고 있던 사람은 어떻게 해야 할까? '손절을 하거나 물을 타거나 버텨야 한다.'

그 상황을 맞닥뜨려보면 무척 황당하다. 나는 애널의 전망을 믿고 샀는데 그게 잘못되어 자기네들은 이제 커버리지를 안 하겠다고 나오면 그 종목에 물린 나는 어떻게 해야 하나? 손절하라고 쉽게 이야기하겠지만 그것이 쉬운 일도 아니고, 비중이 높다면 그 타격은 이루 말할 수 없고, 만약 레버리지라도 많이 썼다면 눈앞이 캄캄할 것이다.

애널리스트에게 따지고 싶겠지만 그래봐야 결론은 똑같다. 투자는 본인의 결정이라는 말밖에 들을 수 없을 것이다. 솔직히 그런 상황을 맞이하면 팔아야 할지 말아야 할지도 판단이 잘 안 선다. 아이디어가 무너진 건 맞는 듯한데 주가도 떨어져 있으니 굳이 지금 팔아야 할지 어떨지 모르겠는 것이다. 기다리면 올라올까 아니면 손절하고 다른 종목을 찾아야 할까. 본인이 그 종목을 찾지도 않았는데 이제 또 다른 종목을 다른 사람의 분석 글을 보고 살 수 있을까. 그리고 그것을 믿을 수 있을까.

  그리고 손절을 하면 자산이 쪼그라든 것을 인정해야 하고 그것을 회복하는 것은 더욱 깜깜하다. 텔레그램에 떠도는 숱한 정보들도 넓게 보면 애널리스트의 정보와 비슷하다. 그나마 애널리스트는 증권사 직원으로 일말의 책임감이라도 있지만 텔레그램에는 그런 것도 아니고 아마도 본인들이 사들인 주식을 홍보하는 정보가 대부분일 것이다. 물론 그중에는 정말 좋은 정보들도 많지만 그냥 현혹하는 정보도 너무 많다.

  결론은 그 정보를 제대로 '이해하고 확인하고 판단하는 능력'이 본인에게 있어야 그 많은 정보들이 의미를 가진다. 그 능력은 스스로 애널리스트와 펀드매니저 역할을 모두 직접 해왔을 때 길러지는 법이고, 그 역할들을 스스로 하면서도 그 돈이 자기 돈이라 잃으면 나락으로 간다는 절박함을 가져야 하는 것이 투자자인 것이다.

성장하는 산업에는 마음을 닫지 마라

제우스의 성공은 내게 큰 의미가 있었고, 앞으로의 투자에 방향성을 제시해주었다. 왜 가장 투자하고 싶은 기업의 주식을 더 사지 않고, 덜 사고 싶은 기업의 주식을 사야 하는가 혹은 당신이 평생 투자할 수 있는 기회가 열 번뿐이라면 그 기회를 쉽게 쓰겠는가, 라는 버핏과 멍거의 말씀은 제우스의 성공 경험 이후여서 더욱더 가슴에 와닿고 있었다.

나는 제우스와 같은 성공 케이스가 평생 다섯 번 정도만 있어도 충분히 부자가 될 수 있을 것이라 생각했다. 그리고 몇 개의 기업을 장기간 보유하면서 꿈같은 수익률을 누리며 경제적 자유를 달성한다는 상상은 돈을 번다는 그 사실 자체보다도 아주 멋있는 투자를 하는 것처럼 느껴졌다. 하지만 그런 큰 성공이 얼마나 어려운 일인지 당시에는 알지 못했고, 운이 얼마나 좋았던 건지도 몰랐다(지금은 투자에서 성과를 꾸준히 올릴 수 있다면 불법이나 남에게 피해를 끼치지 않는 한, 어떤 전략도 다 훌륭하다고 생각한다).

비교적 큰 비중으로 홀딩하며 큰 수익을 누리려는 로망은 꽤 오랫동안 나의 투자 전략으로 자리 잡게 되었는데, 제우스 이후로 비중을 30~40% 정도로 실어서 200% 이상의 수익을 올린 경험은 지금까지도 없다. 비중을 30% 이상 실은 투자가 100% 난 적은 있었고, 비중이 10% 정도인 종목이 200% 이상의 수익을 낸 경우는 있었다. 높은 비중을 실은 상태로 몇백 퍼센트의 수익을 올린다는 건 정말 힘든 일이라는 사실을 시간이 아주 많이 지나서야 받아들이게 되었다. 지금은 장기적으로 굉장히 업사이드가 크다면 매수 가격 기준으로 비중을 10% 수준으로 제한해 계속 묵혀두거나, 비중을 많이 실었다면 어느 정도 성과가 났을 때 일부는 수익 실현을 해서 다른 기업에 투자한다.

이런 투자의 방향 설정은 투자 초기에 어떤 전략으로 성공의 경험을 했는지가 매우 중요하게 작용하는 것 같다. 만약 제우스가 어떤 문제로 인해 2013년의 실적이 잘 나오지 않아 주가가 오르지 않았거나 심지어 떨어졌다면 내가 저PBR, 저PER을 투자에서의 중요 포인트로 유지할 수 있었을까? 아마도 이건 답이 아니라고 생각하며 다른 방향을 찾거나 어쩌면 주식을 포기했을지도 모른다. 그런데 제우스의 성공으로 난생처음 억대의 돈을 수익 실현하면서 투자에서 돈을 벌 수 있다는 자신감을 가지는 계기가 생겼고, 당시의 나로서는 어디서도 그만한 돈을 벌 수 있는 곳이 없다는 것을 잘 알고 있었기에 더욱더 몰입하게 되었다. 대학 시절부터 돈을 벌고 싶었지만 가능해 보이지 않았던 길이 투자에서 보였으니 뭔가 평생 없던 꿈이 생긴 듯한 기분도 들었고 희망에 들떠 있었다.

투자하는 동안에는 어떻게든 성공의 경험을 가져야 한다. 제대로 된 성공의 경험을 할 때까지 철저히 준비해서 그 과정을 이겨내야만 길이 보이는 것 같다. 그저 우연히 얻어걸린 성공이 아니라 자신의 노력과 약간의 운이 맞아떨어진 본인만의 성공 말이다. 성공의 경험이 있어야 자신감이 생기고, 스스로의 선택에 믿음이 붙는다. 계속된 실패는 자존감을 까먹게 하고, 지치게 만들고, 희망이 꺾이게 만든다. 본인만의 성공을 이루는 과정은 본인의 노력도 노력이지만 적당한 운도 따라줘야 해서 정말 쉽지 않다.

나도 제우스를 투자하는 중에 그렇게 좋지 못한 성과로 끝날 뻔했던 순간이 많았었다. 제우스를 5월부터 투자하다가 11월까지 버티지 못하고 이건 아닌가 보다 싶어 다른 종목으로 갈아탔다면? 11월부터 좀 올라서 본전이 왔을 때 다행이라 하며 탈출했다면? 20~30% 정도 올랐을 때 '아싸~' 하고 다 팔았다면? 아니면 내가 잘했다 하더라도 제우스가 실적이 잘 나오는 시기에 어떤 거시적인 이유로 주식시장이 폭락했다면? 그도 아니면, 11월 이전에 개인적인 일로 돈이 필요해서 제우스를 팔아야 했다면?

마우스 클릭 한 번이면 언제든 팔 수 있기 때문에 그 어떤 이유로든 팔았거나 혹은 내 아이디어가 잘못된 것이어서 손절로 끝났을 수도 있었다. 그랬다면 나는 성공의 경험을 갖지 못했을 것이고, 가치투자에 대한 확신도 모호해졌을지 모른다.

성공한 투자자들이 지나고 보니 다 운이 좋았다고 이야기하는 것은 단순한 겸손의 의미가 아니다. 투자로 성공하기 위해선 객관성이 담보되어야 하는데 객관적으로 성공의 과정을 되돌아보면 운이 작용했음을 부정할 수 없다. 운이 없었다면 모든 게 허물어질 수 있었기 때문이다.

이는 비단 투자에서만 그런 것은 아니다. 투자뿐만 아니라 어느 분야에서 성공한 사람이든 누구나 다 운이 좋았다고 한다. 나는 예전에 성공한 사람들이 그렇게 말하는 게 한국 문화에서는 겸손함이 미덕이어서 그런 줄 알았는데 대체로 그게 진심이라는 것을 알게 되었다. 예를 들어 올림픽 금메달리스트와 4등의 노력이나 실력의 격차가 과연 어느 정도일지를 생각해보면 금메달을 딴 사람이 운이 좋았다고 하는 말이 마음에도 없는 소리는 아닐 것이다.

물론 세상사 모든 일이 노력과 능력에 정비례하지만은 않지만 그래도 노력과 능력 없이 운만으로 연속적인 성공을 하는 법은 절대로 없다. 그래서 어떻게든 성공의 경험을 얻을 때까지 실패를 반복하더라도 지속해야 하고, 한동안은 운이 없더라도 옳은 방향으로 가는 꾸준함 속에 한 번은 맞아떨어지는 순간이 온다고 믿는다. 그와 같은 성공의 경험을 얻으면 스스로에 대한 자신감을 조금 더 얻게 되고 좀 더 스스로의 결정을 믿게 될 터인데, 그것이 누적되어야 한다. 그 와중에 자잘한 실패들을 계속 겪겠지만 거기서 실수를 보정하며 스스로의 문제점을 자각하고 이를 반복하지 않음으로써 투자가 정돈되어간다고 생각한다. 투자를 오래 했든 짧게 했든 간에 스스로에 대한 자각 없이 그냥 관성대로 하는 사람들은 시간이 지나도 큰 발전이 없다.

노력을 하다 보면 벽에 부딪히는 순간들이 있다. 그게 리서치의 한계 같은 지점도 있고, 특정 섹터에서는 리서치를 시작하는 것조차 엄두가 안 날 정도로 막막하기도 하다. 매수할 만큼 알든 모르든 어떤 기업의 주식을 마우스 클릭으로 살 수 있지만 나는 모든 투자자가 모든 섹터의 모든 기업에 투자할 만한 능력이 있다고 생각하지 않는다. 나조차도 버거운 섹터의 버거운 종목이 있다.

그렇다고 능력 범위에 선을 그으라는 말은 아니다. 나는 가치투자에는 맞지 않다고 생각했던 IT 기업인 제우스라는 회사로 섹터 확장을 시작한 후 반도체, 디스플레이, 플랜트, 게임주, 바이오, 미용 기기, 화장품, 엔터 심지어 코인까지 거의 모든 섹터를 이건 절대로 안 된다고 선을 그으며 장벽을 치지 않았고 10년 동안 섹터를 조금씩 확장해나갔다. 물론 성과가 있기도 했고 크게 망한 적도 있었지만, 섹터의 속성을 이해하고 실수를 보정하거나 혹은 내가 배제해야 할 섹터를 구분할 수 있었다. 그리고 그렇게 시도한 덕분에 어떤 섹터에 대한 공부를 시작할 때도 두려움을 덜어낼 수 있었다. 또 마음을 열고 공부하고 투자도 해본 덕분에 내가 이 섹터의 이 기업을 투자해도 될 만큼의 능력이 있는지 혹은 내가 버틸 수 있는지와 같은 스스로에 대한 정성적(定性的)인 판단도 내릴 수 있게 되었다. 그래서 지금은 게임주와 바이오는 정말 특별한 경우 아니면 거의 흘려보내고, 코인은 비트코인만 아주 약간 보유하고 있을 뿐 그 이외의 코인은 아예 관심을 끊었다.

내가 말하고픈 핵심은 성장하는 섹터라면 '처음부터 마음의 문을 닫지 말라'는 것이다.

내가 PBR이나 전통적인 가치주의 관점에서 벗어나는 것은 너무 힘들었지만, 거기서 벗어나야겠다고 마음먹는 순간은 결국 다른 장벽도 깨겠다는 것이었다. 이것은 태도의 문제다. 예를 들면 한때 엔터는 무섭다며 쳐다보지도 않았다가 이제는 집에서 내가 우리 애들보다 아이돌 음악을 더 많이 듣고 더 많이 알고 있다. 엔터 쪽에 관심을 가지면서 아이돌 노래들을 의도적으로 많이 들었고, 듣다 보니 또 나름의 매력을 느끼게 되었다.

현재 포트 내 보유한 기업들도 임플란트, 엔터, 자동차 부품주, 의약품, 지주사(감액 배당), 화장품, 미용 기기, 조선 기자재, IT 장비 등…… 아주 다양한 섹터의 기업들이 포함되어 있고 섹터가 분산됨으로써 자연스럽게 리스크가 분산된다. 자산이 커지면 어쩔 수 없이 분산 운용을 할 수밖에 없는데, 여러 섹터를 공부해보고 다양한 시각을 가질 수 있어야 자연스러운 포트 운영이 가능해진다. 자산과 함께 투자 능력이 함께 올라가야 커진 자산을 운용할 능력도 함께 배양되는 것이다.

지금도 여전히 확장을 계속 시도하고 있다. 시장이 끊임없이 변하기 때문이다. 과거에 투자한 종목들은 대체로 몇백억에서 1000억~2000억 수준의 중소형주가 많았는데 지금은 성장성이 조금 애매한 중소형주는 의도적으로 배제하고, 최소 몇천억에서 조 단위의 시총이 높은 기업들 위주로 리서치를 하거나 편입하려는 노력을 하고 있다. 그 이유는 과거보다 자산이 좀 커진 이유도 있지만 그보다는 최근 몇 년간 중소형주보다는 업종 대표주의 퍼포먼스가 더 좋고 중소형주 중에서도 개별주는 특별한 트리거가 없는 한, 주가 상황이 안 좋은 경우가 많았다(2024년 하반기에서 2025년 초까지의 주도 섹터인 조선과 방산에서 그런 상황이 뚜렷하게 보이고 있다). 이게 일시적인 현상인지 구조적인 현상인지는 모르겠지만 이런 상황이 꽤나 오래 지속되고 있고 시장이 그렇게 흘러간다면 나는 거기에 어느 정도 발을 맞춰야 한다고 생각하기 때문이다. 그런데 문제는 시총이 높을수록 극단적인 저평가인 경우는 드물어서 멀티플이 적정 수준에 있는 경우가 많고, 따라서 투자 의사 결정은 시총 몇백억짜리의 아주 싼 회사의 투자와는 조금 다르다. 아주 싸게 거래되는 회사는 뭐가 좀 잘못되어도 하방이 별로 없지만 비교적 적정 주가 수준에 있는 회사는 잘되면 오르고 안 되면 하방이 꽤 있을 수도 있기 때문이다.

전업투자 기간이 10년을 넘었지만 이런 기업들에 대한 투자는 내게도 경험이 많지 않아 판단이 아직 미숙하다는 느낌을 받고 있다. 하지만 리서치하고 투자한 경험이 쌓이면 지금보다 좋아질 거라 믿는다. 그렇게 본다면, '투자 전문가'로 불리는 사람들이 얼마나 전문가스러울지 의문이 드는 게 사실이다. 내가 10년 넘게 나름 투자를 열심히 해왔다고 해서 '투자'에 대해 '전문가'가 되었냐고 누군가 묻는다면 절대로 그렇다고 대답할 수 없을 것이다. 시장은 계속 변하고 거기에 따라가기 위해 헉헉대는데, 어느 누군가 스스로를 투자 전문가라 칭하면서 과도한 비용을 요구하며 리딩을 한다고 하면 코웃음이 나올 뿐이다. 투자에서 모든 걸 성공적으로 해내는 '투자 전문가'라는 건 없다. 그러니 스스로 투자 능력을 키워 스스로 의사 결정을 내리고 스스로 책임을 지든가 아니면 투자 철학이 맞는 운용사에 위탁해서 간접투자를 하거나 이도 저도 아니면 인덱스 투자를 하든가 하는 방법뿐이다.

바이앤홀드의 로망과 투자 능력

제우스의 투자를 마무리 지은 후인 2014년 중순부터는 아주 낮은 비중으로 투자할 기업은 아예 배제시켰고, 포트 내에 꽤 비중을 실을 수 있는 기업만을 투자하기로 결정했다. 너무 자잘하게 편입을 하니 자잘한 종목들에 조금씩 신경을 쓰는 것조차 에너지가 소모된다고 느꼈고, 자잘한 종목에서 수익이 난다고 계좌에 크게 의미 있어 보이지도 않았다. 또 주가가 떨어질 것도 리스크로 생각했지만 힘들게 결론 내놓고 많이 사야 할 것을 조금 사는 것도 리스크로 생각했는데, 이것은 버핏과 멍거가 자신들이 한 큰 실수 중에 '많이 사야 할 것을 눈곱만큼 샀다는 것'에 대한 내용에서 영향을 많이 받은 부분이기도 하다. 그리고 주가가 좀 올라도 웬만하면 일단 보유했다. 충분한 수익이 나기 전까지 그 종목은 거의 매매하지 않았는데 주가가 떨어지거나 횡보할 때 추가 매수는 해도 매도는 자제하는 편이었다. 나는 매수를 시작한 이후에 주가가 떨어지면 물타기를 하고 싶었는데, 물타기를 안 하면 더 비싼 가격에 그 주식을 산 나의 행위가 잘못된 행위로 느껴졌고, 더 싼 가격이라면 당연히 더 사야만 그보다 비싼 가격에 산 나의 행위가 정당화되는 것 같았다(트레이더는 가치투자자와 달리 주가가 떨어지면 손절해야 한다). 반대로 매도도 마찬가지였다. 내가 일부 팔았는데 더 오르면 더 팔고 싶어졌다. 일부라도 팔고 난 이후에 더 높은 가격이 왔는데도 팔지 않으면 더 싼 가격에 판 자신의 행위가 잘못된 행위로 느껴져 그것을 합리화하고자 하는 심리적 기제로 자꾸 더 팔게 되는 것 같았다.

다른 사람들도 이러는지 잘 모르겠는데, 나는 그런 감정에 많이 휘둘렸다. 그래서 포트에서 메인을 차지하는 종목은 일부라도 매도를 하게 되면 자꾸 팔고 싶은 감정이 올라와 어느 순간 다 팔고 없는 경우가 많아 아예 손을 대지 않는 바이앤홀드를 운용의 기본적인 전제로 삼고 있었다(2025년의 지금은 좀 다르다. 근본은 비슷하지만 2014년의 나보다는 그러한 심리가 덜 작용하고 있고 어느 정도 계획에 따라 매매하는 경향이 강하다. 아마 그간의 투자 경험이 쌓이고 자산이 늘면서 자산 증식보다는 안정성에 더 초점을 두면서 변한 듯싶다).

훌륭한 트레이더는 불타기를 잘하고 물타기는 절대 안 하겠지만, 나는 트레이더가 아니었고, 가치투자자 중에도 불타기를 잘하는 사람이 성과를 크게 내는 것 같아 보이기도 했지만 나는 불타기가 왠지 불편했다. '수익률보다 수익금'이라고 많이들 얘기하는 부분이 주가가 움직이기 시작할 때 불타기를 해서 수익금을 극대화하려는 전략이라고 본다. 나는 매수하고자 하는 가격 레인지 안에서는 주가가 일정 부분 오르거나 내리거나 해도 비중을 채우려고 했지만 일정 수준 이상으로 주가가 올라간 경우에는 불타기가 심리적으로 쉽지 않았고, 계속 시도해보았지만 심적으로 불편해서 포기하고 차라리 다른 투자 종목을 열심히 물색하곤 했다.

불타기든 물타기든 자신과는 잘 맞지 않는다고 생각하면서도 어떤 매매 방식이 옳은 것이라고 생각하며 꾸역꾸역 억지로 하는 사람들이 있다. 나는 자신의 투자 방향과 완전히 어긋나는 방향만 아니라면 매매는 잘하거나 못하거나 장기적으로는 큰 문제가 아니라는 입장이다. 자신의 투자 방향과 어긋나는 방향이란 건 이전에도 적었듯이 가치투자를 하러 와서 트레이딩을 한다거나, 트레이딩하러 와서 가치투자하는 것을 말한다. 가치투자를 한다면서 손절 라인 정하고, 트레이딩을 한다면서 물타기를 계속하면 도대체 뭐가 되겠는가? 오히려 망하지 않는 게 더 이상할 것이다. 물타기든 불타기든 매매에 대한 전략은 알아서 하되 투자할 기업에 대한 선택이 옳다면 다른 건 모두 부차적인 문제라고 생각한다.

솔직히 나는 매매에 관한 부분에서는 대체로 최악에 가까웠다. 그건 대학생 시절 트레이딩을 하면서 나의 나약한 심리를 겪었기 때문에 이미 알고 있던 부분이다. 하지만 좋은 회사를 싸게 사기만 하면 매매를 아무리 개떡같이 해도 수익은 나는 법이라 믿어, 작은 흐름은 버리고 가치의 변화분이 반영되는 부분만 성과로 얻어가기로 마음먹었고 실제로 그렇게 하려고 했다. 그러다 보니 몇몇 종목은 20~30% 올랐다 제자리에 오는 경우가 부지기수였다. 떨어지면 조금 더 사기라도 할 텐데 올랐을 때는 더 사지도 못하고, 또 올랐다가 제자리 오는 걸 반복하는 것의 허탈감은 컸지만 장기 투자의 로망이 나를 감싸고 있었기 때문에 큰 전략은 변하지 않았다.

돌이켜 생각해보면 그리 똑똑한 전략은 아니었을지언정 투자에서 큰 방향은 맞았던 듯싶다. 충분히 싸서 하방이 있는 기업을 매수하여 손실은 제한되고 있는 상황에서 가끔 큰 수익을 올렸기 때문인데, 이것은 알바트로스 성필규 님이 트레이딩에서 가장 중요하게 말씀하시는 '수익은 길게, 손실은 짧게'와 결과적으로 같은 행위이기 때문이다. 지금 돌이켜보면 알고 했던 것은 아니지만 투자의 원리는 같은 것이다.

'수익은 길게, 손실은 짧게', 아니 '수익은 크게, 손실은 작게'가 더 적합할 수도 있겠다.

트레이딩에서는 이것을 차트나 여러 기술적 지표 그리고 감각적으로 이끌어내려 하고, 가치투자에서는 펀더멘털 측면에서 손실이 적고 성장 폭은 커서 큰 기대수익을 가지는 기업에 투자하는 것으로 이끌어내려고 한다. 투자에서 성공하려면, 성공으로

가는 방법은 다양하지만 결과적으로 이끌어내야 하는 것은 같다. 당연한 말이지만, 이렇게 해야 자산이 늘어날 수 있기 때문이다.

가끔 큰 수익을 얻는 투자를 하려다 보니, 충분히 싸고 앞으로 많이 좋아지는 기업을 찾는 것이 너무 어렵고 그런 기업은 너무 귀했다. 그래서 힘들게 찾고 나면 쉽게 팔 수가 없었다. 올랐을 때 다시 제자리에 오는 것도 짜증 나는 일이었지만 팔고 나서 올라가는 꼴을 보는 것은 더욱 힘들 것 같아서, 힘들게 매수한 기업은 일단 보유한 채 웬만큼 올라도 팔지 않고 끌고 가는 투자를 하려 했는데 꽤나 짜증 나고 힘든 케이스들도 많았다. 당시의 나는 인사이트가 아주 뛰어난 것도 아니었으니 찾는다고 해봐야 그게 정말 대단한 종목이 아닌 경우도 많았기에 도로아미타불을 밥 먹듯이 했고 그 때문에 너무나도 짜증스러운 기간도 많았었다. 그래도 제우스의 성공 경험이 나를 이러한 투자 방향으로 지속하게 해주었고, 버핏과 멍거의 바이앤홀드에 대한 로망이 나에게 우아하게 부자가 될 수 있는 꿈을 꾸게 해주었다.

지금도 일부라도 매도를 하지 않느냐거나 바이앤홀드의 로망이 없느냐 하면 그렇다고도 할 수 없고 아니라고도 할 수 없다. 처음부터 약간의 구분을 하여 포트를 구성하고 있기 때문이다. 바이앤홀드로 꽤 장기간의 투자 시계열을 생각하며 보유한 기업도 있고, 실적을 따라가면서 매매를 고민하는 기업도 있다. 과거에는 자산이 크지 않아 포트 내에 3개에서 5개 기업 정도로 압축해서 보유하는 경향이 있었는데, 현재는 포트에 최소 10개에서

20개까지 분포하고 있어서 과거보다는 다양한 전략으로 운용할 수밖에 없다.

  나는 과거에 바이앤홀드로 몇 년에 걸친 긴 시계열로 투자한 경우도 있었지만, 지금 자산을 모아가야 하는 젊은 친구들에게는 너무 긴 시계열의 투자를 권하지 않는다. 3년의 기간을 설정해 몇백 퍼센트의 수익률을 기대하는 종목을 찾으려는 노력보다는 6개월에서 1년 정도 안에 30~100% 수준의 기대수익률이 나오는 종목을 찾고 그것을 반복할 수 있도록 투자 범위를 넓히고 다양한 섹터의 다양한 기업들에 투자할 수 있는 능력을 키우는 게 더 적절하지 않나 싶다. 그렇게 해서 자산이 좀 늘어난 이후에는 좀 더 긴 시계열로 투자하면 좋지 않을까 한다. 긴 시계열이라는 것은 좋게 말하면 장기 보유지만 그 기간 동안 시장의 흐름에서 빠져나와 투자 공부를 열심히 하지 않는 경우도 많다. 자산을 모아가는 시기에 투자 능력을 함께 발전시켜야 자산이 늘어났을 때도 늘어난 자산을 운용할 수 있는 투자 능력이 같이 배양되는 법이다. 그러려면 매년 시장이 어떻게 돌아가는지에 대한 관심을 가지고 다양한 섹터의 기업들을 공부하고 리서치하고 모니터링하는 과정들을 거쳐야 하는데 투자 초기부터 그렇게 묻어놓고 시장에서 관심이 멀어지면 투자 능력을 기를 시간이 부족해진다. 그리고 몇 년을 묵혀놓는다고 몇백 퍼센트의 수익률이 달성되는 경우도 흔치 않다. 내가 제우스에서 얻은 성과는 돌이켜봤을 때 꽤나 운이 좋았던 케이스였을 뿐이었다.

대략 금액으로 기준점을 나누자면 몇천만 원에서 10억 원 이전까지는 조금 액티브하게, 그 이후로는 조금 여유 있게 투자의 시계열을 잡는 게 어떨까 싶다. 10억까지의 여정도 쉬운 길은 아닐 테니 그때까지는 언제나 바쁘게 리서치하고 고민해야 한다는 소리다.

리서치를 하다 보면 성장하지 못하는 싼 기업보다는 적당한 가격이어도 성장하는 기업. 그렇다고 너무 비싸지는 않은(대충 포워드 PER이 9~15배 수준에 있는 정도?) 투자처가 지금의 한국 시장에서 투자할 만한 기회가 자주 걸리는 밸류에이션 정도로 느껴지기도 한다. 극단적으로 싼 기업에서 엄청난 퍼포먼스가 나오기도 하고 말도 안 되는 비싼 기업에서도 큰 퍼포먼스가 나오는 경우가 종종 있지만 반대의 경우가 더 많고, 싼 기업은 싼 대로 비싼 기업은 비싼 대로 보유가 쉽지 않은 영역이어서 기회를 잡기는 쉽지 않은 듯하다. 물론 극단적으로 싼 기업도 회사의 체질이 바뀌면 큰 성과가 날 수 있으므로 언제나 관심을 놓을 수는 없지만 싼 기업들 위주로 포트를 꾸리면 하방의 위험은 크지 않더라도 포트 전체의 성과를 높이기는 너무 어렵게 느껴진다. 아마도 많은 투자자가 주주 환원의 의미를 알게 되었기 때문인 것 같고, 하방의 위험도 위험이지만 성과가 요원한 포트 구성도 장기적으로는 위험일 수밖에 없다. 그리고 배당은 주면 좋고 아니면 말고 정도로 생각하고 배당이 메인 아이디어가 되는 것은 추천하지 않고 언제나 메인 아이디어는 성장이어야 할 것 같다.

　대부분의 투자자들이 레버리지 크게 먹여서 한 방으로 자산이 크게 늘어나기를 꿈꾸겠지만 그렇게 되기도 어렵거니와 잘돼서 자산이 늘어난다고 해도 결국 자산만 늘어나는 것이다. 함께 커져야 할 투자 능력은 같이 성장하지 못한 채, 한 방이라는 잘못된 투자 경험만 남아 그 경험을 반복하고 싶어 하다가 한순간에 무너져 내리는 경우도 많다. 기본적으로 투자는 몇십 년의 여정이다. 그 여정 동안 기쁘고 괴롭고 즐겁고 지루한 과정이 끝없이 반복되면서 복리 효과로 인한 자산이 누적된다면 한순간의 몰락을 맞기는 어렵게 된다. 그러나 한 방의 성공을 노리거나 누렸던 사람에게는 한 방의 몰락도 존재할 수 있다. 서문에 적었듯이 한 방의 몰락이 될 수 있는 선택지는 처음부터 없어야 하고, 그런 마인드의 장착 또한 투자 능력의 일부다. 리스크는 실현되기 전까지는 실현될 수도 안 될 수도 있는 외부로 나타나지 않는 무형의 것이지만, 투자 능력이 낮은 사람은 그러한 리스크를 지고 있는지조차 모른다. 일어나지 않았지만 일어날 수도 있는 결과에 관심을 두어야 리스크 관리가 되는 것이고, 그것이 장기적인 운용에서 근간으로 자리 잡혀야 몰락할 수도 있는 선택지가 없어지는 것이다. 즉 공격과 방어 모두 투자 능력의 일부가 아닐까 한다.

전업 사무실을 열고 투자에 집중하다

2014년 중순쯤에 사무실을 임대해 출근하기로 했다. 제우스에서 큰 성과를 얻은 뒤라 투자에 자신감이 크게 붙었고, 이렇게 한다면 부자가 될 수 있을 것 같은 확신이 넘쳐났다. 그래서 투자에 대한 태도가 많이 바뀌었다. 일반인이 주식투자로 1억이 넘는 돈을 번다는 것은 큰 의미를 가진다. 지금은 돈 가치가 많이 떨어졌다고 해도 여전히 1억이 상징하는 바는 크다.

  연봉 1억의 의미가 어떤가. 연봉 1억을 벌 수 있는 일을 하는 사람이 거기까지 가는 데 들인 노력은 어느 정도일까.

  그런데 주식투자를 통해 한 해에 1억이 넘는 돈을 벌었다면, 과연 주식투자에 들인 노력이 연봉 1억을 받는 사람의 노력에 비견될 수 있을까. 아니, 애초에 나는 연봉 1억을 받는 직업을 가질 가능성이나 있었을까. 적어도 내 삶의 궤적에선 그런 일이 일어나기 힘들었을 것이다. 그런데 주식투자로 1억이 넘는 수익을 확정하고 늘어난 자산을 확인하고 보니, 내가 부자가 될 수 있는 길이 여기 있음을 확신했다. 나는 그런 돈을 벌 수 있는 길 자체가 없었으리라는 것을 충분히 알고 있었기에, 주식을 통해 돈을 번 순간, 이런 길이 있다는 사실을 알게 된 것 자체가 희망이었다.

여담이지만, 자영업을 하던 6~7년 동안 똑같은 번호로 로또를 1만 원씩 매주 샀었다. 같은 번호로 하니 썼던 로또 종이를 계속 쓰게 되어 로또 종이가 늘 너덜너덜했다(뭔가 똑같은 번호로 계속하면 좀 더 확률이 높지 않을까 하는 마음이었지만, 모두 독립 시행이므로 확률이 똑같다는 것을 알고는 있었다. 그냥 기분이 그랬다. 어차피 똑같은 확률이라면 마음 편한 게 좋지 않은가). 같은 번호로 로또를 사다 보니 한 주라도 안 사면 불안했다. 그렇게 몇 년을 했던 것은 큰돈을 벌 수 있는 길이 너무 요원했기 때문인지도 모르겠다. 그런데 주식에서 그 기회를 보았으니, 아니, 주식으로 큰돈을 벌 수 있다는 사실을 몰랐던 것은 아니지만 실제로 버는 것은 천지 차이였다. 주식을 통해 1억 이상의 돈을 벌어보면 주식투자에 들이는 노력이 그만한 값어치가 있다고 느끼고, 그 어떤 일보다 가성비가 높은 일이라고 느껴질지 모르겠다. 적어도 나는 그랬다. 내가 한 일은 실적이 좋아지는데 싼 회사를 찾아서 그냥 갖고 있었을 뿐인데 큰돈을 버니 이게 이렇게 돈을 벌 일인가 싶은 기분마저 들었다. 그런 감정을 떠나 어쨌든 내가 큰돈을 벌 수 있는 길이 로또 이외에 생긴 것이고 그것을 체감한다는 것은 투자자에게 큰 의미다. 투자를 진지하게 대할 수 있는 동력이 장착된 것이다. 투자 공부를 하다가 아무리 힘든 일이 있어도, 귀찮은 일이 있어도, 짜증 나는 일이 있어도, 큰돈을 벌 수 있는 일이라는 것을 이미 충분히 체감했고 투자 이외에는 다른 길이 없다고 느끼는 순간, 그 힘듦을 이겨낼 수 있는 것 같다. 약간 과장하자면, 힘들지만 신나기도 하다. 사람은 희망이 없을 때 지쳐 나가떨어지지만, 희망이 생기면 없던 힘도 짜내게 되는 것 아니겠는가. 그래서 앞서도 얘기했지만 주식투자는 성공의 경험이 필요하다는 것이다. 돈을 벌어보고, 돈의 가치를 느껴보고, 생활이 조금씩이라도 개선되는 과정을 느끼면 투자를 지속할 힘이 생긴다. 설사 실패하더라도 멈추지 않고 다시 이겨내는 힘도 가질 수 있게 되는 것이다.

진지하게 투자를 통해 부자가 되겠다는 마음과 '할 수 있다'는 확신으로 뭔가 '일'답게 해야겠다 싶어 사무실을 얻어 출퇴근하기로 했다. 노력하면 더 빨리 더 잘될 것이라는 희망도 충만했다.

막상 출근을 하니 집에 있을 때와 한동안은 별 차이가 없었다. 장중에는 호가가 변동하는 것이나 보고 있기 일쑤였고, 뭔가 내가 기대하던 투자 공부를 열심히 하는 것 같지 않았다. 그렇게 몇 주가 지나가니 요즘 말로 현타가 찾아왔다. 이러려고 사무실을 얻은 게 아닌데 싶었고, 내가 보는 내 모습이 마음에 들지 않았다. 그래서 뭔가 '일 같은 일'을 해야 한다는, 스스로에 대한 압박이 커져갔는데 뾰족한 방법은 없었다. 와이즈리포트를 통해 리포트를 읽다가 좋아 보여서 주가를 찾아보면 어느새 최근에 쑥 올라 있기 일쑤였고, 블로그나 카페 등 온라인상에 소개되는 기업들 역시 좋아 보여서 주가를 찾아보면 역시나 최근에 주가가 올랐거나 혹은 밸류가 비싼 경우가 대부분이었다. 열심히 뭔가를 읽고 찾고 하는데 막상 투자로 이어지는 경우는 거의 나타나지 않았고, 나는 점점 답답해지고 있었다.

나는 앞으로 '좋아질' 기업을 '싸게' 사고 싶었다. 그러나 말은 참 쉽지만 그게 어디 쉬운 일인가. 그게 쉬웠다면 이미 모두 주식으로 부자가 되었을 것이다. 나는 다른 사람들보다 먼저 찾을 방법이 무엇일까 고민했다. 요즘은 텔레그램이나 수출입 데이터 구글 트렌드 틱톡 등에서 아이디어를 찾으려고 노력하는 투자자들이 많지만, 2014년경에는 열심히 하는 투자자는 남들보다 주담 통화 많이 하고 탐방을 부지런히 다니는 정도였다. 나는 그때까지 모임을 같이하는 투자자 형님을 따라 딱 한 번 탐방을 가봤던 것 같은데, 탐방을 가면 뭔가 대단한 회사의 속사정을 들을 수 있을까 했던 기대와는 달리 아주 대단한 경험은 아니어서 거기에 매달리는 것도 내게는 맞지 않는 듯했다. 게다가 주담의 의견이 섞인 내용을 듣는 게 좋은 점도 있지만 그게 오히려 나의 투자 판단에 영향을 미치는 듯한 기분도 들어서 기업에 대한 내용을 충분히 파악하고 좀 더 디테일한 부분을 확인하는 형태로 가는 게 좋겠다는 생각도 했던 것 같다. 어쨌든 뭔가 아이디어를 얻을 수 있는 길이 잘 안 보여서 궁여지책으로 그냥 매일 DART에 올라오는 공시라도 전부 보자는 생각을 했다. 일단, 공시에는 대주주 지분 변동에 대한 것도 나오고, 신규 수주나 신규 투자 같은 내용들이 올라오니 그런 데에서 아이디어를 찾아보면 어떨까 생각했던 것이다.

하루에 올라오는 공시가 생각보다 많았다. 공시를 보는 것도 아주 익숙하지 않고 대부분 모르는 회사들이어서 하나하나 클릭해서 공시를 열어보고, 모르는 회사는 회사명을 HTS나 네이버에서 검색해 시총과 최근 실적을 확인해봤는데 그 정도 일을 하는데도 생각보다 시간이 많이 소요되었다. 지분 변동이나 수주 같은 것들에서 아이디어를 찾는 게 목적이라 한동안 차근차근 반복해서 봤는데, 당장은 큰 소득이 없었다. 대주주가 장내 매수를 했다고 해서 거기에서 투자 아이디어가 샘솟는 것도 아니고, 의미 있는 수주 공시가 나오면 이미 주가는 치솟고 있었기 때문에 추격 매수를 할 자신도 없었다. 그렇다고 의미가 없었던 것은 아닌 것이 이때부터 DART에 익숙해지고 있었고, 조금씩은 이름을 아는 회사들이 늘어나고 있었다. 그리고 투자에 의미를 가질 수 있는 공시와 그렇지 않은 공시가 어렴풋하게나마 구분되면서 조금씩 시간이 단축되고 있었다.

그러다가 2분기 실적 발표 시즌이 도래했다. 7월 중하순경이 되면서 잠정 실적과 반기 보고서가 하루하루 차곡차곡 나오기 시작했고, 그날 실적이 나온 공시들을 당일 다 보게 되었다. 실적 공시를 보면 HTS에서 주가도 보았으니 어떤 실적이 나왔을 때 주가가 어떻게 반응하는지도 같이 보게 되었다. 어떤 회사는 실적이 서프라이즈해서 주가가 크게 오르는 데 반해, 어떤 회사는 잘 나왔는데도 별 반응이 없었다. 텔레그램이 퍼진 지금보다는 좀 덜 난리였겠지만 주식시장이니 당연히 실적에 대한 반응이 있었을 터인데, 시차를 두고 주가가 오르는 기업도 많았다. 실적이 나오고 며칠 지나서야 뒤늦게 오르는 경우 말이다. 아마 시총이 작은 기업들은 시장에서 관심이 많지 않아 그런 것이 아니었을까 싶다. 그렇게 실적 공시를 하루하루 열어보고, 무슨 일을 하는 회사인지 찾아보고, 주가를 찾아보고 실적이 좋아졌으면 왜 좋아졌는지 찾아보고 나서야 퇴근했다. 당일에 나온 건 그날 다 처리하고 퇴근했는데, 8월 15일이 가까워질수록 하루에 쏟아져 나오는 잠정 실적과 반기 보고서의 양이 꽤 많아져서 도저히 당일에 다 볼 수가 없었다. 처음 보는 회사 이름에다 여러 산업군에 대한 기초적인 지식이 부족하니 뭐 하나 찾아보는 데 시간이 엄청 많이 걸려서 막막할 지경이었다. 이걸 다 열어볼 수 있을까 하는 생각에 갑갑하기도 하고 막막하기도 했다. 그래도 반대 측면으로는 할 일이 잔뜩 생긴 터였다. 사무실에 출근한답시고 나와서는 주가나 쳐다보고 있는 게 아니라 실적을 보면서 기업 내용을 살펴본다는 것은 사무실을 열고 전업투자를 하는 모습으로선 좀 더 그럴싸해 보였다.

대략 2,000개가 넘는 기업의 반기 보고서를 차근차근 열어보기 시작했다. 지금은 텔레그램을 통해 실적을 받아보기가 편하지만, 당시에는 실적을 열어보려면 DART에 들어가 반기 보고서를 열고 재무제표를 열어서 확인하고, 과거 연도(年度) 것을 찾아보려면 또 이전 보고서를 찾아 열고 재무제표 항목을 봐야 해서 꽤나 귀찮았다. 귀찮기는 해도 어려운 일은 아니라는 생각으로 스스로를 다독이며 사업이 비교적 단순한 중소형주 중심으로 살펴보았다. 그 와중에도 지분 변동이나 수주 공시 같은 것들도 나오고 있어서 하루 종일 공시만 보다가 시간이 다 지나가는 것 같았다. 그런 귀찮음을 이겨낼 수 있었던 것은 억대의 수익금을 얻어 보았고, 이런 활동을 통해 하나라도 투자할 만한 회사가 걸린다면 또다시 큰돈을 벌 수 있을 거라는 기대 때문이 아니었나 싶다. 만약 돈을 벌어보지 못했다면 '과연 이딴 짓으로 돈을 벌 수 있을까?' 하는 의문으로 진즉에 그만두지 않았을까. 주식으로 큰돈을 벌 수 있다는 것은 경험으로 충분히 받아들인 상태였기 때문에 어떻게든 길을 찾으려 발버둥 치고 있었던 것이다.

매일 한다곤 했지만 살펴보는 속도가 느리다 보니 실적이 나온 기업의 4분의 1도 제대로 보지 못한 상태에서 3개월이 훌쩍 지나 3분기 실적이 나오고 있었다. 2분기 것도 다 못 봤는데 다시 3분기 실적 공시가 쏟아져 나와서 약간 멘붕이 되었는데 2분기 실적을 다 못 본 것은 미뤄두고 다시 당일 실적이 발표되는 기업들 실적을 열어보았다. 3개월 동안 약간이라도 자세히 살펴봤던 기업들은 이제 회사명을 보면 뭐 하는 회사인 줄 아니까 조금 수월했다. 숫자상으로 큰 변화가 없으면 그냥 넘길 수 있으니 말이다. 그때 느낀 것은, 이렇게 반복하면서 알아가는 회사는 내 기억에 누적되겠다는 생각과 함께, 그렇게 되면 나중에는 이 작업이 좀 쉬워질 것 같아서 의미 있겠다는 생각을 했었다. 특히 실적 시즌에는 실적 공시가 나오고 주가가 반응하는 것도 같이 볼 수 있어서 어떤 경우에 시장에서 환호하는지도 같이 살펴볼 수 있었는데, 그게 당장 큰 도움은 안 되더라도 시장에 조금씩 적응하는 과정이 아니었을까 싶다.

이런 실적이면 사야겠다는 마음이 드는 회사라도 자세히 모른다는 이유로 사지 못했다가 그 후 주가가 슈팅해서 장기적으로 우상향하는 기업들을 복기하는 경우도 많았는데, 복기를 하면서 다음부터는 놓치지 않겠다는 마음도 많이 먹었다. 글로는 담담하게 적고 있지만 그 당시의 나는 무척 아쉬워했던 것 같다. PBR이나 여러 기준을 충족해야 편입하곤 했던 나로서는 투자할 기회가 그리 많지 않아 그 기회를 놓치고 몇 번을 곱씹으며 후회했는지 모른다. 그런 마음이 주식에 좀 더 집중하게 할 수 있었다.

그렇게 11월 15일이 지나고 3분기 실적이 쭉 나오고 나니 이제 또 분기 보고서를 열어봐야 할 게 산더미처럼 쌓여 있었다. 너무 갑갑했고 당장 돈을 벌 수 있는 작업도 아니었지만 그래도 상장 기업 한 바퀴는 돌아보자는 마음으로 진행했는데, 실적이 잘 나오는 섹터에서 실적이 잘 나오는 기업이 많고 한 번 잘 나왔던 기업이 연속적으로 잘 나오는 경우도 많다는 것을 조금씩 체감하게 되었다. 당시에도 공시가 다 나오고 며칠 뒤엔 에프엔가이드 등에서 엑셀로 데이터를 제공하기도 했는데, 내 경우엔 모르는 회사가 많아 엑셀로 보는 것보다는 그냥 DART에서 사업 보고서를 통해 보기로 했다. 실적 공시뿐만 아니라 지분 변동이나 수주 공시 등도 어차피 봐야 해서 그냥 무식하게 달려들었던 것이다.

분기별 실적 스크리닝을 시작하다

아주 큰 대형주나 재무적으로 많이 불안정한 회사, 관리종목이나 아주 부실한 회사들은 과감하게 제치고 실적과 이익으로 평가한 포워드 PER이 10 이하이거나 PBR이 낮은 회사들 위주로 보되, 관심이 가지 않는 기업들은 대충 넘기고 투자할 여지가 있는 기업들만 조금 더 시간을 투자해서 어떻게든 다음 분기 실적이 나오기 전에 한 바퀴는 끝까지 돌고 싶었다. 그 과정에서 실적이 잘 나온 회사는 왜 실적이 잘 나왔을까 찾아보고, 궁금한 것을 정리해서 주담 통화를 하고, 주가가 어떻게 움직이는지 보고, 투자를 할까 말까 고민하고, 실제 투자하는 기업도 생기면서 시간들을 보냈다. 그 때문에 항상 사무실에서 할 일이 있었는데 할 일이 있다는 게 오히려 좋았다. 적어도 일하는 기분을 느낄 수 있었기 때문이다. 지금은 전업투자자가 다들 인지하는 직업으로 받아들여지지만, 당시의 주식 전업투자자에 대한 인식은 날백수와 크게 다를 바 없었다. 어쩌면 날백수보다 더 못했을지도 모르겠다. 도박꾼처럼 보이기도 했었을 테니 말이다. 그런데 그게 다른 사람의 시선뿐만 아니라 나조차도 전업투자자라는 것에 떳떳하지 못하고 주눅이 들곤 했었는데, 그런 면에서 일 같은 일을 한다는 사실만으로도 스스로에게 조금 더 떳떳할 수 있어서 할 일이 쌓여 있는 것이 오히려 좋았다.

  코스피와 코스닥에 상장된 기업들은 어차피 신규 상장으로 아주 조금씩 변하는 것을 제외하면 총 개수가 정해져 있었으므로 언제가 되었든 이렇게 살피다 보면 끝을 볼 거라는 생각을 했고, 당장 투자할 만하든 아니든 기업들을 조금씩이라도 알아가는 시간들은 결국 누적될 것이라고 생각했다. 당시에는 이런 일을 하는 게 아주 큰 의미가 있다고 생각해서 한 것도 아니었고, 주가가 오르지 않은 투자 아이디어를 얻을 수 있는 길이 너무나 막연해서 궁여지책으로 시작한 일이었지만 그 이후 지금까지 매 분기 그냥 습관처럼 하는 일이 되었다. 그리고 2025년 현재는 이렇게 하는 게 특별한 일도 아니고 그냥 투자자라면 당연히 하는 작업처럼 보편화된 것으로 보일 정도로, 투자를 좀 열심히 하는 사람이라면 다들 하는 것 같다. 비슷하게 '후반영'이라는 명칭으로 불리기도 하는 듯한데, 후반영으로 이런 실적 스크리닝을 하는 사람들은 분기 실적으로 모멘텀 플레이를 하는 것처럼 보이기도 한다. 그것도 트레이딩의 한 방법일 수 있지만 그보다는 뭔가 눈에 띄게 큰 변화가 아니더라도 기업의 변화를 한 분기라도 빨리 캐치하여 주가가 오르기 전에 사기 위한 노력으로 접근한다면 끊임없이 샘솟는 투자 아이디어의 방편이 될 수 있다고 생각한다. 나 역시 매 분기 적어도 한 개에서 많으면 네댓 개의 투자 아이디어를 얻곤 했는데 그게 모두 성공으로 이어지지는 않았지만 회사의 변화를 캐치하는 아이디어를 얻는 것만으로도 가치는 충분했다.

이렇게 한번 살펴볼 만한 회사들을 추려서 공부해도 실제로 매수까지 이어지는 경우는 드물었고, 설령 매수하더라도 큰 성공을 보장하지 않았기 때문에 이런 작업과 리서치가 지겹기도 하고 이게 무슨 의미가 있나 싶은 마음도 간혹 고개를 들었다. 하지만 그렇게 살펴본 기업들은 내 머릿속에 기억으로 남아, 그 회사의 과거 주가 흐름을 찾아보며 어떨 때 올랐고 어떨 때 하락했는지도 대충 파악함으로써 어떤 기업이 어떤 경우에 오르고 어떤 경우에 떨어지는지 간접적으로나마 경험하며 시장이 어떻게 돌아가는지 조금씩 느낄 수 있었다. 이런 것들을 조금씩 느껴가는 게 시장의 속성을 조금씩 이해하는 것이라고 생각했는데, 이게 필요한 이유는 주식시장의 속성은 현실 세계의 돈의 속성과 조금은 다르게 느껴지기도 하는 것을 받아들이는 데 필요한 과정이기 때문이다. 우리가 현실 세계에서 느끼는 자산에 대한 평가는 기업의 경영권을 가져올 때의 주가 흐름과 비슷할 것이다. 누군가 어떤 기업을 인수한다면 그 기업이 보유한 자산과 영업 가치와 경영권 등을 총괄하여 평가한 뒤 인수 가격을 결정할 것이다(대한민국은 전체 지분을 사지 않고 대주주의 지분만 프리미엄을 주고 쏙 빼서 사오는 기이한 행위가 불법이 아닌 어처구니없는 상황이긴 하다).

하지만 그런 기업의 전체나 경영권의 인수가 아닌 일상적인 주가의 흐름은 보유한 자산의 가치는 과소평가되고 이익에만 반응하기 일쑤였는데, 당시의 나는 그런 것들을 받아들이기 힘들었고 시장은 장기적으로 그렇지 않을 것이라 믿고 있었다. 시장은 결국 가치를 반영해줄 것이라고 믿는, 투자 경험이 길지 않은 전업투자자의 순수함이 있었기도 했지만, 주주 환원과 주주 동일성이 제대로 작동하지 않는 한국 주식시장의 속성을 제대로 이해하지 못하고 있었기 때문이기도 했다. 그런 내가 여러 기업들을 살펴보고 현재의 주가 수준과 과거의 주가 흐름을 살펴보는 케이스들이 축적되면서 어렴풋이나마 주식시장의 속성을 조금씩 받아들이려 했던 것 같다. 나는 내가 옳은 것을 증명하기 위해 주식투자를 하는 것이 아니라 돈을 벌기 위해 투자하는 것이고, 트레이딩에 재능이 전혀 없어서 그나마 돈을 벌 수 있는 방법이 가치투자였기에 하는 것이어서 시장의 속성을 아는 것도 중요하다고 생각했다.

시간이 지나 돌이켜보니 그런 여러 케이스들의 습득이 귀납적으로 받아들여졌고, 요즘도 투자하는 동생들에게 여러 케이스를 계속 살펴서 귀납적으로 이해하라고 얘기하곤 한다. 연역적으로 무언가 옳은 대전제를 설정하고 투자를 하려면 어디선가 맥락이 자꾸 틀어지기 마련인 데다 시장이 계속 변하기 때문이다. 시장은 변하는데 나만 어떤 절대적인 기준에 계속 매몰되어 있으면 '투자자'가 아니라 '투자 학자'가 될 수도 있다. '나'라는 개인은 시장을 바꿀 수도, 심지어 기업을 바꿀 수도 없다(최근에는 행동주의로 인해 특별한 개인이 기업을 바꾸기도 하지만 당시의 나는 그런 것은 꿈도 꿀 수 없었다). 그러니 시장을 이해하고 내가 수익을 낼 수 있는 방향으로 가야 돈을 벌 수 있다고 생각했고, 매 분기 기업을 스크리닝하며 변화 있는 기업을 찾고 주가 흐름을 살펴보는 것은 매 분기 시장의 흐름을 따라가는 데도 도움이 되었다.

어떤 섹터의 어떤 기업들이 실적이 잘 나오고, 어떤 섹터의 어떤 기업들이 실적이 안 나오고 있으며, 어떤 기업들은 실적이 잘 나오고 주가가 좋은 경우도 있고, 어떤 기업은 실적이 잘 나오고 있는데도 주가가 별로 좋지 않은 경우도 있었다. 심지어 실적이 좋지 않음에도 주가가 하늘을 날아가는 경우도 자주 있었는데 이런 케이스들을 대충이라도 살펴보는 것을 매 분기 그러니까 1년에 네 번씩이나 하다 보니 자연스레 주식시장의 속성들을 조금씩 느끼게 되었다. 물론 수많은 케이스들만 볼 뿐, 그런 것들에 투자한 것은 아니었다. 이런 케이스들을 살펴보되 여러 허들을 넘어야 주담 통화까지 이어지고, 또 여러 허들을 넘은 뒤에야 투자로 이어지곤 했다. 하지만 시간이 지나면서 아는 기업도 많아지고 분석하는 요령도 좀 늘고 주담과 통화하는 기술도 늘어 한 해 한 해 지나면서 투자 의사 결정이 조금씩 빨라지고 비교적 올바른 판단이 좀 더 많아졌던 것 같다. 그건 내가 어떤 능력이 출중해서라기보다는 많은 케이스들을 반복적으로 살펴보는 과정에서 투자 능력이 조금씩 향상되었던 게 아닌가 싶다. 그래서 돌이켜보면 투자는 엄청 어려운 작업이라기보다는 지루하고 반복적인 작업을 끊임없이 할 수 있는가의 문제로 귀결되는 것 같다.

이렇게 시작했던 작업은 누군가에게 배워서 한 것도 아니고, 투자 아이디어를 얻을 데가 없는 스스로가 너무 답답해서 무작정 해본 것이었지만, 나의 투자에서 가장 중요한 활동으로 자리 잡았다. 그리고 투자를 열심히 해보겠다는 동생들이 있으면 꼭 권하기도 했다. 그렇지만 텔레그램으로 공시를 보기 쉬워지기 이전에는 제대로 하는 사람을 거의 본 적이 없었던 것 같고, 텔레그램으로 분기 실적 공시를 보기 쉬워진 이후에는 실적 스크리닝을 하는 사람이 많아졌지만 사람들은 눈에 띄게 좋아진 기업에만 집중할 뿐 여전히 변화의 초입에 있는 회사를 찾아보려고 일일이 분기 보고서를 열어보는 사람은 드물기 때문에 이런 활동은 여전히 의미 있다고 생각한다. 또 투자로 이어지지 않는다 하더라도 충분히 의미 있는 작업이라고 생각한다.

예전에 누군가 내게 모르는 기업이 없는 것 같다고, 어떻게 그럴 수 있냐고 물어오기도 했었는데, 쓰레기 같은 기업에 대해 물어봤다면 아예 모르는 기업들도 있었겠지만 물어보는 기업은 대체로 괜찮은 기업일 것이므로 당연히 10년이 넘는 기간 동안 몇 번은 사업 보고서 열어보고 어느 정도 살펴보는 작업을 거쳤을 테니 나로서는 대충은 알고 있는 게 당연한 일이었다. 분기마다 스크리닝을 하고 사업 보고서를 열어보고 하다 보면 500개에서 1,000개 사이에서 쳇바퀴 도는 기분이 들기도 하는데, 이런 작업을 해온 줄 모르는 사람이 보면 어떻게 그 많은 회사를 알고 있을까 하며 대단하다고 느낄 수도 있을 것이다. 하지만 분명히 말하건대 엄청 어렵고 대단한 일은 아니다. 단지 귀찮고 지루하고 당장 도움도 안 되고 쓸모없어 보여서 하기 싫은 일일 뿐이다. 투자는 그런 지루한 작업을 별생각 없이 계속해나가는 사람이 결국 성과를 낼 확률이 높은 분야이지 않을까 하는 생각이 든다(글로벌로 비교해보면 한국 주식시장의 기업 풀은 작은 편이다).

그 외에도 사무실에서 하는 루틴을 어느 정도 정해두었는데, 대주주 지분 변동 공시나 자사주 매입 같은 것과 수주 공시, 신규 투자 공시 등을 체크하거나, 당일 와이즈리포트에 올라온 리포트를 대충이라도 훑고, 하루나 이틀에 한 번은 무조건 주담 통화를 한 군데 이상 하는 것 등으로 스스로에게 족쇄를 거는 장치를 두어 게을러지지 않도록 했다. 그런데 이렇게 하는 일이 많으면 '돈을 벌 수 있는 기회 같아 보이는 것'들이 눈에 자주 떠서 단기 투자에 목을 매는 심리가 자꾸 생겼다. 그것이 결국 2015년 호황장을 만나면서 나쁜 쪽으로 터져 큰 손절로 이어지기도 했는데 그건 뒤에 다시 적도록 하겠다. 그런 과정 속에서 어떤 기업에 꽤 비중을 싣고 장기로 끌고 가려면 다른 것들에 어느 정도 눈을 감는 게 필요하다고 생각했는데, 그러면 또 여차하면 게을러지고 자신이 보고 싶은 것만 보게 되는 것이어서 그것도 옳지만은 않은 듯싶다.

그래서 요즘은 비중을 어떻게 하는 게 좋으냐고 묻는 사람에겐 서로 다른 섹터의 3~5종목이 적당하지 않겠는가 얘기해준다. 그중에는 장기로 묵혀두는 것도 있을 테고, 한두 분기의 실적으로 승부가 나는 종목도 있을 것이다. 장기로 묵혀두는 종목을 한두 개 놔두고서라도 다른 종목들은 언제나 더 좋은 종목이 나오면 갈아탈 수 있게 공부를 지속하는 것이 전업투자자로서 적당하지 않나 싶다.

사무실 운영은 2020년 말쯤 그만두었는데, 코로나가 터지면서 1년 가까이 사무실을 가는 둥 마는 둥 하게 되어 일단 정리하기로 했다. 그 후 집에 머무르다가 너무 게을러지는 느낌이 들어 2022년 초에 공유 오피스를 하나 얻어 혼자 왔다 갔다 했다. 그러다가 이것도 별 의미가 없는 것 같아서 반년 정도 후 그만두고 집에 있다가, 2024년 9월경부터 마음 맞는 동생 두 명과 다시 사무실을 열어 출근하고 있다. 전업투자자로서 사무실에 출근을 해보기도 하고 집에도 있어보면서 장단점을 분명히 느낄 수 있었다. 일단 일을 하러 사무실에 가면 어찌 됐든 일을 하려고 한다는 것은 장점이다. 집에 머무를 때도 일을 할 때는 하는데, 일을 하는 것과 쉬는 것의 경계가 애매모호한 느낌이 있어서 뭔가 지속적인 작업을 하는 데 있어 효율이 많이 떨어진다. 쉽게 말해서 열심히 안 한다는 말이고, 열심히 안 해도 죄책감이나 의무감이 크게 고개를 들지 않았다. 오늘 안 하면 내일 하면 되고…… 이런 느낌이 아니었나 싶다.

그리고 전업투자자라는 직업은 외로운 길이고 혼자 고민하는 경우가 많은데, 사무실에 나가면 누군가가 있어서 뭐라도 이야기를 나누고 같이하는 소소한 일상들이 자신도 모르게 스트레스 관리에 도움이 된다는 것을 나중에 알게 되었다. 이것은 공유 오피스에 작은 방을 얻어 혼자 출근하며 느낀 부분인데, 집에 있으면서 게을러지는 것 같아 공유 오피스에 출근을 하며 시간을 보내보니 집에 있을 때보다는 조금 더 일을 하는 듯한 느낌이 있는데 뭔가 채워지지 않는 것은 똑같았다.

2014년부터 사무실을 할 때 함께했던 형님 한 분이 계셨는데, 출근해서 같이 식사도 하고 얘기도 나누고 한 것들이 알게 모르게 당시 나의 투자와 일상에도 도움이 되었구나 하는 것을 그제서야 알게 되었다. 혹시나 내가 사람들과 어울리는 것을 좋아하는 사람이라 그렇지 않냐는 오해를 할까 봐 말하는데, 나는 전혀 그런 사람이 아니다. MBTI로 말하면 대문자 아이(I)형의 대표적인 사람으로, 혼자 있는 시간을 좋아해서 내가 그런 것에 영향을 받는다고는 전혀 생각하지 못했다. 그런데 시간이 지나보니 알게 되는 부분이 있었다. 결국 사람이란 '다른 사람과의 관계에서 작은 행복감을 느끼며 살아가는 존재'임을 받아들이지 않을 수 없었다. 알바트로스 성필규 님께서 '팀으로 가는 사람들'이 좀 더 오랫동안 잘 해나가는 것 같더라는 말씀을 해주셨던 것도 2024년에 다시 사무실을 구하게 된 계기가 되었다.

바이앤홀드의 어려움

어떤 기업의 주가가 100% 이상 오른 뒤에 차트를 보면서 과거 어느 때쯤 샀으면 지금 수익이 얼마나 많이 났을까 하는 상상을 하며 입맛을 다시는 경우가 많이 있을 것이다. 지나간 차트를 보는 시간은 1초도 안 걸리니 그게 쉬워 보이지만 그 구간을 홀딩하면서 겪는 심리는 그렇게 쉬운 일도 간단한 일도 아니기에 보유하는 과정에서 겪게 되는 심리적인 부침(浮沈)을 적어볼까 한다. 모두 내가 느꼈던 감정들을 기반으로 하는 것들이지만 많은 사람들이 정도의 차이만 있을 뿐, 어느 정도는 비슷한 과정을 겪지 않을까 싶다. 물론 그냥 부업으로 묻어두는 투자는 잊고 살 수도 있으므로 별일 아닐 수도 있다. 그러나 투자에 관심이 많아 공부를 열심히 해서 새로운 종목을 계속 찾고 있거나, 심지어 전업

투자자라면 많이 겪을 수밖에 없을 것이다.

A라는 기업의 실적이 앞으로 아주 많이 좋아져서 주가가 크게 오를 것이라 확신하고 포트 내에 비중을 꽤 실은 상황을 가정했다.

집중된 종목의 매입 완료 후 하락 시

아, 너무 빨리 많이 샀다…… 뭐가 급하다고 이리 허겁지겁 샀을까…… 좀 천천히 살걸. 역시 리스크 관리가 필요하다.

혹시 내가 잘못 생각한 건 없나? 비중이 너무 많나? 리스크 관리 차원에서 비중을 조금 줄일까? 이건 손절이라기보다는 리스크 관리 차원의 비중 조절이야. 투자는 곱셈의 법칙으로 '(A+B+C+D……) × 0 = 0'이야.

집중된 종목의 하락 이후 상승 혹은 바로 상승 시

역시 내 아이디어가 맞았어! 이게 투자의 묘미지!

또는 아, 좀 더 샀어야 했는데 왜 못 샀을까……. 투자는 기회가 왔을 때 잡아야 하는 건데 어영부영하다가 비중을 더 못 실었네. 충분히 공부해서 확실하다고 결론 내렸으면 마음 굳게 먹고 충분히 매입하자.

20~30% 상승 시

이제 조정이 올 때가 된 거 같은데, 일부를 줄였다가 떨어지면 다시 살까?

아니야, 바로 올라가면 물량 털리는 거야. 가치를 믿고 버티자. 실적이 좋아질 게 눈에 뻔히 보이는데 섣불리 비중을 줄일 수는 없지. 지난번에 충분히 못 사서 후회했는데 줄였다가 바로 올라가면 억울해서 잠도 못 잘 거야(주가가 오르는 중에는 자신감이 충만하다).

조정이 오면

악! 조정 올 줄 알았는데 왜 안 줄였을까!

욕심이 문제야…… 그때 줄였다가 지금 다시 사면 물량을 10% 더 늘릴 수 있었는데! 아니면, 원래 있던 만큼만 다시 산다면 그 차액으로 차를 한 대 뽑을 수 있는데! 돈이 얼마야…….

욕심부리지 말고 차트도 좀 참조해가며 적절히 매매하자.

조정 안 오고 바로 상승하면

역시! 투자는 바이앤홀드지!

내 판단이 옳았어. 회사가 급격히 좋아지면 그냥 홀딩하는 게 최고야!

조정도 안 오고 오르지도 않는 기간 조정이면

아, 지겹다. 회사가 좋아질 건데 왜 이렇게 안 오르지…….

시장에선 이걸 모르나? 나만 아는 건가……. 아, 지겹다.

보유한 A는 주가가 옆으로 기고 있는데, 다른 보유 종목인 B가 막 오르거나, 편입할까 말까 고민 중인 C가 많이 오른다면

아, A를 좀 줄여서 B나 C를 샀다가 다시 팔고 A를 되사면 돈이 얼마야…….

아, 욕심을 너무 부렸나. A는 단기간에 올라왔으니 숨 고르기 하는 게 당연한데……. 아, 씨…… 아깝다.

B나 C가 오를 줄 알았으면서 왜 안 샀지…….

만약 조정을 예견하고 A의 비중을 줄인 상황에서 예상대로 조정이 왔다면

―5% 정도 조정이 왔을 때 덥석 다시 다 사버렸는데 10% 조정이 오면,

아, 조금만 더 기다렸다 살걸……. 이놈의 욕심이…….

―10%쯤 조정이 왔는데도 조정이 더 올 거라고 기다리다가 다시 주가가 원상복귀하거나 더 오르면,

아, 괜히 잔머리 굴리다가 물량만 좀 털렸네. 아, 씨…… 아깝다. 지금이라도 줄였던 거 다시 살까?

―다시 샀는데 떨어지면,

아, 씨…… 짜증 나게……. 머리도 아프고. 괜히 손댔다가 손해

만 봤네.

―다시 샀는데 옆으로 기면,
아, 좀 더 기다려볼 걸 그랬나?

―A는 이미 비중이 높으니 차라리 B나 C를 사는 게 더 합리적이지 않나?
A는 가치와 가격의 괴리가 좁혀졌으니까…….
아, 씨…… 어떡하지……(계속 머리 아픔).

꾸역꾸역 50% 상승 후, 이런 과정이 계속 반복된다. 그런데 상승하여 평가금이 더 커진 상황이라 조정이 올 때마다 비중을 줄였다가 다시 샀으면 이득인 금액이 점점 더 커져서 더 괴롭다.

이런 과정이 100% 수익을 달성하기까지 수도 없이 괴롭힌다. 200%, 300%는 더할 것이다. 비중이 낮을 때는 머릿속에서 계산한, 팔았다가 다시 샀을 때의 금액이 견딜 만한 금액이라 좀 나은데 비중이 크면 클수록 되게 아깝다. 외번하기엔 금액이 니무 크기 때문이다. A를 보유하지 않은 사람들은 "그래도 지금 수익이 나서 좋겠다" 하겠지만 보유자의 입장에선 기쁨은 짧고 고민과 반대로 판단했을 경우의 고통은 길다. 그래서 이렇게 괴로움을 이기고 비중이 높은 종목을 100%, 200% 수익률까지 들고 가려면 꼭 필요한 게 있다.

A라는 종목의 투자가 완료되기 전에는 다른 종목에 가급적 눈을 돌리지 않아야 가능하다. 그렇다고 의도적으로 회피하면 안 된다. 끊임없이 종목을 찾되, 새로 발굴한 종목이 A보다 월등히 좋은 종목이면 옮겨가야 하기 때문이다.

그런데 문제는 A라는 종목이 50% 이상 오르면 가격 메리트가 줄어든다. 매수 후보였던 B와 C가 덜 매력적이지만 가격 메리트는 더 높아졌을 때 고민이 더 깊어진다. 여기서 가격과 가치의 괴리를 보는 투자자는 A의 비중을 줄이고 B나 C로 옮겨간다. 투자의 측면에서 이게 더 맞을 수도 있다. 하지만 비중을 높인 회사는 그렇게 되기까지의 회사에 대한 이해도와 회사와의 커뮤니케이션 등 정성적(定性的) 요건도 투자의 한 요소이기 때문에 고민이 되는 것은 당연하고, B와 C가 좋은 투자처여야 한다는 조건도 붙는데 이것도 불확실하다. 결국 A보다 '월등히' 매력적인 종목이 아니라면 가급적 A의 투자가 완료된 이후 다른 투자를 하겠다는 사람이 A를 계속 보유할 수 있게 된다.

2025년 상반기는 지수가 많이 좋았고, 누구나 아는 대형주나 충분히 싸서 언제든 살 수 있던 가치주들도 많이 올랐다. 상승장에는 주가가 올라 행복하기보다 오히려 쫓기거나 박탈감이 심해지기도 하는데 내가 살 것도 아니었으면서 유명한 회사들은 내가 언제든 살 수 있었다는 착각에 빠져 허우적대기 때문이다. 물론 살 수 있었다. 하지만 비중 높게 쭉 보유하고 있었을 사람은 그저 쉽게 대충 산 사람들이 아니라는 사실을 인정해야 한다. 또한 보유 과정에서 앞의 과정들을 모두 거쳐야 가능한 것이다. 앞에 적은 과정도 여러 케이스 중 일부다. 실제로는 더 다양한 케이스에 마주하게 된다.

웬만한 의지로는 쉽지 않다. 인간은 뭔가 그럴싸한 행동을 해야만 하는 의무감을 가지고 있기 때문에 아무것도 안 하고 보유하는 게 매매하는 것보다 더 어렵게 느껴지기도 한다. 전업투자 기간이 긴 나 역시 별다르지 않다. 전업투자 이래 100% 이상의 수익 실현 경험이 여러 번 있음에도 매번 괴롭다. 해본 사람은 괜찮겠다 싶겠지만 결국 미래의 일이라 매번 쉽지 않고, 요즘은 쏠림이 심해서 빨리 올랐다가도 순식간에 꺾여버리는 일도 잦아 더 힘들다. 기업들 공부를 좀 덜하면 의지력 소모가 덜할 텐데 전업이다 보니 계속 공부를 하게 되어 그냥 보유하는 것조차 어렵게 느껴지기도 한다.

현재 내가 보유 중인 한 종목은 매수 후 200% 가까이 올랐다가 지난 한 달 사이에 100% 정도의 수익률로 떨어진 것이 있다. 고점 대비로는 30% 정도 떨어진 것 같은데 매수 가격 기준으로는 100% 정도가 날아간 것이다. 누군가는 그래도 수익이 많이 난 거 아니냐고 하겠지만 보유한 입장에서 기분은 그리 좋지 않다. 누군가 그러지 않았던가. 주식쟁이의 본전은 고점의 자산이라고. 처음 100%가 왔을 때는 아주 기분 좋았지만 200% 갔다가 온 100%는 행복하기는커녕 그냥 후회다. 그리고 과연 이 시점에 내가 목표로 삼은 가격의 가치 판단이 맞나 하는 의문이 수도 없이 고개를 쳐든다. 솔직히 불안하다. 내가 잘못 판단하고 있는 걸까 봐. 그리고 계산하려 한 것도 아닌데 고점에 정리하고 지금 다시 사면 얻었을 차액이 머릿속에서 자동으로 계산되어 나온다. 그 금액이 크면 클수록 아쉬움은 더 크고, 앞에 적은 과정들이 또 반복되는 것을 느낀다.

아, 씨…… 욕심을 너무 부렸나……부터 시작해서 어쩌고저쩌고…….

나조차도 이러면서 투자 모임이나 누군가에게 투자 이야기를 해줄 때면, "인생에서 몇 번의 최고의 투자 기회를 놓치지 말고 자산의 레벨업을 이뤄야 해. 정말로 좋은 종목이면 바이앤홀드해야지!" 이딴 소리를 책에서 읽고선 써먹는다.

두 배, 세 배, 네 배 오른 지나간 차트를 보며 이때 사서 지금까지 갖고 있으면 인생 바뀌는 건데…… 하는 생각을 하는 사람들이 많을 것이다. 한데 그게 그냥 되는 일이 아니다. 인생이 바뀔 만큼 주식을 많이 사면 살수록 더 안 된다. 팔고 싶어 미치기 때문이다. 게다가 그저 보유할 때 가장 두려운 게 뭔지 아는가? 100% 이상 올랐을 때 안 팔고 굳은 믿음으로 보유했는데 도로 제자리 왔을 때다. 처물린 것보다 훨씬 더 괴롭다. 그 금액이 크면 클수록 말이다. 팔면 수익을 확정 지을 수 있는데 그러지 않고 다시 주가가 내려올지도 모른다는 두려움을 안고 계속 보유해야 하니 어려운 게 당연하지 않겠는가.

갑자기 시장이 무너지면? 회사의 성장 스토리가 갑자기 꼬이면? 내가 잘못 알고 있는 거라면? 회사가 주가 올리려고 뻥 좀 섞어서 얘기한 거라면? 아…… 지금 그냥 팔까? 하는 생각을 백만 번은 하게 된다.

그러니 그때 사서 이때 팔았으면…… 하는 허황된 꿈은 꾸지 말고 진정으로 대박주를 찾아 보유할 수 있는 능력을 기르도록 꾸준히 기업 공부하고 주담 통화하고 탐방 가고 재무 공부하면서 실수를 줄여가야 한다. 그래야 인생이 바뀔 수 있는 성과를 이룰 것이다.

올바른 복기, 잘못된 복기

자신의 심리나 스스로도 모르게 하는 행동 등에 관심을 가짐으로써 자신이 어떤 사람인지 알아가는 것은 투자에서 매우 중요하다. 불타기를 해야 할지 물타기를 해야 할지에 대한 매매 방식에서부터 어떤 기업을 보유하는 데는 부담이 없지만 어떤 기업을 보유할 때는 너무 불편하다든지 하는 것들도 말이다. 그러나 투자를 함에 있어 꼭 고쳐야 할 것은 스스로가 어떤 사람이건 간에 반드시 고쳐야만 투자를 지속할 수 있다.

예를 들면 근거도 없이 막연한 낙관을 펼치는 일은 스스로가 어떤 사람이건 상관없이 고쳐야 한다. 미래에 대한 긍정적인 마인드는 투자를 함에 있어 큰 장점이지만 근거 없는 낙관은 리서치를 할 때 애매한 부분을 좋게 해석하는 경우가 많으므로 리서치에서는 아주 좋지 않은 태도다.

투자에서 핵심이 되는 요소가 아니라면 스스로가 어떤 사람인지 혹은 인간의 심리가 어떻게 작용하는지 알고 그것에 맞춰 운용하면 되겠지만, 핵심이 되는 요소는 스스로가 어떤 인간이건 간에 고쳐야 할 것은 고쳐야만 장기적인 성과를 누릴 수 있는 기반이 되는 것이다.

투자에서 성공의 경험은 너무나 중요하기 때문에 반드시 성공의 경험을 쌓아야 한다. 실패가 거듭되더라도 성공의 경험이 나올 때까지 계속해야 한다. 단, 실패가 치명적이지 않아야 성공의 경험이 나올 때까지 지속할 수 있다. 또한 치명적이지 않아도 실패가 너무 잦으면 성공의 경험까지 갈 수 없다. 잦은 실패를 안 하려면 실패의 원인을 찾고 그것을 제거해야 하는데, 이를 가능케 하는 것은 올바른 복기다. 올바른 복기란 원인과 결과에 대한 인과를 올바로 파악하고 잘못된 결과가 나온 원인을 제거하는 것이다(잘못된 복기를 하는 사람도 많다).

예시 1

보유 중인 A라는 회사가 급등했는데 테마로 오른 것 같기도 하고 뭔가 회사가 좋아져서 오른 것 같기도 한데, 회사가 좋아지는 게 시장에 알려져 오른 것이라면 앞으로 업사이드가 더 남은 듯해서 안 팔았는데 다시 떨어져 제자리로 왔다.

복기-올랐을 때 팔았어야 했다

→ 이것은 올바른 복기는 아닌 듯하다. 올랐을 때 팔았어야 했다는 건 복기라기보다는 결과론적 해석에 가깝다. 만약 가치의 재평가 덕분에 더 올라갔다면 팔았을 때 그게 잘못이 되기 때문이다.

이것은 크게 복기할 것이 없고, 만약 다음에 이런 경우라면 어떻게 할지 미리 결정해두어야겠다고 결론 내리는 게 좋다. 다시 제자리에 오더라도 더 올라가는 걸 놓치는 게 더 싫다면 홀딩해야 할 것이고, 제자리 오는 게 못 견디게 괴롭다면 일부라도 팔아야 한다. 이는 성향의 문제여서 정답이 있는 것이 아니기 때문이다. 그리고 성향도 변한다.

나는 예전에는 철저하게 다시 제자리에 오더라도 무조건 버텼다. 그런데 최근에는 일부라도 판다. 그저 전략의 변화일 뿐이다. 이렇게 해도 저렇게 해도 내가 그 기업에 투자한 아이디어가 맞는다면 수익이 날 것이기 때문이다.

예시 2

B라는 종목을 100% 몰빵 매수했는데 아이디어가 훼손되어 반 토막이 나서 타격이 너무 크다.

복기-10% 정도 떨어졌을 때 기업 내용이 뭔가 이상해서 고민했지만 손절하지 못했다. 다음부터는 잘 끊어내자.

→ 일부는 맞는 얘기지만, 일부는 아니라고 생각한다. 내가 복기를 한다면, 100% 몰빵을 했는데 아이디어 훼손으로 반 토막이 났다면 처음부터 기업 선정이 잘못된 것이다. 아이디어가 훼손되었을 때 반 토막이 날 정도라면 처음부터 100% 비중으로 사면 안 된다. 포트에 많아도 10~20% 정도였어야 했다.

비중이 100%가 되려면, 분식회계나 금융 위기 같은 게 아닌 이상, 아이디어의 훼손이 거의 없을 정도로 성공 가능성이 아주 높거나, 아이디어가 훼손되어도 손실이 10% 수준에서 마무리될 수 있을 만큼 충분히 쌌어야 한다. 다음부터는 하방과 기대수익을 생각해서 포트에 담을 비중을 정하자는 것이 옳은 복기다.

또는 몰빵할 만큼 좋아질 것이라는 리서치가 어디에서 잘못 되었는지, 앞으로 잘못된 결과를 도출하지 않으려면 나의 리서치 과정에서 어디를 수정해야 하고, 더 점검해야 할 것은 무엇인지 검토하는 것도 옳은 복기라고 할 수 있다.

이 두 가지 예시에서 보듯이, 복기란 여차하면 결과론으로 둔갑할 때가 있고 스스로 그것을 눈치채지 못하는 경우가 많다. 복기는 원인과 결과를 올바로 파악하고 그것을 다음 케이스에 적용하여 근원적인 실수를 줄이는 것이다. 결과가 안 좋을 때 그것이 근원적인 문제인지 단지 성향의 문제인지를 구분하는 것도 중요하다. 성향의 문제는 전술적인 부분이고, 복기는 좀 더 근원적인 전략 혹은 이데올로기적인 측면이라고 할 수 있다. 그러므로 성향의 문제는 잘못되었을 때 짜증이 나거나 수익 극대화가 안 되는 문제이지만, 복기는 장기적인 성패가 달려 있는 문제인 것이다.

예시 3

직장인이고 바쁘면서 별로 중요하지 않은 작업을 계속하고 있는 경우도 있다.

뉴스 스크랩을 많이 해서 그걸 블로그에 정리해 올리는 작업을 오랫동안 하는, 모임의 후배가 있었다. 뭔가 꾸준히 하면 뭐가 돼도 될 것이라 생각하며 하고 있다고 했다. 그 작업이 AI 등을 통해 쉽게 하는 거라면 상관없는데, 퇴근 후 몇 시간이 걸리는 데다 거의 하루도 빠짐없이 하고 있다고 했다. 투자에서 유명한 사람들이 지치지 말고 꾸준히 하면 성과가 있을 것이라 해서 그러고 있다는 것이다.

나는 그게 별로 의미 없어 보였고, 그게 성과로 이어진 적이 있느냐고 물었더니 그런 적은 없지만 믿고 한다길래 당장 그만두고 다른 리서치를 하라고 했다.

꾸준함은 굉장히 중요하지만 효과 없는 방향으로 꾸준히 하면 시간 낭비다. 옳은 방향이란 것은 각자의 차이가 있겠지만, 어느 정도 지속했을 때 투자 아이디어가 가끔 걸려야 하고, 그 작업으로 나에게 '누적적으로 쌓이는 무언가'가 있어야 한다.

내가 텔레그램을 너무 많이 보지 말라고 하는 것은 휘발성이 매우 강해서다. 너무 많은 내용을 알게 되지만 내일이면 다 잊어버리는 경우가 많고, 너무 많은 아이디어를 읽다 보니 뭐가 좋은 아이디어이고 나쁜 아이디어인지 구분이 더 안 된다. 텔레그램에 돌아다니는 글은 그 글을 올린 사람의 의도가 녹아 있는 부분이 많아서 단순한 사실의 적시가 아니다. 앞에 예로 적은 뉴스도 휘발성이 강하고 누적도 잘되지 않는다. 하루 지나면 그냥 잊히거나 상황이 바뀌는 뉴스가 대부분이다. 전업이라면 이것도 하고 저것도 하면 된다. 하지만 본업이 있다면 좀 더 효과적인 노력을 기울여야 성과를 낼 수 있는 확률이 높지 않을까?

누적되는 공부의 대표적인 예가 분기별 실적 스크리닝 후 매출이나 이익이 늘어난 기업 중에 관심이 가는 기업을 리서치하는 것이다. 그렇게 관심 가는 기업들을 리서치하는 과정에서 투자로 이어지는 종목이 나온다면 베스트다. 설령 투자로 이어지는 종목을 못 찾더라도 리서치한 과정은 남고, 주담 통화나 탐방까지 했다면 그 기업의 사업 내용이 머릿속에 남는다. 그래서 나중에 그 기업을 다시 본다거나 비슷한 업종의 기업을 보았을 때 그 내용을 빨리 이해할 수 있고 리서치도 수월하게 할 수 있어 시간도 세이브되고 판단도 빨라진다. 이런 경험은 쉽게 휘발되지 않고 스스로의 기억에 남게 된다.

제2장

투자는 원래 어렵다

상장폐지를 당하다

투자하면서 정말 드라마에서나 나올 법한 상황을 겪었다. 이런 경우를 겪은 사람이 있을 것이라는 생각은 했지만 그게 내가 아는 사람이나 혹은 내가 될 거라는 생각은 조금도 해본 적이 없는 일 같은 것 말이다.

2014년 말쯤부터 공부를 하고 편입을 조금 해둔 우양에이치씨라는 회사가 있었다. 상장한 지 오래되지는 않았는데 회계적인 문제로 거래 정지가 되었다가, 회계법인과 2대 주주인 스틱인베스트 등에서의 실사를 거쳐 거래 정지가 풀리고 거래 재개가 된 회사였는데 플랜트 업계에서는 나름 유망하고 실적도 좋았고 무엇보다 PER과 PBR이 모두 쌌기 때문에 관심을 가지게 되었다. 나는 회사 문제는 대충 해결되었지만 아직 시장의 오해가 풀리지 않아 주가가 싸게 거래되고 있다고 생각했다. 하지만 다른 보유 종목들의 투자가 진행되고 있어서 현금 비중이 없었으므로 포트에 조금 편입해둔 상태였다. 대출을 왕창 내서 살까 하는 생각도 있었지만 앞서도 적었듯이 대출은 많이 자제하고 있었고 그렇게까지 해가며 살 회사는 아니라는 생각도 있었던 듯싶다.

해가 바뀌어 2015년이 되었고 주가는 조금씩 조정을 받고 있어서 매수할까 말까 고민을 조금 하는 와중에, 부동산 사장님에게서 연락이 왔다. 당시 기준으로 10년 전 조그만 공장 부지를 투자 명목으로 대출을 끼고 사놓았는데 전업투자를 하면서 주식투자에 점점 자신감이 붙고 있던 터라 공장 부지를 매각해 주식투자에 투입하기로 마음먹고 부동산에 내놓은 게 몇 달 전이었다. 아주 낡은 공장 부지여서 매매가 쉽지 않았는데, 매수자가 나타난 것이었다. 부동산 사장님과 매수 예정자를 만나보니 거의 매수하기로 마음을 굳힌 느낌이었고, 나 역시 매각하고 싶어 애가 탄 상황이라 적당히 조율할 생각이어서 잘되겠거니 싶었다. 그래도 계약금도 안 받았는데, 조금 진정했어야 했는데 마음이 아주 들떠버렸던 것 같다. 어차피 매각되면 현금이 들어올 거란 생각으로 고민 중이던 우양에이치씨를 비롯해 사고 싶던 기업들을 주식 담보 대출을 받아 매수를 시작했다. 특히 우양에이치씨의 비중을 높이고 있었다. 부동산 사장님을 만나고 온 것이 수요일이었고, 때마침 우양에이치씨의 주가가 꽤 조정을 받고 있어서 포트에 20% 정도의 비중을 채우기로 결정했다. 목요일에 추가 매수를 시작하고, 금요일에 더 추가 매수를 하고, 생각보다 주가가 더 하락하여 월요일에 원래 계획보다 많은 포트의 25% 수준까지 매수를 완료했다. 이후로는 그냥 홀딩할 생각이었다.

그런데…… 월요일 매수를 마친 후 시간외거래에서 난리가 났다. 순식간에 하한가를 간 것은 아니지만 시간외거래치고는 거래가 아주 많이 터지면서 하락하고 있었는데 특별히 큰 이슈는 알 수 없었다. 아마도 내가 모르는 무슨 테마가 엮여 있었나 하며 고개를 갸우뚱했다. 그리고 시간외거래가 끝난 저녁 7시경 부도 루머가 돌았는지 거래소에서 루머에 대한 사실 조회를 요구하며 거래 정지를 시켰다. 나는 놀라기보다는 어이없는 이유로 주가가 하락했었구나 하고 단순히 루머로 치부했다. 왜냐하면 자사주를 시가로 100억 정도 보유하고 있었기 때문에 부도가 날 정도면 먼저 자사주라도 시장에서 처분했거나 자사주를 담보로 대출이라도 받았을 것이라 생각했기 때문이다. 그리고 근래 대주주가 바뀌면서 200억을 3자 배정 유상증자로 회사에 납입한 뒤였고, 불과 몇 달 전 거래 정지 당시에 외부 감사와 2대 주주인 스틱인베스트 등에서 실사를 마치고 문제없다는 결론이 나서 거래가 재개되었기 때문에 재무적으로 큰 문제가 있을 것이라곤 생각하지도 않았다.

그런데 다음 날인 화요일에 1차 부도가 났다. 그리고 다음 날인 수요일에 최종 부도 처리가 되었다.

최종 부도가 나면 자동으로 상장폐지가 결정되는 코스닥 규정에 따라 우양에이치씨는 상장폐지가 결정되었다. 최종 부도가 나면 이의 신청 조치도 할 수 없는 상황이었는지 아니면 의도적이었는지는 모르겠지만 관리종목으로 지정되거나 상장폐지에 대한 이의 신청을 한다거나 하는 조치도 없이 초스피드로 상장폐지 결정이 되었고, 금요일부터 정리매매가 시작되었다.

영화 같은 일주일이었고, 투자하다 보면 누군가는 이런 일을 겪을 수도 있겠지, 라는 상상 속의 일이 내 일이 되었다.

―목, 금, 월요일 분할 매수 완료
―화요일 1차 부도
―수요일 최종 부도 및 상장폐지 결정
―금요일 정리매매 시작

이 모든 일이 일주일 사이에 일어났다는 게 현실로 느껴지지 않았다.

최종 부도가 나기 전에 회사 측 직원들 월급도 밀리지 않았던 것을 확인했고, 1차 부도 금액이 120억 수준의 규모였는데 3자 배정으로 들어온 자금도 쓰지 않고 자사주도 매각하지 않으면서 부도가 난 이유가 도대체 뭐였을까. 어차피 더 터질 게 남아 있어서 회사에서는 그게 의미가 없다고 생각했던 걸까.

3자 배정으로 200억이나 쏟아붓고 들어온 새로운 대주주는 바보였나? 회계법인은 몇 달 전에 뭘 감사하고 거래 재개를 시켰던 걸까? 2대 주주였던 국내 최대 사모 펀드인 스틱인베스트는 도대체 뭘 실사했던 걸까?

아니, 도대체 나는 이런 회사를 왜 샀을까? 왜 내게 이런 일이 일어난 걸까? 갑자기 왜 부동산을 사겠다는 사람이 나타난 걸까? 나는 왜 계약금도 받지 않았는데 매각이 된 것처럼 대출을 내서 허겁지겁 산 걸까?

현실 감각이 없었다. 보이스피싱을 당하면 이런 기분일까. 너무나 잘 끼워 맞춘 듯한 의외의 일의 조합과 너무 빠른 상장폐지까지의 진행에서 마음을 추스를 여유가 생기질 않았다. 그냥 자책만 가득했다. 그냥 나 자신이 싫고 미워서 견딜 수가 없었다.

그리고 금방이라도 공장 부지를 살 것 같던 사람은 계약하지 않았고, 주식을 매수하기 위해 우양에이치씨를 담보로 받았던 주식 담보 대출은 우양에이치씨가 상장폐지되면서 담보물로서의 가치가 없어져 바로 증권사로부터 상환을 요구받아 다른 주식을 팔아 갚아야 했다.

정신을 조금 추스르고 난 후, 금감원으로부터 분식회계 정황이 포착되어 회사 임원과 회계법인을 상대로 집단소송을 준비해서 진행했는데 결론부터 말하면 3심까지 거의 7년 가까이 지난 2022년경 최종적으로 패소를 통보받았다. 그리고 우양에이치씨는 최근 스펙 합병 방식으로 재상장을 했다.

이 상장폐지와 집단소송 진행 과정에 관해 하고 싶은 말은 한도 없이 많지만, 여기에 구구절절 적는 것은 큰 의미가 없다. 의미 있는 것은 이 황당한 사건이 나의 앞으로의 투자 여정에 어떤 영향을 주었냐는 것이지 않을까 싶다.

몇 주가 지난 뒤에 상장폐지의 충격과 괴로움이 조금은 덜어질 때쯤 '나는 여기서 도대체 무엇을 배워야 할까'라는 생각을 했다. 그냥 지나간 일로 잊기에는 너무 큰 충격이었다.

상장폐지를 겪으면서 가장 크게 다가온 것은 '투자하는 동안 내게 어떤 일이 일어나도 이상하지 않다'는 것을 완벽하게 받아들이게 된 것이다.

그리고 상장폐지가 된 후 증권사로부터 대출금 상환을 요청받았을 때, 나는 갑작스러운 상장폐지도 억울한데 당장 대출을 갚아야 하는 상황을 맞으며 '대출이란 이런 것'이라는 걸 철저히 깨달았다. 또 밸류가 아무리 싸더라도 찝찝한 회사는 건드리지 말아야겠다 생각했고, 회계적으로 문제가 있는지를 최대한 점검해야겠다고 생각해, 다른 일반적인 투자자들보다 좀 더 주의를 기울여 재무제표를 살펴보게 되었다.

결정적으로, 투자로 인해 심각한 문제가 생긴다면 그 책임은 그냥 온전히 나한테 있고 그 문제는 나뿐만 아니라 나의 가족에게도 심각한 영향을 줄 수 있다는 근본적인 두려움을 절절히 느꼈다. 그즈음의 내 기분은 상장폐지된 우양에이치씨가 포트에서 25% 정도였다는 게 다행이라는 생각이 들 지경이었다. 처음에는 비중 높은 종목이 상장폐지가 되어 너무 괴로웠다면, 생각이 좀 정리된 이후에는 비중이 높아도 그 정도여서 그나마 다행이라는 생각으로 바뀌어갔다. 포트에 편입 결정을 했을 때 비중을 20% 정도로 정해놓았는데 생각보다 주가가 더 떨어져서 25% 수준까지 비중을 올린 것이었다.

그런데 만약 진짜로 심하게 우양에이치씨에 꽂혀서 30%, 아니 50%가 넘는 비중으로 샀다면 어찌 되었을까 생각을 해봤다. 실제로, 월요일 정규장 마감 후 시간외거래에서 거래가 터지면서 주가가 하락할 때 추가 매수를 하기 일보 직전이었다. 약간의 두려움과 아주 조금의 찝찝함이라는 종이 한 장 차이의 판단으로 추가 매수를 안 했는데, 그때 추가 매수를 했다면 어찌 되었을까를 생각하면 아찔했다.

이 사건 이후로 나의 투자는 전환점을 맞았다. 아니, 큰 방향성은 똑같지만 내가 지켜야 하는 것들을 지켜나가는 힘이 생겼다고나 할까. 그 힘은 이런 상장폐지와 같은 고통을 앞으로는 두 번 다시 겪지 않겠다는 결심에서 나왔고, 그만큼 당시의 고통은 컸다. 그래서 체크해야 할 것을 게을리하지 않게 되었고, 뭔가 잘될 것 같아도 찝찝한 것은 건들지 않으려고 했다. 그로 인해 수익이 날 기회를 많이 놓쳤지만 사고를 치는 것도 줄어들었다. 적어도 한동안은 그랬다.

상장폐지에서 얻은 교훈

내가 상장폐지를 당했던 2015년은 활황장이었다. 정확히 기억은 안 나지만 반도체도 좋았고, 중국향(中國向) 사업이나 바이오 관련 기업들의 주가 슈팅이 많이 나왔던 것 같다. 코스닥 지수를 찾아보니 연초 540 수준에서 7~8월 고점이 780 정도로 시장 분위기가 아주 좋았는데 그런 상황에서 연초에 상장폐지로 손실을 크게 입은 채로 시작하니 기분이 좋을 수가 없었.

시간이 지날수록 상장폐지에서 입은 손실을 좋은 시장 분위기에서 빨리 만회하고 싶은 마음과 상장폐지로 인한 교훈으로 얻은 진중한 투자 사이에서 갈팡질팡했다. 그래도 상장폐지의 충격이 너무 큰 탓에 섣부른 아이디어로는 투자로 잘 이어지지 않았는데, 지수는 계속 올라가고 타이트한 기준으로 사지 못한 기업들의 주가가 날아가는 것을 보며 마음속의 갈등은 커져만 갔다. 시장이 좋아서 어느 정도 성과가 나오고 있었지만 만족하지 못하던 8월쯤에 시장에 충격이 한 번 왔고, 그때 나는 드디어 기회가 왔다는 생각을 했던 것 같다. 상반기 동안 이런저런 기업들이 여러 가지 이유로 주가가 날아가는 것을 쳐다만 보던 아쉬움이 결국 극에 달해서 '주가가 좀 더 빨리 갈 듯한 기업'들에 투자해서 '효율'을 높이고 싶다거나, '기회비용을 줄이자' 같은 생각 따위를 하면서 스타일을 바꾸어야겠다는 생각에 이르게 되었다.

그러던 중 마침 연초에 매각이 엎어졌던 공장 부지를 매입하겠다는 사람이 나타났다. 계약금을 받고 잔금까지 치른 후 세금과 대출금 등을 처리하고 10월쯤 대략 5억 원 정도를 주식 계좌에 추가로 투입했다. 효율, 기회비용 같은 생각을 하며 스타일을 바꾸어야겠다는 생각과 추가 투자 자금의 투입이 맞물려 적당히 좋은 기업들을 적당한 가격에 적당한 비중으로 편입해서 운용하기 시작했다. 이런저런 매매를 해보았지만 생각보다 성과가 아주 나쁘지도 아주 좋지도 않은 상태로 2016년이 되었는데, 중국 위기설 등으로 지수는 2월에 급락을 맞으며 투자한 이래 처음으로 서킷브레이크를 겪게 되었다.

지수 급락을 맞고 보니, 대충 사서 보유 중인 종목들은 추가 매수는커녕 영원히 회복되지 못할 것처럼 보여 홀딩조차 어려운 기업들이 포트에 수두룩했고, 내가 도대체 투자를 어떻게 하고 있는지를 명확히 목도하게 되었다.

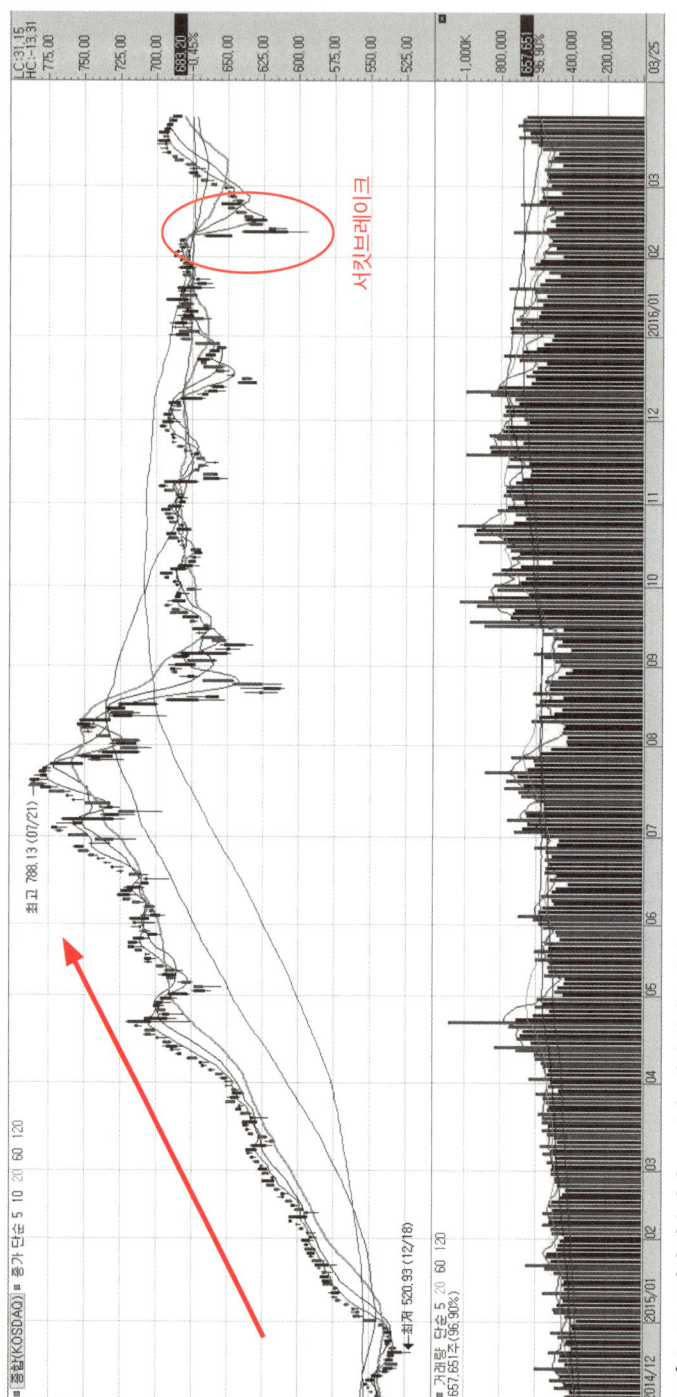

그림 1. 2015년의 상승장과 2016년 2월의 서킷브레이크

이 상태로는 투자를 지속할 수 없다는 결론을 내고 너무나 괴로웠지만 큰 결단을 내렸다. 대규모 손절을 하고 포트를 완전히 재정비하기로 한 것이다. 그냥저냥 샀던 기업들을 하루에 모두 손절로 쳐내고 확실한 아이디어가 있는 기업들의 비중을 높였다. 상장폐지를 당한 금액과 대규모 손절을 하면서 부동산 매각 대금의 80~90%가 날아갔던 것 같다. 상장폐지를 당한 것은 분식회계 때문이라고 하소연이라도 했지만, 이번의 손절은 그저 나의 투자 기준이 흐트러져서 멍청한 짓을 했던 것뿐이었다.

괴로웠지만, 정말 너무나 괴로웠지만…… 그래도 투자에 대한 관점이 명확해지는 과정이 되었다.

주가가 하락할 때 더 살 수 없는 투자는 제대로 된 투자가 아니라는 것을 정말 뼈에 새기는 경험이었다. 하락할 때 견딜 수 있을 것이라는 생각과 자신감은 실제 하락을 맞았을 때 너무나 허무하게 무너져 내렸고, 그때의 내 모습은 매수할 때 상상하던 내 모습이 아니었다. 그냥 '초보 투자자의 모습' 그 자체였다.

2015년의 상장폐지와 2016년의 대규모 손절 경험은 이후에 나의 투자가 가야 할 방향을 명확하게 해주었다. 어떤 기업을 피해야 하는지, 하락할 때 진정으로 추가 매수할 수 있는지를 매수 시에 충분히 고민해보는지, 상대적으로 싼 것과 절대적으로 싼 것, 시장이 좋을 때와 시장이 안 좋을 때의 주가 반응에 대한 경험……

그리고 그저 적당히 수익이 나고 적당히 손실이 날 때는 느낄 수 없었던 주식시장 폭락 시의 감정, 시장의 급격한 하락이 왔을 때 내 생각과 감정의 흐름이 내가 생각했던 모습과는 얼마나 다르게 휘몰아치는지, 나는 주식시장에서 얼마나 나약하고 두려움 가득한 존재인지, 전업 이후의 크고 작은 성공이 시장이 좋았거나 내가 그냥 운이 좋았을 뿐일지도 모른다는 것.

만약 2013년에 제우스의 성공 경험이 아니라 지금 겪고 있는 실패의 경험을 했더라면, 지금의 나와 내 가족은 과연 어떤 생활을 하고 있을까 하는 아찔함, 나는 언제라도 주식시장에서 망할 수 있고, 그 어떤 일이 내게 일어나도 이상하지 않다는 것.

이런저런 생각들이 그저 스쳐가는 수준이 아니라, 앞으로의 투자에서 철저히 지켜야 할 원칙으로 각인되는 계기가 되었다. 너무나 너무나도 괴로워서 두 번 다시 겪고 싶지 않은 경험이었기 때문이다(그럼에도 지금 돌이켜보면 주기적으로 바보 같은 짓을 해오기는 했다).

아마도 내가 전업투자를 해온 기간 동안 수익의 기회를 놓치는 한이 있더라도 과도한 위험을 지는 행위를 하지 않으려 하는 것은 이때의 기억이 가장 큰 이유일 것이다.

하지만 돌이켜보면 이때의 경험은 수업료라 부를 만하다. 그 이후로 나는 그때의 손실보다 몇십 배 많은 수익을 얻었기 때문이다. 화려한 기업들과 퍼포먼스로 수익을 얻지는 못했지만 손실을 볼 수 있는 선택지를 많이 제외했고, 하락하면 더 살 수 있는 기업인지에 대한 고민을 충분히 한 뒤에야 매수를 결정했다. 그런 기준에 맞는 기업은 찾기가 아주 힘들어서, 선택지를 넓히기 위해 매출이나 이익단에 조금이라도 변화가 있는 기업이나 작은 투자 아이디어라도 흘려보내지 않고 꼼꼼히 살펴보며 최대한 넓은 풀에서 찾으려 노력했다. 그러다 보니 아는 기업들이 많아졌고 손절 횟수는 줄어들었다. 단순히 생각하면, 처음부터 주가가 떨어질 때 더 살 수 있는 기업을 산 덕에 주가가 떨어져도 손절하지 않게 되었고, 아이디어가 맞으면 주가가 반등하여 이익을 내는 과정이 반복되었다. 물론 그 와중에 아이디어가 어그러져서 손절하는 경우도 당연히 있었지만, 그런 결과를 맞지 않기 위해 종목 선택과 리서치에서 변수가 많지 않은 기업들을 편입했기 때문에 손절 빈도는 많지 않았다. 하지만 수익이 난다고 엄청난 수익이 난 것도 아니었고, 회전율이 낮았기 때문에 연간으로 보면 화려한 수익률은 아니었다. 그래도 시간이 누적되며 늘어나는 자금을 자연스럽게 운용할 수 있게 되었고, 공부한 기업들과 경험이 쌓이면서 투자 판단이 빨라지고 비교적 정확도가 올라갔다. 이것을 나는 한마디로 '투자 능력'이 올라가고 있었던 것이라고 이야기하게 되었다.

PBR 투자의 종료

2018년 5월경 동일방직(현 DI동일)이란 회사를 1분기 실적 스크리닝 중에 보았고, 여러 리서치를 통해 확신을 가지고 높은 비중으로 투자하기로 결정했다. 당시에 나의 투자 관점에서 PBR의 중요성이 점점 낮아지고 있던 중이었지만 그래도 여전히 PBR의 관점을 놓지는 못하고 있었다. 투자관에 어떤 변화를 가진다는 게 이렇게도 쉽지 않다. 동일방직은 PBR이 0.25 수준이었는데 여러 사업부가 모두 좋아지고 있고 시장에서 모르는 2차 전지 양극박의 사업이 확대되고 있었는데 이런 상황의 기업조차 PBR 0.25의 평가가 안 바뀔 순 없다고 생각했다. 만약 이런 상황에서도 PBR이 적어도 0.5대로 올라가지 않는다면 나는 더 이상 PBR을 나의 투자 판단에 중요한 지표로 생각하지 않을 것이라 결심했다. 이미 몇 년 동안 많은 기업들을 리서치하는 과정에서 PBR이 잘 안 먹힌다는 것을 조금씩 받아들일 수밖에 없었는데 당시의 동일방직은 아무리 그래도 이 정도라면 시장에서 재평가될 것이라 믿었고 그만큼 확신이 있었다. 그리고 재평가되는 기한은 대충 2년 정도로 잡았다.

결론부터 말하자면, 투자 아이디어는 내 생각대로 흘러갔지만 주가는 나의 기대대로 되지 않았다. 2018년은 트럼프 1기로 시장이 너무 안 좋아 추가 하락을 하지 않은 것만으로도 다행이라 생각하며 2019년을 기대했지만 50% 정도까지의 상승은 있었으나 큰 시세는 나지 않았다. 2년여의 기다림 후에도 시장의 재평가가 없었기에 PBR을 투자의 한 기준으로 삼는 것은 2020년 5월로 끝내기로 마음의 결정을 했다. 2020년 코로나 사태를 거치며 포트 재편 과정에서 동일방직을 매도하고 다른 기업으로 교체매매를 했다.

그런데 아이러니하게도 매도한 지 6개월 후인 12월 초부터 2개월 정도의 기간에 3~4배 정도 올랐는데 나는 이 상승을 전혀 누리지 못했다. 게다가 그때부터 1년 동안 전기차 섹터 붐과 함께 100% 정도 더 올랐다. 1년에서 1년 반 사이에 내가 매도한 가격에서 6~7배가 오른 것이다. 내가 마음이 힘들었다고 굳이 글로 적지 않아도 주식하는 사람이라면 내가 얼마나 아쉬워했을지는 잘 알 것이라 생각한다. 내가 만약 3년을 기다려보리라 마음먹었다면 큰 시세를 누렸을 것이고, 만약 그랬다면 지금도 PBR

이 중요한 지표로 자리 잡고 있을지도 모르겠다. 그러나 당시의 나는 스스로에게 한 약속으로 그저 받아들이고, PBR은 나의 투자 지표에서 완전히 지우고 단순하게 PER만 보기로 했다.

  그 후로도 몇 년의 시간이 더 지난 지금은 이때의 결정이 잘못되었다고 생각하지 않는다. 투자 아이디어는 직관적이고 지표는 단순한 게 좋다고 생각하며, PBR과 ROE가 모두 녹아 있는 PER로만 투자 지표를 단순화시킨 것이 스크리닝과 리서치에서 더 좋다고 느껴져서 투자 모임을 할 때도 그렇게 이야기하고 있다. 이렇게 2020년 5월을 기점으로 전업 이후 8년여 동안 중요하게 생각했던 PBR이란 지표에서 완전히 벗어났다.

코로나 사태를 겪다

2018년 투자 모임을 만든 이후, 모임에서 스스로 모범을 보이고자 꽤나 열심히 투자 공부를 했다. 덕분에 이듬해인 2019년은 지수가 그렇게 좋지 않았음에도 꽤 괜찮은 성과를 냈고, 2020년 2월 중순경 이탈리아로 가족여행을 갔다.

　가족여행을 갈 때 코로나 환자가 몇 명 나오기 시작했는데 이미 예약을 다 해두었기에 여느 전염병처럼 진정되리라 생각하며 약간의 불안함을 안고 출국했다. 이탈리아에 있을 때도 한국에 난리가 나고 있음을 기사로 접했는데, 그 상황이 점점 심해져서 2월 말에 귀국할 때는 약간 과장해서 공항에 우리 가족만 있는 느낌이 들 정도로 한산한 모습을 직접 보니 실감이 되었다. 이탈리아에서도 여행 막바지에는 밀라노 대성당이 폐쇄되었기 때문에 일이 심각하구나 느끼긴 했지만 상상하던 것보다 더 심각했던 것 같다(대구가 신천지 사태로 특히 더 심각했었다).

주식시장도 엄청난 격변을 겪고 있었으나, 그래도 그간의 전염병 사태가 그러했듯이 어느 정도 지나면 진정될 것이라 생각하며 투자에 임하고 있었는데, 3월 초까지만 해도 글로벌적으로 그렇게까지 심각한 사태가 되리라곤 꿈도 꾸지 않았다. 2020년은 지금보다 5년 전이긴 하지만 너무나 강렬한 기억이었을 테니 그때의 상황을 자세히 적을 필요는 없을 듯싶다.

하락의 정점으로 달려가던 3월 중순의 나스닥은 폭락에 폭락을 거듭하고 있었고, 국내 증시 역시 마찬가지였다. 2012년에 전업투자자가 된 나는 2008년의 금융 위기를 투자자로 겪어보지 못한 터라, 주식시장이 이렇게 무너질 수 있다는 것을 직접 체험하는 것은 처음이었고, 투자하는 기간 동안 한 번쯤은 이런 폭락을 맞이하리란 생각을 하고는 있었지만 막상 맞이하고 보니 상상하던 것보다 훨씬 큰 공포가 찾아왔다. 그래도 당시에는 내가 투자자로서의 마인드가 정점을 지나던 시기였던지 돌이켜 생각해보면 생각보다는 잘 견뎌냈다.

그럴 수 있었던 이유를 되짚어보면, 일단 많이 걸었던 것이 첫 번째였다. 참 많이도 걸었다. 당시 거주하던 집 바로 인근에 신천이라는 하천이 있었는데 매일 그 하천을 따라 몇 시간을 걸었는지 모르겠다. 걸으면서도 머릿속은 주식에 대한 생각으로 가득해서 뭘 봤었는지는 기억에도 없고, 그저 걸으면서 '이미 일은 벌어졌고, 지금 내가 해야 할 것은 무엇인가'라는 스스로에 대한 질문이 반복되었다.

국내 주식 지수의 폭락보다 밤새 벌어지는 나스닥의 폭락이 더 큰 공포를 불러왔는데, 주가에 매몰되면 두려움에 빠져 내 의도와는 다른 행동을 할지도 모를 것 같아서 철저히 계획을 세우고 매매하려 했다. 즉흥적인 판단을 내린다면 그 후회를 감당할 자신이 없었다. 이렇게 어느 정도 스스로를 추스를 수 있었던 것은, 금융 위기는 겪지 않았지만 상장폐지라는 큰 아픔을 겪었기 때문이지 않은가 싶다. 2015년에 상장폐지를 겪고 2016년에 포트를 재정비하며 대규모 손절을 한 이후 4~5년간 그때 입었던 손실을 회복한 것을 넘어 자산을 많이 늘렸고 그 기간 동안 투자자로 성장해온 나 자신을 좀 믿을 수도 있었던 것 같다. 지금 무너져도 언제가 될지 모르지만 시장은 회복할 것이고, 몇 년 후에는 나의 자산도 다시 회복될 것이란 자신감도 한몫했다. 다행히 내가 투자자로서 단단하던 시기에 큰 폭락을 맞아 혼비백산하지 않을 수 있었지 싶다.

게다가 장이 좋았던 2015년에 나 홀로 상장폐지를 겪으며 아파하던 시기보다는 시장이 무너져 다 같이 힘들어하는 코로나 시기가 오히려 나에게는 덜 힘들었지 않았나 싶기도 하다. 투자에서는 경험이라는 것을 무시하지 못한다는 것을 이맘때 많이 느꼈던 것 같다. 그리고 시간이 지나면서 힘든 경험이 약이 되는 경우도 있고, 좋기만 했던 일이 나중에 독으로 돌아오기도 하는 것이 주식판이구나 싶었다.

　당시 나의 가장 큰 고민은 코로나 사태가 언제일지는 몰라도 시간이 지나면 회복될 터인데, 그 시기가 될 때까지 내가 보유한 주식들이 다시 올라올 것이냐는 것이었다. 당시에 내가 자주 하던 말이 '떨어질 땐 같이 떨어져도 오를 땐 각자 오른다'는 것이었는데 코로나 사태가 아니어도 1년에 한두 번은 급락을 맞는 것이 국내 증시였기에 그런 시기마다 이런 생각을 하며 포트 재편에 대한 고민을 꾸준히 했던 것이 몸에 배어 있었던 것 같다.

　당시는 전업한 지 8년 정도 지나고 있던 시점이었는데, 그간 크고 작은 급락이 지날 때는 사업 환경이 크게 바뀌는 상황들은 아닌 경우가 많았고, 폭락의 이유가 내가 당시 보유 중인 기업들에 영향을 준다거나 혹은 더 좋은 선택지가 있을 때는 조정하곤 했다. 보유 종목의 투자 아이디어가 크게 변화하지 않으면 포트 조정이 크지는 않았고, 다 같이 주가가 내려오면 주력 종목에 대한 확신이 더 큰 상황이니 당연히 주력 종목의 비중이 높아지며 포트가 단출해지곤 했다.

　그런데 코로나 사태는 조금 달랐다. 언제가 될지 모르지만 코로나 사태가 해결되기 전까지는 많은 기업들의 사업 환경이 극명하게 달라질 것이기 때문이었고, 내가 보유 중인 기업들의 투자 아이디어에도 전반적으로 영향이 미칠 수밖에 없었으니 포트를 어떻게 재편해야 할지 고민이 많았다.

　실제로 코로나 사태라고 모든 주식이 떨어진 것은 아니었고,

진단 기기 업체나 호흡기 장비 등 코로나 사태로 크게 수혜를 보는 기업들의 주가는 폭등하기도 했다. 주가는 언제나 실시간 가치 평가에 가까운 것이라는 사실을 다시 한번 느낄 수 있었고, 주식시장은 망가졌지만 작동은 하고 있었다고 볼 수 있었다.

당시의 나는 내가 보유한 기업들의 가치는 어떻게 될까에 대한 고민을 많이 했고, 포트를 대대적으로 조정해야 한다는 결론을 내렸다. 아니, 가치에 대한 고민이라기보다는 시장이 회복할 때 지금 내가 보유한 주식들이 같이 올라갈 수 있는가에 대한 고민이라고 하는 게 더 솔직한 표현인 것 같다. 이런 고민들은 지금도 시장이 급락할 때 항상 하는 고민들이다. '시장이 떨어질 때는 다 같이 떨어져도 올라갈 때는 각자 오른다.'

또한 나는 레버리지를 쓰고 있지 않았기 때문에 상대적으로 버틸 만하지 않았나 싶다. 레버리지를 쓰고 있지 않아 코로나 지수의 최저점에서도 반 토막이 나지 않았었다. 레버리지가 100% 이상 있었다면 깡통이 되었을 것이다. 실제로 코로나 사태 때 깡통을 찬 사람도 많았고 아슬아슬하게 피한 사람도 많았다.

레버리지란 그런 것이다. 10년을 잘해오나가도 깡통을 차는 데는 단 한 번의 불운으로도 충분한 것, '평균' 수심 1m의 물에 빠져 죽는다는 것.

코로나 사태가 진정되고 나서 돌아보니 시체가 가득한 전장이 연상될 정도로 주식판은 엉망진창이었다. 그런 기분이 어처구니없게 느껴질 만큼 V자 반등이 기다리고 있었지만 폭락의 한가운

데서는 그런 상황을 상상도 하지 못했다.

지수의 저점을 향해 가며 폭락에 폭락을 거듭하던 3월 중순에 나는 포트를 대대적으로 개편했다. 당시 투자자들의 방향성은 많이 나뉘었던 것 같다. 예를 들자면, 여행주처럼 코로나로 최악의 국면을 지나고 있는 기업들의 주가 하락이 가장 극명했기에 역발상으로 그런 여행주를 싸게 사서 몇 년 기다리다 보면 코로나가 해소되었을 때 주가가 크게 회복할 것이라고 생각하는 투자자도 있었고, 폐쇄 조치로 인해 비대면 활동에 관련된 사업을 하여 코로나로 발생하는 피해에서 벗어나 있거나 오히려 수혜를 볼 수 있는 기업들로 재편하는 투자자도 있었다. 나는 후자에 가까운 편이고, 지금도 큰 틀은 비슷하다. 어떤 기업의 상황이 나빠질 때 가격으로 접근하는 투자는 보유하는 동안 마음이 힘들고 불편해서 좀처럼 하지 않으려 한다.

나는 코로나로 인해 발생하는 여러 상황에서 수혜를 볼 수 있는 기업들과 수혜는 아니어도 최소한 피해에서 비켜 있는 주식들로 포트를 재편했고, 그 과정에서 크게 손절을 하고 역시 크게 하락해 있는 다른 종목들을 매수했다.

이때 포트를 재편하면서 나는 진심으로 굳은 결심을 하고 자잘한 금액에 개의치 않고 단호히 실행하려 했다. 그러려면 HTS에서 주가를 보며 이렇게 할까 저렇게 할까 고민하는 게 아니라 이미 결정을 해두고 HTS를 켜서 그냥 실행해야 가능하다. 그렇게 실행에 이르기까지는 수많은 마음의 장벽을 넘어야만 해서 말처럼 쉬운 행동은 아니지만 말이다.

　마이너스 50%가 찍혀 있는 종목을 손절하고 다른 종목으로 갈아타기를 결심하는 것도 쉽지 않지만 막상 실행하려 하면 주저하는 마음이 들기 마련이다. 조금이라도 손실을 덜 보고 싶어서 주저하기도 하고, 사야 할 종목도 조금이라도 싸게 사려고 주저하다 보면 실행이 어렵다. 게다가 매도한 게 오를까 봐 그리고 매수한 게 떨어질까 봐 두렵고, 하루라도 주가가 거꾸로 가면 너무 괴롭다. 이런 부분에서 트레이더들은 좀 나을까? 나는 매매가 많은 사람이 아니어서 정말 너무 두렵고 힘들었다.

　그래도 지수가 큰 폭으로 떨어져 너도나도 다 폭락했을 때 해야 한다고 굳게 마음을 먹었다. 만약 지수가 약간이라도 반등한다면 어느새 각자 오르고 있는 상황이 펼쳐질 터여서 결론을 내려놓은 것들을 단호히 실행해야 했는데, 이때 '투자하던 섹터를 다양하게 확장해왔던 노력'들이 많은 도움이 되었다. 재편을 하려고 해도 이것저것 섹터를 편식하고 있었더라면 선택지가 좁은 상황에서 어쩔 수 없는 선택밖에 할 수 없었을 것이다.

　평소라면 이렇게까지 단호하게 실행하지 않았겠지만, 코로나 사태 때는 그냥 다 같이 떨어져 있는 구간에 실행하지 않으면 수혜주와 피해주의 주가가 반대로도 나타날 수 있을 것 같아 폭락을 거듭하는 구간에서 결단을 내리고 실행해야 했다(시간이 지나보니 V자 반등으로 이것저것 다 올랐다).

　재편 과정에서 있었던 나의 아쉬운 판단들은 2008년 금융 위기를 겪어보지 않았던 것에서 나타났다. 경제적 위기 상황에서 연준이 금리를 급격히 낮추었을 때 어떤 유동성을 불러오는지와, 국가가 대규모로 자금을 투입할 때의 방향이 어떤 식으로 흘러갈지 전혀 몰랐던 것이다.

나중에 급격한 반등을 겪고 나서 돌이켜 생각해보니, 코로나 사태가 저점을 찍고 반등할 때는 제로 금리에 국가 지원금까지 뿌리는 상황이어서 자산 시장에 유동성이 넘쳐날 것이라는 생각을 했어야 했고, 국가가 지원하는 사업은 대체로 미래 지향적이거나 친환경 지향이라는 점을 고려했어야 했다.

나는 코로나로 인해 경제 상황이 큰 타격을 입으면 인력이 별로 필요하지 않은 전기차 산업에 대한 보조금이 축소되어 전기차로의 전환이 느려지고, 많은 인력이 필요한 내연 자동차 산업이 당시의 전망보다 좀 더 오래 지속될 것이라고 생각했다. 그래서 2차 전지 관련 기업은 전부 정리했는데 지나보니 큰 실수였다. 대신에 동영상 편집이나 비대면 관련 기업의 비중을 늘린 건 성공적이었고, 그 외에 사업적으로 코로나와는 크게 상관없는 기업들은 남겨두었다. 재편 과정에서 좋았던 선택과 안 좋았던 선택이 혼재되어 있었지만 복기해봤을 때 투자자로서는 판단의 과정들이 나쁘지 않았다고 생각한다. 투자자에게는 결과도 중요하지만, 그 과정도 중요하기 때문이다.

어찌 되었든 코로나 폭락은 짧게 지나고 대폭등장이 시작되었는데, 2020년은 내 투자 인생에서 지금까지도 유일하게 100%

를 넘는 수익률을 기록한 해가 되었다. 2020년의 100% 수익률은 그다지 놀라운 수익률도 아니었을 만큼 주식시장은 너무나 강렬한 V자 반등을 보여주었다. 누군가에게는 그야말로 회복하지 못할 충격을 입혔을 한 해였을 수도 있고, 누군가에게는 인생 역전을 할 만큼 큰 수익을 올렸을 한 해가 되었을 것이다.

투자를 하다 보면 투자자가 전혀 예상치 못했던 일이 벌어지는 경우가 반드시 온다. 그때 나는 살아남을 수 있을지를 고민하는 것은 굉장히 중요한 일이 아닐까 한다. 집중투자도 좋고 레버리지도 좋고 벌 수 있을 때 많이 버는 것도 좋다. 그러나 그런 만큼 스스로 짊어지고 있는 리스크를 자기 자신이 가장 잘 인지하고 있어야 하고, 섬세하고 예민하게 상황을 판단하되 결단을 내려야 할 때는 과감해야 한다. 그렇게 할 자신이 없다면 스스로 감당할 수 있는 투자금의 범위에 머무르는 게 좋다.

코로나의 하락 구간이 강렬하지만 비교적 짧게 끝난 덕분에 많은 사람들이 안도의 한숨을 쉴 수 있었다. 하지만 앞으로의 위기도 그러할지는 모르겠다. 중요한 것은 장세가 어떻게 흘러가든 투자자 스스로는 크게 망하지 않아야 한다는 점이다. 그렇다, 기회도 좋고 부자도 좋지만, 일단 망하지 않는 게 먼저다.

집중투자를 하든 분산투자를 하든, 해외 투자를 하든 국내 투자를 하든, 코인을 하든 부동산을 하든, 어떤 투자를 하든 간에 스스로 망하지 않을 수 있는 포지션인지를 항상 고민해야 한다는 게 코로나 사태가 주는 교훈이 아닐까 싶다.

투자 공부의 기본이란

어떤 사람은 너무 보수적이고, 어떤 사람은 아무 생각 없이 비싸도 막 사고, 어떤 사람은 주가 상승의 요인이 아닌 이유를 가지고 그것 때문에 샀다고 이야기한다. 어떤 사람은 리서치를 했다고 하는데 투자에 관련된 리서치를 안 하고, 어떤 사람은 너무나 얕게 하고, 어떤 사람은 투자에서 필요한 범주를 넘어 너무 깊이 리서치를 한다.

 연결 재무제표나 개별 재무제표의 뜻을 물어보면, 모르는 건 아닌데 명확하게 설명하지 못하는 경우가 대부분이다. 어떤 경우에 종속회사가 되고 관계사가 되는지에 대한 의미도 정확히 아는 사람이 드물다. 당기 순이익과 지배주주 순이익의 차이도 잘 모른다. 모르면서 이게 뭘까 하고 궁금해서 찾아보지도 않는다.

PER을 적어놓고 어느 기간 동안의 PER인지도 모르고, 심지어 개념을 정확히 모르는 사람도 자주 본다. 매출 채권, 매입 채무, 재고 자산 등 재무제표를 볼 때 기본적으로 알아야 되는 용어조차 뜻을 물어보면 정확히 모르는 경우가 많다. 모르는 단어를 검색조차 안 해보는 것이다.

DART에서 재무제표 주석을 열어보는 것조차도 안 해본 사람들이 많다. 그냥 네이버 같은 데 나와 있는 PER을 보고 그냥 그런가 보다 하고 넘어가는 듯싶다.

투자 아이디어의 의미도 모른다. 투자 아이디어는 주가가 오를 수 있는 요인을 말한다. 투자 아이디어에 '우수한 재무 구조', '우수한 현금 흐름' 이런 걸 투자 아이디어라고 적는 걸 보면 황당하다. 현금 많고 부채가 적으면 주가가 오르나? 현금 흐름이 우수하면 주가가 오르나?

일반적으로 주가는 손익계산서에 따라 움직인다(그 외 지배 구조나 테마나 각종 이슈들이 있을 수 있지만, 일반적으로 실적 베이스를 기준으로 이야기하면 그렇다).

재무제표가 무엇인지도 모르는 경우도 태반이다. 재무제표에는 대차대조표, 손익계산서, 자본 변동표, 현금 흐름표 같은 것들이 있는데 그 의미가 무엇인지도 모르는 경우가 대부분이다.

모르는데 찾아보질 않는다. 모른다는 사실조차 모르는 것이다. 그러고는 온갖 사업 아이템과 기술과 온갖 어려운 것들을 공부했다면서 공부한 줄 안다.

투자를 하려면 투자에 필요한 공부를 해야 한다. 회계사가 되기 위한 회계 공부가 아니라 투자자에게 필요한 회계 공부를 하면 되고(회계사가 되기 위한 공부보다 훨씬 쉽다), 반도체 기업을 공부하려면 반도체 기업에 투자하기 위한 공부를 하면 되는데 반도체 전공을 할 것 같은 공부를 하는 사람들도 많다. 그러면서 자기는 정말 열심히 공부한다고 한다.

하지만 투자를 한다면서 투자 용어의 개념도 모르고 재무제표의 기본적인 단어도 모르고, 모르는데도 찾아보려는 생각조차 안 하면서 투자 공부를 해왔다고 할 수 있을까?

그리고 주가 상승에 어떤 법칙이 있는 것은 아니지만, 주가 상승이 일어날 수 있는 요인과 주가 상승의 결과를 잘 연결시켜서 인과관계가 대충은 맞아떨어져야 그런 인과관계가 발생할 수 있는 기업을 주가가 오르지 않았을 때 미리 찾아낼 가능성이 올라갈 것이다. 그런데 아무 상관 없는 이유를 대곤 그것 때문에 주식을 샀다면서 주가 상승을 기대하는 경우가 태반이다.

주가 상승을 기대하는 요인이 있고, 주가 하방을 생각하는 요인이 있고, 극단적으로 회사가 망하거나 분식회계를 피하고자 살펴보는 요인도 있다. 주가 하방을 생각하는 요인들을 가지고 주가 상승을 기대하면 맞을 확률이 적은 건 당연하다.

우수한 재무 구조나 현금 흐름 등은 회사가 잘못될 수 있는 리스크와 관련된 부분이지, 그로 인한 주가 상승을 기대할 수 있는 부분은 아니다. 극단적으로 분식이라든가 현금이 안 돌아 부도가 나면 주식은 휴지 쪼가리가 되기 때문에 그런 리스크가 없는지 살펴보는 것이다.

주식시장은 워낙 다양한 참여자들로 인해 다양한 이유와 황당한 이유로 주가가 오르내리기 때문에 완벽한 인과관계는 없지만 다수의 투자자가 동의하는 어설픈 인과관계들은 있는 법이다.

어설프고 명확하지 않고 애매해도 이러면 주가가 오를 것이라 상상해보고, 그게 맞는지 아닌지 결과를 받아보고, 시간이 지나면 시기마다 또 그런 애매한 인과관계의 속성이 변해서 시장이 변한 듯 느껴지고, 거기에 또 맞춰가려면 거기에 녹아들어야 되고 뭐 그래야 성과가 나올 확률이 높지 않겠는가?

투자 공부는 대학 입시 공부하듯 무조건 열심히만 한다고 실력이 느는 분야가 아니다. 정답이 없고, 아무도 정답을 모르기 때문이다. 채점해줄 사람이 없는데 정답이 어디 있겠는가. 그리고 정답은커녕 말도 안 되는 이유로 주가가 오르거나 떨어지기도 하는데, 그러면 그게 잘못되었다고 어디 가서 따질 텐가? 따질 대상조차 없다. 주최자가 없기 때문이다.

그래서 다들 정답 비슷한 것들 속에서 애매하게 투자 의사 결정을 내리는 것이다. 왜냐하면 결국 모두 미래의 일이라 지금은 실현되지 않았기 때문에, 아무도 결과를 몰라서 그런가 보다 해서 올랐다가 아닌가 보다 해서 내렸다가 다시 그런가 보다 하면서 돌아가는 게 주식판이다. 거기에 가치투자자와 트레이더와 개인과 기관, 외국인 그리고 AI와 프로그램 매매까지 뒤섞여 돌아간다(어찌 보면 보기에 따라 개난장판처럼 보인다). 거기서 고고하게 정답을 찾고 있으면 뭐가 되냐.

하지만 이런저런 속성으로 주가가 움직이는 것을 자주 보다 보면, 이럴 때 주가가 오르는구나 하는 감을 조금씩 가질 수 있는데 그건 어떻게 명확하게 가르쳐줄 수가 없다. 물리 법칙으로 모두 일정하게 공통된 결과를 내지는 않기 때문이다. 하지만 '대충 그럴 것 같아'라는 생각과 '그런 경우가 많아'라는 것을 수많은 기업들의 상황과 주가를 연계 지어보며 체득하게 된다.

그런데 이게 계속 변한다. 그래서 어렵다.

공부를 하려면 스크리닝 중에 주가가 오를 수 있는 기업을 걸러내고, 그중에 리서치를 해야 하고, 리서치는 투자에 필요한 리서치를 하여 주가가 오를 수 있을 만큼 좋은 상황인지 아닌지 애매한지 결론 내리고,

별로면 접고 다시 찾고, 리서치하고, 결론 내고

별로면 접고 다시 찾고, 리서치하고, 결론 내고

별로면 접고 다시 찾고, 리서치하고, 결론 내고

별로면 접고 다시 찾고, 리서치하고, 결론 내고

별로면 접고 다시 찾고, 리서치하고, 결론 내고

별로면 접고 다시 찾고, 리서치하고, 결론 내고……

그러다 어! 이거 괜찮은데? 하는 게 나오면 좀 더 리서치해보고, 어! 진짜 괜찮은데? 하면 좀 더 더 리서치해보고, 깊이 리서치해보니 별로라는 결론이 나오면 다시 접고 다시 찾고 리서치하

고 결론 내고……

　별로면 접고 다시 찾고, 리서치하고, 결론 내고

　별로면 접고 다시 찾고, 리서치하고, 결론 내고

　별로면 접고 다시 찾고, 리서치하고, 결론 내고

　별로면 접고 다시 찾고, 리서치하고, 결론 내고

　별로면 접고 다시 찾고, 리서치하고, 결론 내고

　별로면 접고 다시 찾고, 리서치하고, 결론 내고……

　뭐 그러다가 하나 진짜 좋은 거, 내가 생각할 때 미래가 좀 그려지고 밸류도 괜찮고, 내가 생각하는 아이디어대로 되면 지금 주가는 싼 거 같고, 그리고 시간이 지나면 오를 거 같고, 그러면 매수로 이어지고 그 미래가 실현될지 모니터링하면서 보유해가는 것이다(엄청 힘들 것 같아 보이고 실제로도 힘들다. 하지만 실제 밖에서 돈을 벌려면 더 힘들다. 어느 분야든 돈을 벌려면 일을 해야 한다. 직장도 사업도 하다 보면 익숙해지고 쉬워지듯, 이것도 하다 보면 좀 능숙해진다. 아무 생각 없이 그냥 한다).

　이런 과정은 솔직히 나도 누군가에게 배운 것이 아니라, 돈을 벌기 위해 그냥 좌충우돌하며 이리저리 해보다가 이렇게 해야 되는구나 하는 것을 꽤 많은 시간을 쓰고 나서야 깨달았고, 그렇게 깨닫고 나니 그게 나에게는 당연한 일이 되었다. 그런데 모임을 만들기 위해 지원을 받으며 만나는 초보 혹은 경력이 오랜 투자자들조차에게도 이게 당연한 게 아닌 경우가 많았고, 내게서 이런 얘기를 들으면 뭔가 대단한 비기를 배웠다는 표정을 짓곤 한다. 하지만 이걸 안다고 해서 그걸 하기 쉬운 건 아니다. 노력의 결과가 빨리 안 나오면 사람은 쉽게 지치기 마련이고 재미도 없기 때문이다.

앞에 쭉 적은 글들은 투자를 한다면 당연한 것들이다. 그 당연한 것들을 계속하는 사람들 중에 큰 리스크도 없으면서 주가 상승의 가능성이 아주 높아 보이는 좋은 투자처를 남들보다 먼저 찾는 경우가 나오게 된다. 찾았을 때 입에서 '아싸~' 하는 탄성이 나올 것이다.

어떤 경우에 주가가 오르는지 명확히 설명할 수 있는 사람은 없다. 그러나 투자자들이 특정 시기에 사고 싶어 하는 특성이 있고(그 시기에 잘나가는 섹터나 성장하는 섹터), 보편적으로 사고 싶어 하는 속성이 있다(매출이 늘고 있는데 영업 레버리지가 잘 걸려서 이익 증가 속도가 빠르고, 시장 규모가 커서 성장의 여지가 많이 남은 경우가 대표적이다).

최근에는 주주 환원도 중시한다. 이런 것들을 시장 속에서 그런가 보다 하며 느끼고 체득하고 그러한 관점에서 주가가 많이 올라갈 만한 기업을 남들보다 조금 먼저 찾는 게임을 반복하는 것이 결국 투자다.

피터 린치가 그러지 않았던가. 가장 많은 돌을 들춰보는 사람이 성공할 것이라고.

투자는 원래 어렵다

 내가 책을 쓰는 이유를 딱 하나만 꼽으라면, 너무 어이없게 주식으로 돈을 날리는 사람이 너무 많기 때문이다. 주식으로 돈을 날릴 수 있다. 투자라는 게 그런 것이다. 충분히 신중하게 의사 결정을 했음에도 투자 결과가 좋지 않은 경우는 주식이 아니어도 많이 있지만, 유독 주식은 그런 신중한 의사 결정 없이, 혹은 엉뚱한 인과관계로 큰돈을 넣고 '어이없게' 날리는 경우가 너무 많다.

 최근 보았던 드라마 〈폭싹 속았수다〉에서 관식이가 떴다방에 당하는 것을 보면 너무 어이없는 투자 의사 결정으로 보일 것이다. 그런데 주식투자하는 사람들 중에는 그보다 더 어이없는 경우가 너무 많고, 그에 대해서는 '투자 공부의 기본이란'에서 약간 매몰차게 적은 바 있다.

더 가까운 경우로, 본인의 아버지도 주식투자를 꽤나 오랫동안 해오셨는데 과거에 손실을 크게 보셨던 것 같다. 집안 전체로 보면 내가 주식으로 번 게 더 많아서 다행이다 싶다.

전업을 시작한 이후 가치투자에 대해 조금씩 받아들이고 공부하면서 아버지께 투자를 그런 식으로 하시면 안 된다고 자주 이야기했지만 소용이 없었다.

주식 방송 추천 + 담당 PB 추천 + 감, 촉 + 약간의 차트 + 가장 흔하게 하시던 말씀인 '이 가격이면 싸다', '무조건 좋아진다' 등등으로 투자를 하시는데 잘되기는 쉽지 않다. 게다가 신용 대출도 많이 쓰셨다. 그래도 위기가 오면 결단을 내리시고 다 끊어내시기 때문에 깡통까지는 안 차셨다. 하지만 내가 보기에, "이 가격이면 싸다"라고 하는데 시총의 개념은 정확히 모르시고, "무조건 좋아진다"라고 하는데 이미 비싸서 좋아질 게 주가에 다 녹아 있다. 물론 시장이 좋을 때는 수익이 크게 나기도 하셨던 것 같은데 장이 부서지면 결국엔 뱉어내는 것 같다.

이 글을 읽는 초보 투자자라면서 주식에 때려 박고 있는 당신이 나의 아버지가 주식투자하는 과정을 보면 어떤가? 저렇게 해서는 장기적으로 수익을 지속하기가 쉽지 않을 것 같다는 생각이 들지 않는가? 그렇다, 내가 이 글을 쓰는 이유가 그것이다. 내가 볼 때는 어이없는 과정으로 주식투자에 대한 의사 결정을 너무 쉽게 함으로써, 너무나 쉽게 그리고 너무나 어이없게 주식에서 돈을 잃는 사람이 너무나 많다.

2018년부터 2~3년에 한 번씩 모임을 만들어오며, 그간 받았던 지원 메일을 다 합치면 500개는 될 것이다. 그중에 이메일 내용에서 한 번 거르고, 직접 한 번 이상 만나서 투자에 대한 이야기를 나눠보거나 기업 발표를 시켜본 사람들은 100~200명 정도 되는 것 같다. 그렇게 미팅을 해본 사람들 가운데 초보에 가깝지만 피드백을 주면 잘할 것 같은 사람들을 모임 인원으로 확정하여 모임을 함께하는 사람들을 다 합치면 30~40명이다.

이렇게 모임을 하는 30~40명이 모두 성과가 좋을까? 직장을 다니거나 본업이 있는 사람들이 대부분이지만 그래도 투자에 진심이고 꽤나 많은 노력을 함에도 주식에서의 성과는 천차만별이다(물론 전부가 수익을 내고 있고 망한 사람은 없다). 만약 '이렇게 하면 된다'는 절대 법칙 같은 게 있다면 제일 먼저 내 아버지부터 가르쳤을 것이다.

500명에서 30~40명으로 추리고 스스로도 열심히 하고 한 달에 한 번 만나 토론하고 피드백을 주고받아도 다 잘된다는 보장이 없을 만큼 주식투자에서 꾸준히 성과를 낸다는 건 녹록지 않은 일이다. 하물며 스스로 노력이 충분치 않거나, 트레이딩인지 투자인지도 잘 모르는 투자를 하거나, 리서치의 방향도 맞지 않거나, 주식이 어떤 경우에 오르고 내릴지에 대한 감도 없다면 꾸준히 성과를 내는 것은 더 요원해진다. 아니, 이런 경우에는 성과가 꾸준히 난다는 게 더 이상한 일일 것이다. 2020년에 수많은 신규 투자자들이 유입되었지만 5년여가 지난 지금 시점에서 꾸준히 성과를 내온 사람들도 드물고, 많은 경우 오히려 주식시장에서 떠나고 있는 것이 그 방증이다.

여담이지만, 모임 지원을 받아 실제로 이야기해보니 내가 팟캐스트 '주공남(주식 공부해서 남 주나)'이나 텔레그램에서 했던 이야기들을 내 의도대로 이해한 사람이 생각보다 많지 않았다. 스스로 받아들이고 싶은 부분만 받아들이는 사람들이 너무 많았다. 예를 들자면, 집중투자에 관한 부분이다. 집중투자도 이야기했지만, 집중투자를 하기 위해서 바탕이 되어야 하는 리서치나 싸게 사야 하는 것을 더 중요하게 이야기했었다. 그런데 꽤 많은 사람이 내가 의도한 리서치도 하지 않고 싸게 사지도 않으면서 포즈랑 님이 말씀하신 대로 집중투자를 하고 있다며 몰빵하고 있는 것이다.

게다가 나는 3~5종목도 집중투자라고 생각하는데 몰빵이 집중투자인 줄 아는 사람이 너무 많다. 그냥 자기가 하고 싶은 걸 하면서 다른 데서 보고 들은 얘기들을 자기가 하고 싶은 투자 의사 결정에 투영시켜버리는 것이다.

집중투자가 멋있어 보이고 돈도 빨리 벌 수 있을 것 같아서 하고 싶다면 그건 이해한다. 하지만 집중투자를 할 만한 좋은 기업을 찾는 일은 너무 어려운 일이어서 스크리닝과 그에 대한 리서치가 선행되어야 함에도 그에 대한 부분은 내가 의도한 만큼 충분히 하지 않고 그냥 집중투자를 하는 데 의미를 두는 것처럼 보이기도 했다(집중투자는 잘되면 큰 성과를 얻지만 당연하게도 망하면 크게 망한다). 그래서 그냥 스쳐가는 이야기로는 득이 되는 사람도 있겠지만 독이 되는 사람도 있겠다 싶어 유튜브나 텔레그램 방송 같은 것은 피하게 되었다.

그리고 이야기하다 보면 투자가 잘 안 될 것 같은 사람이 있는데 그들에게 투자하지 말라고 할 수도 없다. 투자 이외에 돈을 벌 수 있는 루트가 잘 안 보이기 때문이고, 투자를 안 하는 게 100세 수명 시대에 장기적으로는 안전한 것도 아니다. 그래서 주식투자를 하라고도, 하지 말라고도 할 수 없는데 만약 주식투자를 하기로 스스로 결정했다면 '주식투자가 아주 어려운 일'이라는 것을 인지하고 단계적으로 능력을 쌓아갔으면 하는 바람으로 유튜브도 텔레그램 방송도 아닌, 이렇게 글을 쓰고 있다.

아마 가치투자뿐만 아니라 트레이딩이나 그 어떤 투자 방식도 결코 쉬운 길은 아닐 것이다. 한국의 산업 구조가 과거보다 점점 취약해지고, 많은 국가들이 자국우선주의로 향하고, AI나 프로그램이 많이 활용되고 쏠림이 심해져 주가 변동의 폭은 더 커졌다. 그래서 나 역시 과거에도 항상 어려웠지만 지금은 더 어려워진 것 같다. 그렇다고 길이 없느냐 하면 그렇지는 않다. 여전히 좋은 기업들과 성장하는 기업들은 두더지 게임처럼 불쑥불쑥 나타나고 있으니 말이다. 투자는 파생처럼 제로섬 게임이 아니어서 누군가를 이겨야만 하는 것이 아니다. 내가 그저 열심히 해서 '주가가 올라갈 만큼 좋아질 개연성(절대적으로 확실하지 않으나 아마 그럴 것이라고 생각되는 성질)'이 충분한 기업을 주가가 오르기 전에 미리 찾아 베팅을 하고 그 개연성이 실제로 실현되면 그 기업의 가치가 올라 수익이 나는 것일 뿐, 누군가를 밟고 올라서야 하는 것이 아니다.

'주가가 올라갈 만큼 좋아질 개연성'이란 의미를 고민하고 실제 기업의 사례에 투영해보면 좋겠다. 한 해에도 수많은 기업이 주가가 오르니 그 기업들의 1년 전 오르기 전의 상황과 오르고 난 후의 상황을 비교해보면 사례는 충분히 많지 않을까 한다. 반대로, 어떤 경우에 주가가 떨어질 것인지 고민해볼 사례도 충분히 많다.

그래서 싸게 산다는 것과 비싸게 산다는 것 그리고 어떤 경우에 올라갈 여지가 많고 하방이 적고, 어떤 경우에 아무리 좋아져도 올라갈 여지가 크게는 안 보이고 하방이 더 커 보이는지에 대해 시장의 눈높이와 나의 눈높이를 엇비슷하게 가져가려고 노력해야 한다. 그러려면 수많은 기업의 사례를 살펴보고 주가와 비교해보는 과정이 수반되어야 함을 알게 될 것이다.

나와 투자 모임을 위한 미팅을 해본 사람은 알 것이다. 어떤 기업에 대해 발표하거나 혹은 즉흥적으로 내게 물어보아도 내가 그 기업에 대한 현황이나 주가 상황 혹은 그 이유를 대략적으로 알고 있는 것을. 그럴 수 있는 것은 나도 그런 노력을 계속해서 해왔기 때문이다.

그런 노력으로 아는 게 많아져서, 놓치면 아깝기도 하고, 왜 일찍 몰랐을까 싶기도 하다. 그리고 알면서 왜 안 샀을까, 물리면 왜 샀을까, 조금 샀는데 오르면 많이 살걸, 많이 샀는데 떨어지면 천천히 살걸…… 걸…… 걸…… 하는 등 언제나 후회 덩어리다. 그런 후회 속에서 그걸 후회로만 끝내지 않고 다음번의 비슷한 경우에는 후회하지 않을 행동을 할 수 있도록 계속 수정하고 그러기 위해 내게 필요한 자질을 채워가는 시간이 쌓여야 어느 시점엔가는 좀 더 나은 투자자가 될 수 있다고 생각한다.

이렇게 쭉 적으면 '이렇게 해서까지 어떻게 투자를 해?'라는 사람이 있을 것이다. 그렇다. 이런 질문이 나와야 한다. 이런 질문이 머릿속에 떠오르는 사람은 웬만하면 투자를 하지 말거나 조금만 했으면 좋겠다.

반대로, '이렇게 하면 투자가 잘될 수 있겠다'고 머릿속에 떠오른 사람은 앞이 보이지 않고 흐릿하고 당장 성과가 안 나오더라도 꾸준히 지속해가면서 스스로의 늘어나는 확신과 함께 투자를 더 늘려가면 좋겠다. 그 어느 쪽이든 투자는 당연히 어렵고 꾸준히 큰 노력을 지속해야 한다는 전제를 충분히 깔고 투자에 접했으면 하는 바람이다.

투자를 쉽게 보고 쉽게 덤볐다가 쉽게 돈을 날리는 사람들이 좀 줄어들기만 해도 지금 쓰고 있는 글들이 약간의 의미를 가질 수 있지 않을까 기대한다.

불타기가 좋을까? 물타기가 좋을까?

결론부터 말하면, 가치투자자에게는 불타기든 물타기든 중요하지 않다. 이전에 쓴 글에서 가치투자자들 중에도 큰 성과를 내는 사람들은 불타기를 하는 것 같다고 적긴 했는데 정확히 통계를 내본 것도 아니고, 그렇게 하는 사람들의 이야기를 좀 더 자주 접했을 수도 있다. 물론 직관적으로 그럴 거라는 느낌이 드는 건 사실이다. 그렇게 느끼면서도 나는 투자를 해오면서 왜 불타기를 안 했을까? 누군가에게 맞는 그 방법이 내게는 맞지 않았기 때문이다. 나는 평균 단가를 올려가면서 사는 것이 왠지 불편했다. 그래서 지금도 불타기는 거의 하지 않고, 계획된 물량을 어느 정도 담았다면 주가가 올라가도 그냥 홀딩만 하는 편이다. 이런 건 결국 취향과 성향의 문제이고, 수익이 조금 더 나느냐 덜 나느냐일 뿐 그것을 하느냐 안 하느냐로 장기적인 성과가 갈라진다고 생각하지 않는다.

나는 투자를 열심히 하던 시기인 2019년까지는 현금 비중이 항상 없었고, 2019년 말에 자산의 10%를 주식 계좌에서 빼내 생활비로 따로 두며 계좌 분리를 한 금액을 빼면 2021년까지도 주식 계좌에는 항상 현금이 없었다. 다양한 리서치와 공부로 사고 싶은 종목의 후보군은 있었지만 현금이 없어 편입하지 못한 종목들이 항상 존재했고, 불타기를 안 한 금액은 다른 종목이 편입되어 있는 것과 같은 말이다. '불타기를 하느냐 물타기를 하느냐'가 중요한 것이 아니라, 수익이 날 수 있는 종목을 연속적으로 찾을 수 있느냐가 결국 투자의 본질이다. 불타기를 안 한 대신 편입되어 있는 종목의 결과가 좋아서 수익이 난다면 똑같은 것이라고 생각한다.

나를 만나는 사람들이 투자에 대해 가장 궁금해하는 것은 대부분 어떻게 사고 어떻게 파는지였다. 내게 묻는 사람들은 사는 것도 궁금하지만 특히 팔 때 어떤 기준에 파는지 더 궁금해하는 듯했다. 아마도 팔고 난 후 하늘 높이 날아간 경우나 안 팔았는데 떨어지거나 뭐 그런 경우가 많았을 것이고, 자산을 늘려온 사람들은 그런 것들을 잘해서 자산을 늘려왔을 것이라 생각하거나 자신이 가장 어려운 부분이어서 그럴 것이다. 나도 과거에 자산을 많이 늘려온 분들을 보면 그런 것들을 다 잘하는 줄 알았다. 종목 선택도 잘하고 리서치도 잘하고 매매도 잘할 것만 같았고,

그래야만 자산을 모을 수 있는 것이라고 상상했던 적도 있었다. 그래서 다 잘하기 위해 발버둥도 쳐봤다. 하지만 결론은, 나는 매매는 엉망이고 내게 묻는 사람들보다 매매에서 하등 나은 바가 없으며, 나 역시 여전히 어려운 선택인 데다 매도에 어떤 비법도 갖고 있지 않다. 팔고 나서 날아간 경우가 수두룩하고, 상승 초입에 매도한 경우도 무지하게 많다.

그럼에도 불구하고 어떻게 꾸준히 수익을 낼 수 있을까. 앞에 적었듯이 좋은 종목을 연속적으로 찾을 수 있는 능력이 결국 본질이고 투자 능력인 것이다. 그리고 그것을 해내기 위해 이전에 쓴 여러 글에서처럼 리서치와 공부를 통해 섹터의 확장과 종목 풀을 늘리고 성공 경험을 쌓아가야 하는 것이다.

가치투자를 한다면서 물타기를 아주 금기시하는 경우도 있고, 어느 텔레그램인가 블로그에서 '매수 후 주가가 떨어지면 본인의 아이디어를 재점검해보라'는 글도 본 것 같다. 트레이더에게는 맞는 말일 수 있지만 가치투자를 지향하는 사람에게는 얼토당토않은 말이다. 리서치를 충분히 하여 매수를 결정했는데도 주가가 떨어지면 다시 고민해보라면 리서치는 왜 하는 걸까. 어떤 리서치를 하면 주가가 더 떨어졌을 때 매수할 수 없는 아이디어로 귀결되는 걸까. 그건 리서치에 방점이 있는 것이 아니라 트레이더의 관점이 뒤섞인 하이브리드인 셈이다. 트레이딩이든 가치투자든 트레이딩과 가치투자의 믹스이든 간에 뭐든 하려면 명확히 하는 게 필요하다(그런데 트레이딩과 가치투자가 믹스되면 대체로 트레이딩이 된다). 하지만 두 가지 투자의 근원이 너무 달라서 양립하기가 쉽지 않다. 물론 둘 다 잘하는 사람이 있긴 한데, 보통 트레이딩과 가치투자를 믹스한다기보다는 포트 내에서 심리적으로 분리하여 운용하는 경우가 많다.

나는 거의 물타기만 한다고 했는데, 충분히 매수하지 못했을 때 주가가 오르면 어떻게 하느냐 할 것이다. 나도 전업을 시작하고 시간이 한참 흐른 뒤에도 이런 부분이 항상 고민이었다. 실제로 분할 매수를 하려고 조금 샀는데 주가가 오르면 잘 안 사게 되고, 그러다 목표했던 비중을 채우지도 못했는데 날아가는 경우가 왕왕 발생했기 때문이다. 그래서 불타기를 좀 해보려고도 했는데, 불타기를 한 종목은 여지없이 얼마 지나지 않아 다시 하락해서 비싸게 산 꼴만 되었다. 또, 한 방에 다 샀다가 주가가 하락했을 때 얼마 더 사지도 못하기도 했었다. 그러다 보니 매매에서 이러지도 저러지도 못하겠다 싶었다.

그런데 이런 것에 고민하고 에너지를 쏟다 보니 하루에 자잘한 매매로 인한 스트레스 때문에 실제로 해야 할 일인 리서치나 스크리닝을 못 하고 있다는 것을 깨달았다. 《워런 버핏과의 점심 식사》에서 가이 스파이어의 "하루의 에너지는 한정되어 있다"는 문구가 매우 의미심장하게 다가왔고, 이런저런 고민과 경험 끝에 나의 매매 원칙을 정했다.

나는 어떤 종목을 사야 할지를 먼저 결정하고, 이 종목을 포트 내에 어느 정도의 비중으로 채울 것인지를 결정한다. 그리고 사야겠다는 결론을 내리면 주가에 상관없이 다음 날 장 마감 전까지 포트 내에 채울 비중의 절반을 매수한다. 예를 들어 A라는 종목을 포트에 10%만큼 사기로 결정했다면 다음 날 장 시작부터 장 마감 전까지 무조건 적어도 5%는 사고, 상황에 따라 그 이상을 사기도 했다. 그리고 주가가 바로 올라버리면 조금 천천히 매수하거나 매수를 하지 않고, 주가가 떨어지면 조금 더 빨리 비중을 채웠다. 만약 포트에 할당한 10%까지 비중을 다 채웠는데 여러 사정으로 주가가 더 떨어진다면, 처음의 투자 아이디어가 변하지 않은 이상 11%나 12%까지 비중을 늘렸다가 다시 올라오면 10% 수준으로 다시 조정하고 안 올라오면 그 상태로 가기도 한다. 만약 거기서 더 떨어지면 특별한 요인이 없는 한, 매수를 멈춘다. 그것은 주가가 떨어져서 매력이 더 생겼지만 이 종목의 매수 가격 기준으로의 비중이 포트 내에서 처음 할당한 수준보다 많이 커지는 것은 심리적으로도 안 좋을뿐더러 포트 전체의 안정성 측면에서 안 좋아서 일정 비중 이상으로 무한정 늘리지는 않는다.

내 포트 내에서 차지하는 비중의 한계를 설정하는 것은 과거 상장폐지의 경험으로 어떤 황당한 일이 생길지도 모른다는 전제가 깔려 있었기 때문이다. 그래서 아무리 확신하는 투자처가 생겨도 내 포트 내에서 차지하는 비중의 한계치는 절대적으로 지켜왔다. 그 기준은 조금씩 변해왔는데, 자산이 늘면서 그 절대적인 비중의 한계치는 낮아졌다. 2021년까지 30% 선이었다면 지금은 10% 선이다. 물론 매수 후 주가가 올라서 비중이 올라가는 것은 괘념치 않는다. '매수 가격 기준의 한계치'를 정해두었고, 그러다 보니 현재는 과거보다 운용하는 종목의 수가 늘어났다. 이렇게 된 이유는 과거 일정 자산 수준까지는 비중의 퍼센트가 중요했는데, 지금은 비중도 비중이지만 매수 금액의 절대적인 규모가 마음의 부담이 되는 수준이기 때문이다. 이 금액에 대한 부담은 사람마다 크기가 제각각일 것이다.

이런 매매 기준은 장기적인 성과의 본질은 아니다. 어떤 식으로든 본인에게 맞는 매매 기준을 정하여 매매는 대충 하고 머릿속에서 털어버린 뒤 꾸준히 해야 할 일로 하루를 채우는 것이 중요하다. 좋은 종목을 연속적으로 찾을 수 있는 투자 능력을 올리는 노력들 말이다. 매매에 대한 부분은 중독성이 있는 데다 내가 어찌할 수 없는 과정도 많은데 결과론적인 후회와 미련이 많이 남는다. 매매가 재미있거나 쉽게 털어버리는 사람에게는 해당되지 않는데 나 같은 경우는 후회와 미련이 아주 심했다. 매매에서 발생할 수 있는 아주 약간의 금액 차이도 쉽게 털어내지 못해 정신적 에너지가 많이 소모되곤 했다. 그래서 그냥 룰을 세워 심플하게 만들어버린 것이다.

물론 이렇게 해도 이런저런 아쉬움이 남는 경우는 계속 생기지만 그런 감정의 문제는 장기적인 성과에 큰 부분이 아님에도 거기에 빠져드는 게 싫어서 나 나름의 장치를 한 것이다. 투자에서 이런저런 심리적 문제는 다양한 사람에게 다양한 형태로 나타나기 때문에 자신의 문제를 스스로 파악하여 적당한 조치들을 해둬야 투자 과정이 엉뚱한 길로 빠지지 않는다.

그런가 하면 어느 종목에 몰입했을 때 거기서만 수익이 나야 할 것 같은 강박에 휩싸이기도 한다. 그게 포트에서 비중이 높고 보유 기간이 길어지고 수익도 많이 나서 포트에 압도적이라면 더욱 심해진다. 뭔가 업사이드가 애매한데 끝까지 수익을 내고 싶은 마음과 주가가 올랐어도 업사이드가 아주 커서 그냥 보유하고 싶은 마음은 전혀 다르다. 업사이드가 애매한데 그냥 팔고 난 후 더 오르면 짜증 날 것 같아 이러지도 저러지도 못하고 있다면, 다음 매수할 후보가 준비되어 있지 않다는 뜻이다. 팔지 말지 애매하다면 그걸 들고 있기보단 더 사고 싶은 기업이 준비되어 있어야 투자 공부를 열심히 하고 있는 것이다.

나 역시 팔기가 너무 아쉬운 종목을 억지로 팔고 옮겨갔는데 그게 운 좋게 꼭지였던 적도 있고, 다 오른 줄 알고 팔았는데 그게 시세 초입이었던 경우는 훨씬 자주 있었다. 그럼에도 꾸준히 수익을 낼 수 있었던 것은 그다음의 투자가 나쁘지 않은 경우가 많았기 때문이다. 물론 주력 종목은 아이디어 실현이나 목표가를 가기 위해 의도적으로 옮겨가지 않고 놔두는 경우가 많았지만 그 종목들조차 좋은 타이밍에 팔았던 기억은 드물다. 물론 아주 잘 풀린 적도 없진 않지만 그것도 뭔가를 알아서 그렇게 되었다기보다는 한번 버텨보는 투자를 하다 보니 얻어걸렸던 것 같고, 그런 케이스는 돌이켜볼 때 한두 번밖에 없는 듯싶다(물론 리서치를 한다는 것은 아이디어가 망가진 듯싶으면 손절해야 하는 것도 포함된 것이니 뭔가 아니다 싶을 때 잘라내는 것은 아주 중요하고 잘해야 한다).

젊은 투자자들의 꿈은 완전 대박인 종목을 찾아 신용 몰빵 때려서 빨리 원금의 10배쯤 만드는 일일 것이다. 좋다. 그렇게 해서 10배를 만들었다고 치자. 그러면 그다음은? 그다음의 투자처는 준비되어 있나?

찾으면 되겠지만, 그걸 찾으면 또다시 성공할 수 있을 것 같은가? 물론 할 수도 있다. 하지만 아닐 수도 있다. 그런데 본인도 충분히 자신하지 못할 것이다. 리서치와 투자의 경험이 많지 않으니 말이다.

그러면 그때부터 차근차근 리서치하고 투자의 경험을 쌓을 수 있을 것 같은가? 아니, 장담컨대 사람이라면 절대로 그렇게 하기 힘들다. 이미 너무 큰 자극을 겪었기 때문이다.

코인러들이 얘기하듯이 '졸업'하면 되지 않냐고? 나는 '졸업'한다는 얘기가 제일 허황되게 들린다. 주식이든 코인이든 졸업할 만큼 큰돈을 벌고 더 이상 안 한다고? 그건 본인이 그게 운이었음을 온전히 인정할 때만 가능한 일이다. 로또 1등 된 사람이 다시 로또 1등 되겠다고 돈을 쏟아붓지 않는 것과 같은 이치다. 결국 졸업할 만큼의 돈을 벌었다가도 주식이든 코인이든 다시 하게 되어 있다. 스스로는 그걸 100% 운이라 생각하지 않고 스스로의 능력이라고 생각하기 때문이다. 그렇게 다시 비슷한 방식을 재현해보려 하겠지만 결코 쉬운 일이 아니다. 리서치와 공부를 꾸준히 하면서 언제나 투자할 후보들을 줄 세워두며 공부하는 사람이 시간이 오래 지나 자산을 모으고 나면 나중에는 크게 망하기도 쉽지 않게 된다.

그간 쌓아온 리서치 경험과 함께 수익이 나는 종목을 보유도 해보고, 아이디어가 망가지면 손절도 하는 와중에 몇 년간 꾸준히 성과가 쌓였다면 그러한 레퍼런스는 스스로 믿어도 좋다. 하지만 될지 안 될지도 모르는 길을 천천히 가려면 그 불안함이 너무 크다. 스스로는 나이 들어가는데 기회는 줄어드는 것 같고, 이게 되는 건 맞는지 언제나 불안함이 고개를 들고, 그 불안함은 빨리 가기 위한 방식으로 귀결되곤 한다. 실제로 천천히 가면서도 성과가 나지 않는 투자자도 많다. 당연히 성공하는 투자자보다 성과를 내지 못하는 투자자가 훨씬 많다는 것은 어쩔 수 없는 현실이다. 그럼에도 내가 천천히 가더라도 꾸준한 성과가 나오는 길을 가야 한다고 하는 것은, 천천히 가면서도 성과가 나지 않는 사람들이 빨리 가려고 무리하다가 심하게 망하는 경우가 훨씬 많기 때문이다. 정말 드문 '투자 천재'는 재능도 있고 노력도 해서 빨리 가든 천천히 가든 그냥 다 잘한다. 그건 스포츠에서 국가대표 수준의 사람이다. 일반인이 어떤 스포츠에서 '국대'가 되리라는, 아니 프로 수준도 못 되면서 주식에서는 국대가 될 수 있다는 환상이 다양한 방법으로 망하게 만든다. 천천히 가더라도 롱런할 수 있는 길이 그나마 가능성이 높은 길이고, 아무리 노력해도 스스로 꾸준한 성과를 쌓는 사람이 못 된다는 것을 받아들이게 될 시점이 오더라도 그 시점에서 비교적 크게 망하지 않을 수 있는 길이 이쪽이어서 이렇게 권하고 있는 것이다.

누군가 내가 투자 천재가 아니냐고 묻는다면 나는 절대로 아니다. 대신에, 나는 내가 어떤 투자를 할 수 있고 내가 어떤 성향이며 어떤 매매 형태를 가져야 하는지 스스로에 대해 파악했고, 중요하지 않은 매매에 몰입되는 것을 방지하기 위한 룰을 정했으며, 하루에 장기적인 투자에 필요한 일을 하며 오랜 시간을 보내려 했고, 투자 모임에서 브리핑을 하며 아이디어를 점검하고, 투자 동료들과의 인연을 늘려온 시간들이 쌓였다.

그렇다고 내가 투자에 재능이 1도 없냐고 하면 그건 아닐 것이다. 요즘은 투자라는 것이 누구라도 하면 잘될 수 있는지 아니면 누군가는 아무리 해도 안 되는 일인지 잘 모르겠다. 내가 다른 사람이 되어볼 수 없으니 명확히 알 수는 없지만, 적어도 내가 뛰어난 '배포'도 굉장한 '촉'도 없는, 투자 천재가 아닌 것은 분명하다. 그런 내가 어떤 방식으로 장기적인 성과를 쌓아왔는가를 적는 것이 불특정 다수에게는 그나마 의미 있는 일이 될 수 있지 않을까 한다.

운용과 매매의 사례

책을 출간하기 이전인 2025년 5월에 내 블로그에 당시의 포트를 공개한 적이 있는데, 노머스가 포트 1위에 있었다. 운용과 매매의 사례로 나쁘지 않아 보여서 노머스의 투자 과정에 관해 적어보려 한다. 매수할 때부터 포트 1위는 아니었고, 주가가 올라 포트 내 비중이 올라왔는데 이렇게 되는 것이 좋은 케이스라 생각한다.

 투자 경험은 길지 않지만 투자를 아주 열심히 해서 짧은 기간에 투자 능력이 빠르게 올라온, 모임의 동생이 지난 2024년 11월에 노머스에 대해 의견을 물어왔었다. 몇 시간 동안 이것저것 살펴보니 사업 모델이 매우 흥미로웠고, 전망도 좋고, 2025년 예상 실적 대비 저렴한 구간이었다. 게다가 신규 상장 후 주가가 급락해 있어 매수하기 꽤 좋은 상황이라 판단해 "다음 날부터 매수하면 좋겠다"라는 얘기를 해줬고 나도 매수하려고 생각했다. 그런데 예상치 못하게 다음 날 오전에 3분기 잠정 실적이 나오면서 주가가 10% 이상 올랐는데 지난 글에 적었듯이 매수하기로 결정하면 일정 부분은 매수하기 때문에 매수를 진행했다. 2만 원 이하라면 포트의 10% 선을 매수하기로 결정한 터라 상당 부분을 주가가 오르는 와중에 매수했고 이후에도 조금씩 추가 매수를 했다. 평균 매수 단가가 1만 8,000원 정도였는데 매수 이후에는 비교적 싼 구간에서 매입한 덕에 주가 변동에도 큰 위기감이 없었고, 지금은 꽤 수익이 난 상태에서 상황이 여전히 좋아지고 있는 데다 관심의 정도가 올라가는 것을 느낀다. 커버하는 애널이 있긴 했지만 상황이 좋아진다면 커버하는 애널이 늘어날 것이고, 텔레그램에서의 반응도 좀 더 좋아질 여지가 있다.

투자할 때는 북미 투어와 모바일 엔터 플랫폼 서비스인 프롬(fromm)의 아이디어가 주류였고, 중국 쪽이 잘되면 좋겠다는 생각이 있었지만 최근의 한한령 해제 분위기가 점점 현실화되면서 트리거가 되어주고 있다. 이런 부분은 운이 좀 붙은 것이다. 그런데 운이란 것도 운이 올 만한 곳을 고르고 골라 여기저기 던져 놓아야 걸리는 경우가 가끔이라도 있는 것이고, 운이 올 만한 곳을 알아보려면 그 회사의 사업 모델을 충분히 이해해야 가능하고, 그 사업이 펼쳐지는 전방 상황이 좋아지는 편이어야 생각보다 더 좋아지는 경우가 생기기도 하고, 전방 상황이 좋아야 시장에서도 관심이 좀 있게 되어 멀티플이 올라갈 여지가 생긴다. 만약 운이 없더라도 사업을 구체적으로 잘 전망하고 그리 비싼 가격에 사지 않았다면 크게 망하지는 않게 된다. 내가 공개했던 포트에서 손실 구간인 종목들은 대체로 -10~-20% 선에서 거의 바닥이 잡히고, 수익이 나는 경우는 적게는 20~30%에서 100% 이상으로 갈 수 있는 것도 이런 과정을 거치기 때문에 가능해지는 것이 아닐까 싶다.

스크리닝을 통해 일찍 산다는 것은 아주 좋아 보이는 말이지만, 주가가 성과를 보이기까지의 시간이 꽤 길 수도 있음을 의미하기도 한다. 불타기를 좋아하는 사람들은 주가가 움직이는 시기에 큰 의미를 두지만, 나처럼 물타기를 좋아하는 사람은 6개월에서 1년 안에 충분한 업사이드가 보이기만 한다면 그냥 싸게 사서 버티는 게 더 마음이 편하다. 노머스 같은 경우, 어느 정도 이슈가 되기 시작하던 시기의 주가는 2만 2,000~2만 4,000원 정도였을 것이고, 차트를 보거나 트레이딩적인 관점이 많이 가미된 사람들은 계속 저항 벽이었던 2만 5,000원대를 뚫고 올라갈 때 따라붙은 경우도 많을 것이다. 불타기를 하는 사람들은 아마 그맘때 추가 매수를 했을 가능성이 높다. 내 포트에 배정한 만큼의 물량은 이미 채웠기 때문에 이런 시점에 나는 그냥 홀딩만 할 뿐이다. 노머스 같은 경우는 아직 업사이드가 남은 것 같아 일부라도 매도하지 않고 있지만, 이 정도면 충분하다고 생각해서 내리는 사람도 있을 것이고 한한령의 의미를 모멘텀으로 본다면 엑시트를 고민하고 있을 것이다. 결과적으로 누가 맞는지도 모르고, 만약 노머스가 지금부터 더 많이 오른다 해도 노머스에서 엑시트한 사람이 엑시트를 한 이후 그 돈으로 다른 주식을 사서 수익이 나면 그것도 성공인 것이다. 이전 글에 좋은 선택을 반복할 수 있는 능력을 기르고 계속 노력하는 것이 투자의 본질이라는 의미가 이런 것이다. 뭐가 옳다 아니다 따질 필요도 없다.

다른 케이스로, 내 포트에 비올 같은 경우는 최대 주주인 DMS의 감사 의견 거절로 뜬금없이 급락하는 바람에 가격적 매력이 생겨 매수를 시작했었다. 비올은 항상 관심 종목이어서 주담 통화도 하고 리포트도 챙겨 보던 기업인데, 미국 쪽 회복이 더디고 중국 쪽은 아직 파괴력이 약한 상태라 가격이 좀 애매해서 포트에 편입하지 못하고 있었다. DMS와 비올의 경영상 관계나 재무적인 연관은 거의 없는 상태이고, DMS의 거래 정지 사유를 봤을 때 회사와 외부 감사의 갈등 끝에 외부 감사가 열받아서 거절한 느낌이었는데, 이런 경우 대체로 이의 신청을 거쳐 경영 개선 계획 등을 제출하고 시간이 좀 지나면 거래 재개가 된다. 이런 케이스가 상장폐지된다면 정말 많은 기업이 상장폐지되어야 했고, 이런 경우는 관심 없는 사람들은 모르지만 관심 있는 사람들에게는 작은 횡령 문제 등을 비롯해 가끔씩 보이는 경우다. 많은 기업을 살펴보라고 하는 이유는 이런 실적과 상관없는 일들에 대해서도 알 수 있기 때문이다. 만약, 아주 만약에 과거 우양에이치씨처럼 DMS가 분식회계 등 뭔가 엄청난 문제로 인해 상장폐지가 된다고 한들 그것 때문에 비올의 사업에 문제가 생기는 것도 아니다.

비올의 가격이 매수하기엔 애매하던 차에 주가가 10% 이상 하락하던 7,400원 정도에 매수를 시작했는데 시장이 급락하면서 생각보다 더 많이 빠져 저점이 6,400원까지 갔고, 단계별로 추가 매수를 하다 보니 평단이 7,100원 수준까지 내려왔다. 아마 굉장히 사고 싶었던 기업이었다면 비중을 더 높였겠지만 이전 가격대인 시총 5000억 수준으로 회복하면 대충 엑시트하려고 생각했기에 적당한 수준에서 매수를 멈췄다. 아마 주가가 더 떨어졌다면 더 추가 매수를 해서 평단을 내렸을 것이다. 이제 시총 5000억 수준을 회복해 노머스와는 달리 비중을 줄이는 중이다. 아마 조만간 엑시트하지 않을까 싶다.

누군가는 비올이 6,000원이나 5,000원 가는 게 리스크라고 생각했겠지만, 나에겐 포트에 설정한 범위까지는 그저 추가 매수로 평단을 낮추는 가격일 뿐이어서 큰 리스크라고 할 수 없었다. 가치투자자에게는 가격보다 사업에 문제가 생기는 것이 리스크이므로 매수 전에 사업적인 부분의 리서치를 충분히 해야 한다. 트레이딩하는 사람들에게 비올은 10% 하락할 때 끊어내고 6,400원에서 반등하며 올라갈 때 다시 샀어야 할 것이다. 불타기든 물타기든 중요치 않다고 하는 것이 이런 부분에서 적은 글이다.

노머스는 50% 넘는 수익률을 올리고 있지만 비중을 줄이지 않고, 비올은 20~30%의 수익에 만족하며 비중을 줄이고 있다.

그런데 A라는 사람은 노머스가 약간의 수익을 올린 뒤에 던지는 종목이고, 비올은 업사이드가 훨씬 커 보여서 전혀 팔지 않고 홀딩하고 있다고 하자. 비올은 나도 항상 관심을 가질 정도로 주가가 크게 갈 수 있는 잠재력이 충분한 기업이고, 노머스도 보기에 따라 그저 그런 사업으로 보일 수도 있기에 A라는 사람의 선택을 충분히 이해할 수 있다. 나랑 다르게 생각한다고 틀린 것도 아니어서 공격할 이유도 없다(자기 종목 공격하면 발끈하는 사람들이 정말 많다).

스스로 공부하고 판단한다는 것이 이런 의미다. 여기서 노머스가 오르고 비올이 안 오르면 내가 맞고 A라는 사람이 틀린 것도 아니고, 노머스가 떨어지고 비올이 오르면 내가 틀리고 A라는 사람이 맞는 것도 아니다.

그냥 각자가 미래 전망을 근거로 한 기업 가치에 따라 '다른 기대수익률'로 각자의 투자를 하고 있는 것일 뿐, 옳고 그름을 나눌 필요는 없다. 가치투자를 한다면서 이것도 저것도 제대로 안 하고 대충 샀다가, 떨어지면 불안해하고, 불안해서 팔고, 팔고 나서 오르면 후회하고, 다시 샀다가 다시 떨어지면 다시 불안해하고…… 뭐 이런 상황이 반복되는데도 그 반복되는 원인에 대한 고민도 개선도 노력도 없이, 손실이 반복되어도 투자를 그만두지 않고, '도대체 나는 왜 이렇게 투자를 못할까' 생각만 하는 그런 사람이 틀린 것일 뿐이다. 투자를 못하는 것이 아니라 투자를 잘할 수 있는 과정 자체를 거치지 않았다는 것을 인지하고 그에 대한 노력을 해야 한다. 만약 장기간 노력해도 안 된다면 투자를 안 하거나 간접투자를 하거나 기대수익률을 극단적으로 낮추고 극보수적으로 운영해야 한다.

나에게 노머스 같은 경우는 여러모로 좋은 케이스로 가고 있다. 기업이 좋아지는 상황을 변화가 크지 않을 때 일찍 발견하여 시장에 알려지기보다 한두 분기 일찍 '싼 가격'에 진입하여 똬리를 틀 수 있었고, 회사 상황도 아이디어대로 되거나 좀 더 잘되고 있고, 한한령 해제라는 기대는 했지만 전망할 수는 없었던 상황이 잘 풀리고 있고, 이래저래 회자되며 주가가 변동이 심하지만 수익이 어느 정도 난 상태여서 그 변동을 조금은 덜 힘들게 약간은 여유 있게 바라볼 수 있다. 그렇다고 지난 6개월여를 보유하는 동안 힘들지 않았냐 하면 그것은 절대 아니다.

11월에 매수할 때는 1~2월쯤이면 공모가 3만 원 수준을 회복할 수 있지 않을까 기대했다. 나는 회사의 사업 모델을 좋게 봤고, 2025년은 엔터 시장이 좋을 것이라 생각해 시장에서도 금방 알아봐줄 줄 알았다. 하지만 2만 5,000원을 찍고 고꾸라진 것이 서너 차례였다. 만약 내가 노머스를 비올처럼 적당히 매도할 기업으로 판단하여 2만 5,000원이 목표가였다면 사고팔고 해서 훨씬 수익이 컸을 수도 있다. 지금 3만 원을 찍고 내려왔는데 또 이전처럼 주르륵 흘러내릴 수도 있지만 그래도 감수할 생각으로 팔지 않고 홀딩하고 있다. 이것도 결코 쉬운 일이 아니다. 그런데 비중을 꽤 싣지도 않고 참여하지도 않는 사람에게는 지난 6개월이 그렇게 어려워 보이지 않는다. 그래도 이렇게 수익 났으니 되지 않았냐고 쉽게 말한다.

투자를 열심히 하는 사람에게 몇 개월은 무척 긴 시간이다. 몇 년은 말할 것도 없다. 내가 지난 글에서 퀄리티 기업을 몇 배의 수익률을 기대하며 처음부터 몇 년간 홀딩할 생각으로 접근하지 말고 6개월에서 1년 정도를 끊어 생각하라는 것도 비슷한 이유다. 전업이나 투자를 열심히 하는 사람에게 1년은 분기 실적이 네 번이나 지나가는 긴 시간인데 그 시간 동안 홀딩을 하려면 분기 실적 네 번 동안 좋은 종목이 있어도 다 흘려보내야 한다는 얘기다. 그러니 좋은 기업이라 판단했다 하더라도 1년 홀딩해보고 여전히 좋고 업사이드가 충분하면 또 1년…… 이런 식으로 연장해가는 게 좋다. 솔직히 내년 일도 모르는데 3년 후를 그려본들 그게 얼마나 맞겠는가(직장인이나 전문직으로 본업이 있다면 몇 년의 긴 시계열도 나쁘지 않고 배당주 투자나 가치주 투자 모두 좋다. 내 글들은 대부분 전업이나 투자를 아주 열심히 하는 사람에게 하는 말이니 착오 없길 바란다).

12월에 처음 2만 5,000원을 찍었을 때 공모가를 금방 회복할 줄 알고 홀딩을 했었다. 지난 12월은 여러 이유로 주식시장이 박살 나는 와중에도 노머스는 주가가 오르고 있었고, 그 와중에도 홀딩했다는 것은 주가가 떨어진 다른 많은 기업들에 대한 투자

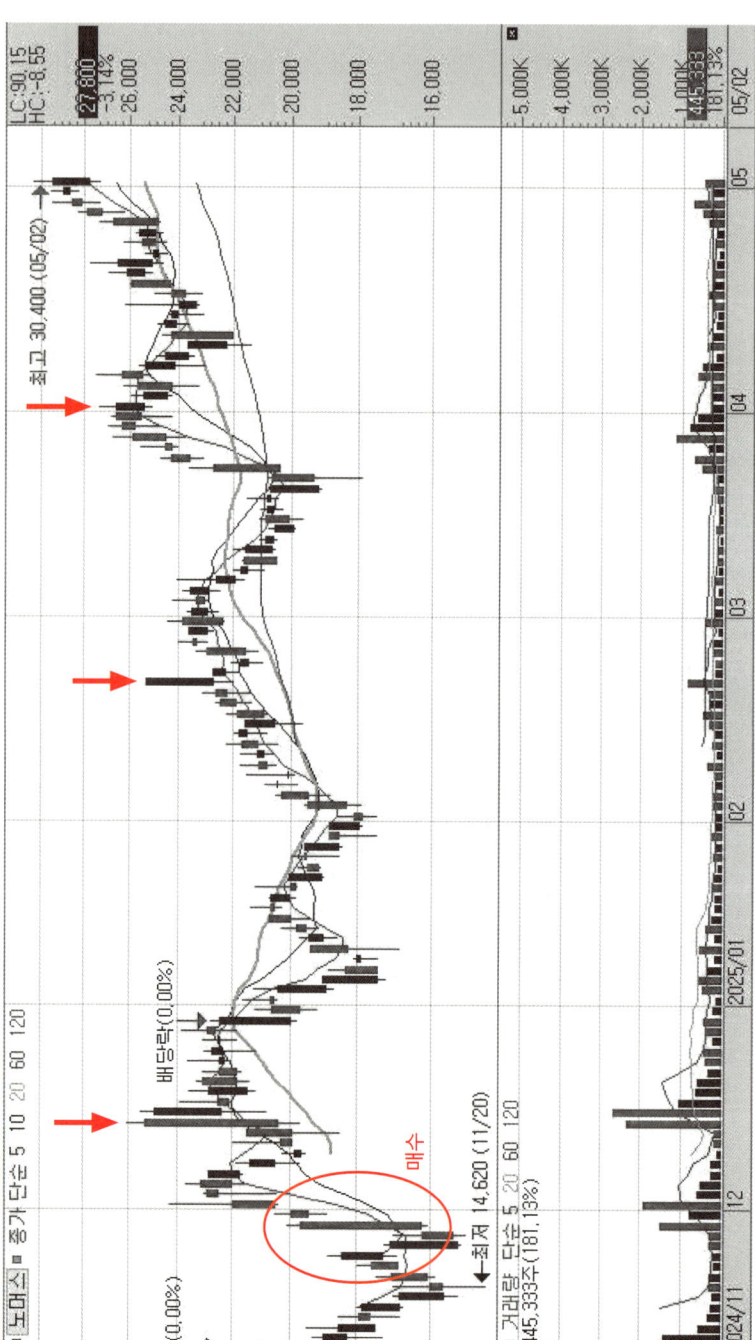

그림 2. 노머스 일봉

기회를 흘려보냈어야 했다는 의미다. 그리고 1월부터 시장이 회복하는데 노머스는 거꾸로 주가가 2만 원이 깨져 매도하지 않은 것을 후회했고 내가 회사에 대해 뭔가 잘못 판단한 것이 없나 불안했다. 하지만 여러 가지를 확인해봐도 상황은 괜찮았고, 짜증은 나지만 내 평단 아래인 1만 7,000원 선이 오면 추가 매수를 계획했으나 다행인지 불행인지 그 가격이 오지 않아 홀딩만 하게 되었다.

두 번째 2만 5,000원이 되었을 때는 한한령 해제로 모멘텀이 붙어 갭 상승으로 시작했고 장 시작 전에 비중에 대해 고민하다가 그냥 홀딩했는데 또 미끄러져 2만 원이 깨졌다. 또 후회했다.

그다음 2만 5,000원이 넘었을 때는 또 미끄러질까 싶어 비중 조절에 대한 고민을 엄청 했다. 그러나 매도하지 않고 겨우겨우 그 시기가 지나갔고 이제서야 3만 원 찍고 다시 조정이 와서 2만 7,000원대가 되었는데 또다시 비중 조절을 고민하고 있다. 일단 조금 팔면 자꾸 팔고 싶을 것 같아 버티고 있을 뿐, 뭔가 대단한 이유는 없다. 내가 생각할 때는 업사이드가 더 있을 것 같아 보여서 그냥 있는 거지 그게 맞을지 틀릴지에 대한 자신은 충만하지 않다.

투자 전략이라는 것이 이런 부분에 작용한다. 나는 추세추종은 잘 모르지만, 주가가 꺾이는 70~80%의 종목들에 대한 기계적 손절을 발판 삼아 크게 가는 20~30%의 종목들을 놓치지 않는 것으로 알고 있다. 거꾸로 말하면 크게 가는 20~30%를 놓치면 그냥 손실만 쌓이는 것이란 거고, 그래서 그 20~30%를 붙잡고 버티는 것이 그 무엇보다 중요하다.

이것을 내게 적용해보면, 나는 매매를 엉망으로 하니까 2만 5,000원에 팔아서 여러 번 수익 내는 걸 못하는데, 적어도 내가 업사이드가 더 크다고 판단한 기업에서 쉽게 내리면 기대하는 연평균 수익률을 쌓을 수 없게 되는 것이다. 그래서 항상 주력 기업을 찾는 데 많은 노력을 들이고 그 기회를 잡으면 내가 목표하는 선까지 버티는데, 그 와중에 절반 이상은 내 생각과 달리 고꾸라지지만 가끔 생각대로 되는 기업에서 꽤 큰 수익을 얻는 것이다. 이걸 못하면 내가 기대하는 연평균 수익률을 달성할 수 있는 기회가 요원해진다. 목표하는 연평균 수익률이란 그 연평균 수익률을 매년 하겠다는 것이 아니다. 한 해 한 해는 될 수도 안 될 수도 있지만 오랜 기간 동안의 연평균이고, 그 연평균을 해낼 수 있는 전략으로 투자를 진행해야 그것의 달성 가능성이 약간이라도 생기는 것이다. 그 연평균을 해낼 수 없는 전략으로 진행하면서 장기간 목표 연평균을 달성하려는 것은 불가능한 목표를 목표로 잡고 있는 꼴이다.

주력 종목이 될 종목을 찾는 와중에 주력 종목 정도는 아니지만 괜찮은 기업은 편입하고, 그런 기업은 적당히 수익 내고 엑시트하게 된다. 그런데 그런 기업의 주가가 훨씬 잘 가는 경우도 아주 많았다. 그런 경우에는 놓친 아쉬움이 있지만 다음에는 놓치지 않으려고 그 기업의 주가가 왜 그렇게 오르는지에 대해 더 공부를 하게 되고 그렇게 기업에 대한 공부와 함께 사업의 이해와 주식시장의 경험이 쌓여가는 것이다. 지금도 여전히 그런 경우가 비일비재하다. 어쩌면 노머스보다 비올이 훨씬 더 잘 갈지도 모른다고 생각된다. 투자를 잘하는 것처럼 여겨지는 사람이나 그렇지 않은 사람이나 모두 다 어렵고 헷갈리고 고민된다.

투자로 장기간 성과를 낸 사람은 모든 것을 잘 알 것이라 생각지 말고, 언제나 옳은 선택을 할 것이라고 생각하지 마라. 그러니 소액이든 고액이든 유료 리딩방도 똑같다고 생각하면 된다. 그들도 잘 모른다. 잘 모르는데 아는 척, 맞는 척 그리고 기도하는 것뿐이다. 아는 척을 많이 할수록 사기에 가깝다고 보면 거의 정확할 것이다. 투자를 오래 잘해온 사람들은 자신들의 수익에 운이 많이 작용했음을 부정할 사람은 거의 없기 때문에 리딩방 같은 걸 하지 않는다. 기업이 잘되는 과정 속에도 운이 많이 작용하는데 그 기업에 투자하는 사람에게 운이 작용하지 않는다면 그야말로 웃긴 소리 아니겠는가.

'견디는' 투자가 아닌 '그저 보유'하는 투자

전업한 이후 얼마 되지 않은 시기에 화학 관련주나 철강 같은 경기 순환주, 즉 시클리컬 산업에 투자를 했다가, 시클리컬 산업은 실적과 주가가 동행하지 않는 경우가 많다는 것을 뒤늦게 깨달았던 적이 있다. 시클리컬은 '고PER에 사서 저PER에 팔아라'라는 이야기가 있지만, 실제로 내 관심 종목에 들어올 때는 저PER일 때가 대부분이어서 싸다는 관점으로 접근하는 경우가 많았다. 그러나 대체로 그게 사이클의 고점인 경우여서 실적이 한창 잘 나오던 분기에도 주가가 하락을 면치 못했고, 실적 하락을 못 견디고 저점에 팔고 나면 기다렸다는 듯 상승하던 그런 흐름을 겪었었다. 당시에는 명확하게 이해하지 못했지만 시간이 지나보니 '고PER에 사서 저PER에 팔라'는 말을 진정으로 이해하게 되었다.

　문제는 고PER에 산다는 것이 쉽지 않다는 점이었다. 시클리컬이라는 것은 수요가 거의 일정하거나 약간이라도 성장하는 상황에서 공급단의 문제로 인해 과잉이 되거나 부족해지면서 병목이 생기는 상황으로 사이클이 발생한다(좀 길게 보면 모든 산업이 사이클이기는 하지만, 자본주의의 속성으로 인해 자연스럽게 발생하는 사이클은 제외하자). 일반적인 시클리컬 산업에서는 고PER이 되는 공급 과잉 시기에는 망할 것만 같은 악재들이 쏟아져 나오고, 저PER이 되는 쇼티지인 시기에는 지금은 고점이 아닐 것만 같은 호재들과 실적이 쏟아져 나온다. 그리고 정말 망해서 사라질 것 같은 최악 중의 최악인 시기에 주가를 보면 어느새 바닥에서 어느 정도 올라와 있고, 최고의 실적이 찍히면서 아무리 피크아웃이라 해도 이 가격은 너무 심하다고 생각되는 시기에 주가를 보면 어느새 고점을 찍고 내려와 있다. 아마도 주식이 6개월 선행한다는 것은 이러한 시클리컬의 속성을 반영한 격언이 아닌가 싶다.

　문제는 고PER이 되다 못해 적자가 심해져서 주가가 바닥을 뚫고 지하실로 내려갈 때, 그러니까 실적이 아주 나쁘고 주가도 내려와서 싸진 주식을 '내'가 마음 편히 보유할 수 있는, 혹은 기쁘게 비중을 올릴 수 있는 투자자인가 하는 점이다. 시클리컬 투자를 잘하는 사람들은 당장의 실적보다는 '기업 가치보다 현재 주가가 싼가'에 초점이 있고 분기 실적 따먹기를 하는 게 아니라 쌀 때 모아서 정확히 언제가 될지는 모르지만 업황이 최악을 지나는 시기까지 주식을 충분히 모으는 사람이다. 나 같은 경우에는 시클리컬 투자를 하려고 노력해봤지만 시도할 때마다 번번이 실적이 하락하는 구간에 점점 비중을 높이는 게 어렵다는 사실만 깨달았고, 업황이 나빠질 때는 나의 예상보다 더 나빠져서 내가 생각하던 한계치를 뚫고 내려가버려 내 심신을 망가뜨렸다. 그래서 잘 버티다가 겨우 본전에서야 엑시트하곤 했고 주가는 그 이후에 날아가버린 경험이 부지기수였는데 주식의 손익을 떠나 보유 자체가 굉장히 힘든 시간이었다.

반도체는 '성장 산업'과 '시클리컬'적인 속성을 모두 가지고 있는데, 반도체 산업의 '상승 구간'에서는 '성장주' 대접을 받고, '하락 구간'에서는 '시클리컬'의 속성을 명확하게 드러낸다. 그래서 한국의 주식시장에서 반도체의 상승 구간에서는 반도체를 안 볼 수가 없기 때문에 반도체 산업 공부를 충분히 해야 하고, 하락 구간에서는 시클리컬의 속성을 각오해야 한다. 나의 경우는 2015~2016년경에 반도체 회사가 가장 주력이었는데, 당시에 반도체의 이런 속성을 굉장히 강렬하게 느꼈었다. 2016년의 중국발 이슈가 겹쳐 주가가 크게 하락했을 때 거의 자포자기했던 순간에, 언제 그랬냐는 듯 업황의 턴을 인지하기도 전에 주가가 먼저 올라가 있는 경험을 하면서 반도체 투자의 시클리컬 속성을 크게 깨달았던 것 같다. 관련 주식을 한가득 들고 시클리컬의 사이클을 겪는 것과 그냥 구경하면서 느끼는 것은 심리적으로 천지 차이다. 관련 주식을 한가득 들고 각오 없이 시클리컬의 하락 사이클을 지나는 것은 '한 달이 일 년' 같다. 반대로 그런 시클리컬의 속성을 충분히 알고 예상하며 진입한 사람들은 '한 달이 일주일' 정도로 느껴질 수도 있는 것이다. 속성을 충분히 이해하고 각오한 사람에게는 그게 당연한 일이기 때문이다. 하락 사이클에 실적이 안 나와서 걱정하는 게 아니라, 생각보다 더 나빠져서 주가가 더 떨어지는 걸 더 좋아할 수도 있는 것이다.

문제는 '나'라는 사람은 시클리컬의 하락 사이클을 견디기가 어려웠다. 실적이 안 나오는 것도 싫은데, 그로 인해 주가가 떨어지는 것은 더 싫고, 그 시기에 실적이 잘 나오는 기업들로 교체하지 않는 것도 너무 힘들었다. 그래서 나는 시클리컬 산업을 비중 있게 투자하지 않는다. 투자 성과를 떠나, '하락기'에 주식을 사야 하는데 실적이 망가지는 동안 보유하는 게 나로서는 마음이 불편했다.

그래서 반도체 산업은 업황이 나쁘지 않을 때는 좋은 종목이 있으면 비중을 높이는 편이지만, 하락 사이클에서는 편입하는 기업이 있더라도 웬만해서는 비중을 높이지 않는다. 반도체 하락 사이클에서는 개별 종목의 실적이 잘 나와도 섹터 영향으로 주가가 슈팅하기는 쉽지 않은 데다, 언제 갑자기 업황이 돌아설지 모르므로 완전히 배제하기도 어려워 적당히 보유하려고 하는 편이다. 하지만 반도체 투자를 잘하는 사람들은 하락기에 잔뜩 모아서 상승기에 수익금을 크게 가져가는 투자를 하는 경우가 많다. 그건 화학이나 다른 시클리컬도 마찬가지일 것이다. 나는 그게 잘 안 된다. 그런 투자를 하면 보유 기간 내내 마음이 불편해서 하루가 일주일 같고, 일주일이 한 달 같고, 한 달이 일 년 같아져서…… 시클리컬 투자를 잘 안 하게 되었다.

투자는 보유 기간이 '견디는 시간'이 되면 투자를 잘할 수가 없다. 투자하는 기간 동안 내가 예상하는 결과가 나오면 주가가 오를 것이라는 자신이 있어야 '그저 보유'하게 되는 것이고, 그저 보유할 수 있도록 우리는 이렇게 리서치하고 공부해서 그 근거를 쌓아가는 것이다.

투자를 잘하는 사람들을 보면 시클리컬은 시클리컬답게, 성장주는 성장주답게, 자산주는 자산주답게, 배당주는 배당주답게, 가치주는 가치주답게, 그 속성에 맞게 투자하는 것이 아닐까 한다.

투자가 괴로우면, 그냥 보유하는 게 아니라 하루하루 버텨야 하는 투자라면 결국 한정된 에너지인 의지는 고갈되어 오래가지 못한다. 물론 투자자라면 당연히 공부를 통해 투자의 섹터를 늘려가야 하고, 가능한 한 많은 섹터에 투자해봐야 한다. 하지만 본인의 성향이나 투자 철학과 배치되어 도저히 투자하기 힘든 분야를 배제하는 건 그럴 수 있다고 본다. 본인이 잘할 수 있고, 적어도 괴롭지는 않은 투자를 해야 한다는 이야기다.

제3장

누군가에게 투자를 가르쳐준다면

투자에도 단계가 있다

가치투자자로서 적어도 기본은 잡혔다고 여겨지는 시점이 주식을 '가격'의 개념으로 접근하게 되었을 때라고 생각한다. 가격은 이 회사를 통째로 살 때의 가격, 즉 시총일 것이고, 어떤 회사가 가진 자산 혹은 벌어들이는 이익, 배당 등의 여러 요소들을 감안하여 내가 얼마만큼의 가격을 지불할 수 있는가라는 생각이 가장 먼저 작동하게 되는 것을 말한다.

이것은 현실 세계에서 물건을 사거나 서비스를 받을 때 내가 지불할 수 있는 가격의 범위를 스스로 어느 정도 가늠하는 것과 비슷한 논리의 작동이다. 간혹 굉장히 희귀한 경매품, 유명인의 소장품 등은 그 물건이 가진 스토리와 한정된 수량으로 인해 경쟁에 따라 터무니없는 가격이 매겨지기도 하지만, 주식은 그렇게 희소한 재화가 아니므로 통상적인 상황에서 판단하는 가격과 비슷한 개념일 것이다. 이런 가격에 대한 기준이 자동으로 작동하면 새우깡이 품절 대란이 일어난다고 한들 누군가 10만 원에 사 먹는다고 하면 미쳤다고 하며 몇천 원짜리 양파깡을 사 먹을 것처럼, 주식에서도 이 회사가 가진 가치를 아무리 후하게 쳐준다고 해도 터무니없는 시총이라면 섣불리 매수로 이어지지 않는 것이 가치투자자로서 갖추어야 할 가장 기본 중의 기본이라고 볼 수 있겠다.

이런 가치투자자에게 가장 힘든 일 중 하나는 터무니없는 시총을 형성하고 있는 회사의 주가가 더 터무니없이 높아져서, 터무니없는 가격에 산 사람들이 큰돈을 벌어가는 것을 보는 것이다. 그러면 가격에 대한 자신의 기준이 명확하지 않은 사람들은 주식시장에만 적용하는 가격의 기준을 작동시키게 된다. 현실 세계에서는 말도 안 되는 가격이지만 주식시장에서는 주식시장의 룰을 따라야 한다고 생각하는 것이다. 가격에 대한 자신의 기준이 명확한 사람들은 아무리 부러워도 쉽게 뛰어들지 않고, 행여 매수하더라도 자신이 어떤 가격에 그 주식을 샀는지 알고 있으므로 거기에 맞는 대응을 하려는 준비는 하고 있게 된다. 이렇듯 가치투자는 기본적으로 '가격'에 베이스를 두기 때문에 주식을 시총이라는 가격의 개념으로 접근하는 것을 당연시하게 되면 가장 기본이 된 것으로 볼 수 있을 것이다.

가격이 기준점이 되면 오류에 빠지기 쉬운 부분에서 기준을 가질 수 있게 되고, 그 기준은 회사의 가치와 가격에서 균형감을 가질 수 있게 해준다. 우리가 현실 세계에서 물건을 살 때는 가격의 범위가 대충 알려져 있고, 시장에서 공식적인 가격이 형성되지 않은 개별적인 물품이나 서비스, 예를 들어 인테리어를 한다거나 설비를 한다거나 하면 여기저기 견적을 받아보며 조사하는 것처럼 주식도 회사에 대해 이리저리 살펴보며 어느 정도 값을 줄 수 있을지 조사하는 과정을 거치게 된다.

  그런데 투자 이야기를 하다 보면, 투자하고 싶은 회사의 투자 가치를 이야기할 때 그 회사의 강점과 장점, 미래의 모습만을 읊어대거나, 투자하기 싫은 회사의 어두운 미래 전망 혹은 자산 가치의 할인 등 약점만을 계속 이야기하는 사람들이 있다. 회사의 전망이 밝거나 아니거나 그 사이에 '가격'의 개념이 접목되어, 이렇게 미래가 밝은데 이 정도 가격이면? 이라거나, 이렇게 약점이 많지만 이 정도 가격이면? 이라는 생각이 자동적으로 떠올라야 하는데, 가격은 빠지고 사업이나 회사에 대해서만 이야기하는 것이다. 그러면 토론의 진행에서 서로 다른 이야기를 하게 된다. '이 회사가 이러이러한데 이 가격이면 괜찮지 않나'라는 회사의 내용과 가격이 항상 붙어 다녀야 한다.

  이런 이야기를 하면 과거의 테슬라 등 한 시대를 대표하면서 현재 실적과 가격으로는 설명할 수 없지만 미래의 모습을 대입시켜 굉장히 높은 밸류를 정당화하며 엄청난 성과를 누리는 기업들에 투자할 수 없지 않느냐라거나 실제 산업의 성장보다 주가에서 먼저 반영되는 기업들에 투자할 수 없지 않느냐 하는 이야기를 한다.

옳은 말이다. 가격에 기준을 너무 강하게 두면 그런 회사들에 투자할 수 있는 기회를 많이 놓치고 아쉬워하게 된다. 하지만 모든 일에는 단계가 있듯이 가격을 기준으로 투자하여 가격의 개념이 자동으로 작동하는 뇌 구조가 갖추어져 있어야 성장하는 기업의 가격이 현재 좀 싸지 않더라도 투자할 만한 가치가 있는지 판단을 내릴 만한 밸런스 있는 감각이 생긴다고 생각한다. 가격에 기반을 두고 싼 회사만 찾기보다 훌륭한 사업 모델을 가진 기업이나, 성장이 확실한 산업의 탁월한 기업들을 선택하여 장기투자하는 것은 투자자로서 조금 더 높은 레벨에 이르는 것이다. 버핏이 그레이엄에게서 배웠지만 저렴한 쓰레기를 사는 실수를 한 이후에 피셔를 만나 좋은 품질의 적당한 가격의 회사를 사는 것이 더 좋은 투자임을 깨달은 것과 비슷한 과정으로 보인다. 버핏이 (일반적인 주식투자의 형태와는 차이가 있긴 해도) 그렇게 장기간 복리의 성과를 올리는 것은 겸손하게 스스로를 낮추고 쉬운 투자를 하는 듯 이야기하지만, 실상은 높은 수준의 투자를 하고 있는 것이다.

가격이 싼 기업에 투자해서 내가 좀 실수를 해도 큰 피해를 입지 않으려 하는 것이 가치투자의 기본이다. 속도가 조금 더딜지언정 장기적으로 보았을 때는 더 안전하게 복리를 추구할 수 있는 방법이지만, 현실 속의 주식시장에서는 가치투자적으로 좋은 사업 모델을 가지고 있으면서도 싼 회사를 찾기가 많이 어려워 졌다. 물론 계속 찾아보는 노력을 해야겠지만 그런 회사를 찾았을 때만 투자하려다가는 손가락만 빨고 있어야 될 것이므로 적절한 밸런스로 지금 가격이, 앞으로 싼 가격이 될 회사를 찾아야 연속적으로 투자를 이어갈 수 있다.

가격에 너무 치중하면 장기간 홀딩하며 수익을 극대화하기가 어려워지는데 투자하면서 어쩔 수 없이 겪어야만 하는 과정이다. 투자한 지 얼마 안 된 사람들이 가장 많이 하는 말이 "아~ 이 주식을 그때 샀으면 지금 얼마인데…… 열 배나 올랐는데……" 하는 푸념이다. 이게 얼마나 공허한 소리인가 하면, 그때 사는 것보다도 열 배 오를 때까지 의지를 가지고 보유하는 것이 백만 배쯤 어렵기 때문이다. 사놓은 걸 까먹지 않았다면 말이다.

특히나 가격을 기준으로 두는 투자의 기본을 거친 사람이라면 더 어려워진다. 그 회사의 주가가 오르면 오를수록 가격의 메리트는 점점 떨어지기 때문에 다른 가격적인 메리트가 있는 회사로 옮기는 게 더 합리적으로 보일 수도 있기 때문이다. 이런 부분은 정답이 없고, 자신의 투자 스타일이나 운용 철학에 따라 달라지겠지만, 열 배까지는 아니더라도 한두 배까지는 홀딩해서 크게 수익을 얻어본 경험을 가져보는 것은 꼭 필요한 듯싶다. 어느 정도의 부담되는 금액을 베팅해서 투자로 큰돈을 벌 수 있다는 실제적인 경험을 하는 것이 투자에 진정으로 열의를 불어넣어주고, 추후에도 주가의 출렁임으로 도로아미타불이 될 것을 무서워하면서도 홀딩할 수 있는 의지를 북돋워주는 것이다. 즉 작은 수익을 포기할 줄 알게 됨으로써 차트에 대한 의존도를 줄이고 리서치의 강도를 높여주어 투자의 선순환을 이끌어가게 된다. 그리고 회사가 변하면 주가가 거기에 걸맞게 따라온다는 투자자로서의 가장 중요한 기본 마인드가 자리 잡히게 되는 것이다.

투자 초기에 가장 헛다리를 많이 짚는 부분이, 회사와 주가를 따로 보는 데서 오는 경우가 많은 것 같다. 그게 아마 대체로 대선 테마주 같은, 말도 안 되는 주가 흐름을 보이는 회사들이 이슈가 되는 경우가 많고, 그 말도 안 되는 흐름 속에서 트레이딩을 해대려 했던 사람들은 회사와 주가는 별개로 두고 주식은 도박판이라고 받아들이게 되는 것이다. 투자를 그렇게 인식하면 투자로 장기간 성공하긴 물 건너가는 일이 된다. 주가의 흐름은 예상할 수 없는데 주가만 바라보기 때문이다. 회사의 미래는 맞든 틀리든 예상할 수 있는데, 회사의 미래에 따라 주가가 거기에 걸맞게 움직인다는 확신을 가질 수 있어야 예상하는 기준점이 생기고, 그 기준점에 따라 예측 불가의 주가를 어느 정도 예측할 수 있기 때문이다. 즉 그 회사의 미래가 성공적일 때 예상하는 주가가 되기까지 그 어떤 난리 블루스를 추거나 시간적 갭이 있더라도 결국은 '회사의 미래가 성공하면 주가는 거기에 걸맞게 된다'는 믿음이 필요하다. 그래야 홀딩할 수 있고, 트레이딩이 아닌 투자를 할 수 있게 된다. 회사의 변화와 상관없이 주가의 변동에 따른 매매만을 좇는 게 아니라, 회사가 예상대로 좋아지면 내가 돈을 벌고 회사가 예상과 다르게 망하면 돈을 잃는다는 생각을 해야 한다. 그래야 회사의 미래에 대한 나의 예측치가 맞을 확률이 높도록 최선을 다해 리서치하여 맞힐 가능성을 높이고 그 결과로 성적표를 받는 것이 투자라고 할 수 있다.

이렇게만 할 수 있으면 참 쉽겠지만 현실은 그렇지 않다. 투자에서는 어느 절대자가 룰을 정해서 성공의 정도에 따라 혹은 실패의 정도에 따라 주가의 범위를 정해주지 않는다. 그래서 올해 어느 회사들이 똑같이 100억을 벌더라도 시총의 격차는 정말 천양지차다. 지금은 100억을 벌더라도 내년은? 혹은 내후년은? 그리고 그게 실현될 가능성은? 대주주는? 부채는? 자금 조달은? 경쟁사는? 또 다른 변수는? 앞으로 계속 성장해나갈지? 성장의 폭은? 잘못될 가능성은? 잘못되면 어느 정도 잘못될지? 등등 수많은 변수와 수많은 시장 참여자들로 인해 제각각의 주가를 형성한다.

가격에 기준을 두고 투자하다가, 기업의 품질로 넘어가는 시점에서 가상 오류에 많이 빠지는 부분이다. 가격만 씨면 오로지 최고라고 하다 보면 시클리컬의 고점이나 사양 산업의 자산주에 매몰되는 경우가 왕왕 있고 도무지 받아들이기 힘들어하기도 한다. 나도 이런 경우에 많이 허우적댔고 지금도 좀 그런데, 답을 모르겠어서 표본을 많이 늘리려고 했다. 도대체 어떤 회사들이 주가가 잘 오르는지 사지는 않더라도 많이 살펴봤던 것 같다. 내용을 볼 때는 사업에서 성장하는 부분, 그리고 이익에 대비한 시총 규모나 그 사업이 고평가를 받을 수 있는 이유, 어떤 시기에 주가가 올랐고, 어떤 시기에 피크를 찍었는지 숫자와 대비해서 대략적으로 차트도 함께 보려 했고, 특히 현재 시장에서 뜨거운 섹터나 뜨거운 종목은 비싸더라도 항상 내용을 파악하려고 했다.

이런 공부를 하기 딱 좋은 시기가 분기 실적 시즌이다. 관심 없는 회사는 공부할 맛도 안 나는데, 실적 시즌 때는 좋아진 회사가 눈에 띄기 마련이고 그게 투자할 가격의 범위에 있든 아니든 왜 이렇게 되었는지 흥미가 생기는 기업들이 분명 있다. 투자를 빨리 잘하려면 약간의 흥미에도 다 살펴봐야 할 것이고, 드문드문 살펴보면 좀 더 오랜 기간이 걸릴 것이다. 이런 과정이 귀찮고 짜증 나도 나름 재미가 느껴진다면 좋고, 그런 사람은 아마 투자 능력이 빨리 향상될 것이다. 주식 천재가 아니라면 결국 '공부의 양'이 중요하기 때문이다. 물론 쉽지 않은 일이고, 본업이 있는 사람은 더 힘든 일이 될 것이다. 그러나 분명한 점은, 쉽지 않지만 들이는 노력에 비해 돈을 가장 많이 벌 수 있는 게 주식시장이니까 가장 중요한 일이 아닌가 싶기도 하고 이렇게 공부를 좀 한 것들이 계속 써먹힌다는 것이다. 고등학생 시절 배우던 미적분은 그때뿐이지만 말이다.

요약하면 가격의 기준점, 가격에만 기준을 둘 때의 함정, 좋은 회사와 가격의 밸런스, 많은 기업의 내용과 시총 등을 살펴본 사례의 누적 그리고 운용과 철학과 욕심의 제어라고 할 수 있다. 누구나 할 수 있는 게 투자라고 말하고 싶지는 않다. 하지만 내가 볼 때는 대체로 '공부의 양'이 아직 충분치 않은데 머리 탓을 하는 사람이 훨씬 많은 듯하다. 내가 장담컨대 주식시장이, 하는 노력에 비해선 돈을 가장 많이 벌 수 있는 곳 중 하나임은 분명하니 먼저 '공부의 양'을 늘려서 아는 회사가 많아질 때까지 반복해보는 게 어떨까 한다.

그놈의 유튜브 주식 방송 좀 그만들 보시고.

투자 모임을 만들다

2018년 중반쯤에, 전업을 시작한 이래 첫 단계 목표한 자산을 이루었다. 나로서는 뭔가 큰 산을 넘은 기분이었고, 지금 되돌아보면 좀 건방진 생각이지만, 투자에 대해 뭔가 좀 알겠다는 생각과 함께 자신감도 넘치던 시기였던 것 같다.

돌이켜 생각하면 이 시기가 나의 전성기라면 전성기라 할 수 있는데, 성과가 좋아서 전성기가 아니라 투자에 대한 자신감이나 선택에 대한 확신, 그리고 주가 변동에 휘둘리지 않고 보유하는 의지, 리서치 능력과 부지런함 등이 모두 조화를 이루고 있어서 이렇게 해나가면 계속 잘할 수 있을 듯한 충만함이 있었다.

그러다 문득, 투자에 능숙하지는 않더라도 열심히 할 의지가 있는 사람들을 모아 모임을 만들면 내가 겪은 그간의 투자 경험과 성과를 통해 느낀 것들을 이야기해주며 도움을 줄 수 있을 것 같고, 나보다 어린 친구들과 어울리다 보면 나도 배울 점이 많지 않을까 하는 생각에 투자 모임을 만들어보기로 했다. 당시에는 가치투자연구소 카페에서 꾸준히 활동하던 터라 모임 모집 글을 올리고 나니 지원자가 100명은 될 정도로 많았고 그중에서 장기간 함께하기 좋을 것 같은 동생들을 뽑아 모임을 진행하게 되었다.

서울·경기·대구·경남 등 다양한 지역에서 다 모인다고 하여 모임 명칭을 '다모임'이라 짓고 처음에는 나까지 9명으로 시작했는데, 이후 여러 번의 충원을 거쳐 지금은 15명 정도가 함께하는 대가족 모임이 되었다. 성수동에 카페를 오픈해서 일요일에 시간을 내기 어려운 한 명을 제외하면 한 사람의 탈퇴도 없이 월 1회 모임을 지금도 진행하고 있다. 당시에는 내가 열정도 넘치고 자신감도 충만할 때여서 모임 때마다 조언(잔소리)을 많이 하는 바람에 모임 후 집에 오면 항상 목이 아플 지경이었고 지치고 피곤해서 쓰러지듯 잠들곤 했었다. 조언을 하려면 모임원이 발표하는 내용을 아주 집중해서 듣고 문제점을 지적해야 하고, 그 반박을 논리로 이겨내야 해서 여간 힘든 일이 아니었다. 이후로도 두 개의 모임을 새롭게 만들었는데 그 모임들도 한동안은 빡세게 조언과 지적질을 하고, 시간이 좀 지난 뒤에는 모두가 열심히 해오면서 모임의 발표를 그냥 편하게 듣는다.

모임을 만든 이후 어떤 기업에 대해 발표할 때 작성하는 양식을 정했는데, 내가 그 당시 자료를 만들 때 사용하던 것이었다. 나도 주식투자를 어디에서 배운 것이 아니었기 때문에 처음부터 이런 양식을 정해놓고 자료를 만든 것은 아니었다. 처음에 자료를 만들 때는 내용이 많고 자세하면 좋은 것인 줄 알고 그냥 조사한 내용을 다 때려 넣기도 했고, 투자에서 뭐가 중요하고 뭐가 중요하지 않은지조차 모르던 시절이 있었다. 그러다 보니 처음에 기업 분석을 할 때 어디에서 시작해야 할지, 뭘 조사해야 할지도 모르던 암담함이 있었고, 시간이 지나면서 좌충우돌 끝에 이런 식으로 자료를 만들면 투자에 필요한 대부분의 내용이 들어가고 발표를 듣는 사람도 기업에 대해 이해하기 쉽겠다 싶은 양식이 만들어졌다.

다모임을 시작하면서 모임원들에게 이 양식으로 순서에 맞게 작성해서 발표하도록 했는데, 양식이 일정하면 발표 자료 작성에 익숙지 않은 사람도 어디서부터 시작해야 할지에 대한 막막함을 벗어나 일단 자료 작성을 시작할 수 있다. 그리고 빈칸을 채워가듯 필요한 내용을 작성하다 보면 투자에 필요한 기본적인 내용을 어디에서 찾아야 하는지도 알게 된다. 그리고 사업 내용이나 투자 아이디어 등 발표 자료에 필요한 내용을 중구난방으로 작성하지 않고 맥락에 따라 작성할 수 있고, 그렇게 작성하는 과정에서 스스로의 머릿속에 자연스럽게 정리되며 자신의 아이디어가 합리적인지 아닌지에 대한 개괄적인 느낌을 갖게 된다. 말이 안 되는 논리이면 작성하다가 스스로 먼저 어렴풋이 느끼기 때문이다. 그리고 발표자별로 다양한 기업을 발표하더라도 항상 일정한 순서로 진행되기 때문에 발표를 듣는 사람은 개괄적인 이해가 비교적 쉽고, 순서에 맞게 구분하여 듣게 되어 맥락의 흐름을 따라가기 쉽다.

모든 모임원이 같은 양식을 사용하면 장점이 많다고 생각한다. 초반에 이러한 발표 양식에 대한 피드백을 받았을 때, 대체로 초보 투자자가 많아서인지 양식대로 작성하기가 어렵다는 의견보다 뭘 해야 할지 알 수 있어서 좋다는 의견이 많았다. 투자에 능숙하고 본인이 자료 작성을 많이 해본 사람이면 스스로 작성하던 양식을 바꾸는 게 불편했을 텐데, 당시 모임원을 뽑을 때 투자를 잘하는 순으로 뽑은 게 아니어서 그런지 그러한 불만은 많지 않았다(불만이 있어도 말하지 못했을 수 있다).

시간이 지나면서 발표 양식은 자리를 잡았고, 모임원들이 매달 작성해오는 자료의 내용이 좋아지는 것을 나도 알 수 있었지만 본인 스스로 가장 잘 느꼈을 것이다. 물론 자료를 잘 만들었건 아니건 간에 한동안은 나의 폭풍 잔소리가 몰아쳤기 때문에, 나보다 어리다 해도 다들 성인인데 한 소리 듣기 싫어서 더 열심히 했던 것일 수도 있다. 하지만 투자 모임의 장점이 바로 이런 것인데, 자신이 작성하고 그것을 발표하고 제3자의 의견을 듣는 것은 투자자로서 발전하는 데 큰 도움이 된다.

모임원을 확정한 후에 얘기를 나눌 때 자기가 왜 뽑혔는지 모르겠다고 말하는 사람도 여럿이었는데, 당시의 나는 투자 스타일이 확실히 잡힌 사람들보다는 잘할 가능성은 있지만 아직은 미숙해서 내가 일정 부분 이끄는 대로 따라올 수 있는 사람들을 더 원했던 것 같다. 모임이 제대로 돌아가려면 일부만 열심히 해서 되는 게 아니라 모두가 열심히 해야만 가능한데, 처음에 좀 압박을 가해도 꾸준히 참여하려면 이미 잘하고 있는 사람보다는 열심히 안 하면 모임에서 퇴출될 수도 있다는 불안함을 느끼는 사람이 필요했다. 물론 그러려면 이 투자 모임이 반드시 필요한 모임이라는 걸 그들 스스로 느껴야 했기 때문에 나도 그런 모임이 될 수 있도록 최선을 다했다. 결과적으로 모두가 열심히 해준 덕분에 지금도 잘 돌아가고 있다.

투자는 투자 머리가 약간 있고 투자에 대한 태도가 좋고 잡생각 없이 부지런 떨 수 있으면 1~2년 뒤에는 일정 레벨에 오를 수 있는 분야라고 생각하기 때문에 당장 잘하고 못하고는 큰 의미가 없는 것 같다. 그 말은 이 글을 읽는 사람들 중에도 스스로의 노력 여하에 따라 1~2년 뒤에는 꽤 능숙한 투자자가 되는 사람이 있을 수 있다는 뜻이다.

일반적인 투자 모임은 자발적으로 모이고 일말의 강제성이 없다 보니 열심히 하는 사람만 열심히 하고 게으른 사람도 있기 마련이다. 그러다 보면 열심히 하는 사람은 기운이 빠지고 게으른 사람은 받아먹으려고만 해서 시간이 지나면 모임이 흐지부지되곤 한다. 나는 투자 모임이 굉장히 도움이 되는 도구지만 이런 식으로 열심히 하는 사람과 안 하는 사람이 구분되면 그 시너지가 크게 저하되는 것을 알고 있기 때문에, 처음에는 양식을 정해주는 것을 비롯하여 어느 정도는 사제의 관계처럼 지도하는 형태를 갖추게 했다. 그래서 부담감을 가지고 일정 이상의 퀄리티로 자료를 작성해오도록 많은 질문과 오류들을 지적하는 과정을 지속했는데, 한두 명도 아니고 몇 시간을 집중해서 듣고 지적질하는 것은 내게도 굉장히 높은 집중도를 요구하는 피곤한 과정이었다. 그렇게 발표하는 사람도 지적질하는 사람도 열심히 한 덕분에 모두가 발전하는 시간이 될 수 있었다. 나 역시 얕잡힐 수 없다는 압박감에 더 리서치하고 뭔가 보여주고 도움이 될 조언을 하기 위해 나름 노력했는데, 지나고 보니 그것이 나의 투자에도 도움이 되어 2018년은 시장이 아주 안 좋았음에도 선방했고, 이듬해인 2019년도 시장이 그리 좋지 않았는데 나의 성과는 꽤나 좋았다. 가치투자연구소에 적던 글도 그렇고, 모임을 만들고 모임원들에게 조언해주던 과정도 모두 지나보니 나의 발전에도 큰 도움이 되는 과정이었던 것이다.

  모임하는 동생에게 "네가 같이 모임하는 사람에게 다 떠먹여줄 정도로 열심히 해서 알려주면 네가 가장 돈을 많이 벌 거다"라는 이야기를 한 것도 이맘때였다.

  이제 발표 양식에 대해 조금 더 자세하게 적어보고자 한다. 그런데 요즘은 텔레그램에서 수많은 정보가 돌고, 그 정보들에 대한 의사 결정과 판단만 내리면 되는 투자가 만연해서 이런 발표 자료가 큰 의미가 있나 싶은 수준이다. 하지만 텔레그램이나 블로그에서 어떤 내용을 봐도 그것이 진짜인지 가짜인지를 판단하는 능력은 그런 내용을 작성할 수 있는 사람이나 가질 수 있지 않은가 하는 꼰대스러운 마인드가 있는지라 여전히 유효하다고 본다.

발표 양식 – 기본 사항

2018년 처음 모임을 만든 이후 지금까지 신규 모임과 충원 등의 과정을 위해 5~6번 모임 지원을 받고 온오프라인으로 100명이 넘는 사람들과 미팅한 경험으로 적는 말이다. 스스로 초보 투자자라고 하는 사람들이 많은데 그중에는 정말 주식을 시작한 지 몇 개월 안 된 초보 투자자들도 있고, 몇 년 되었는데 아무렇게나 투자하다가 진지하게 접근한 지 얼마 되지 않아서 초보라고 이야기하는 사람도 있었다. 그리고 직장 다니면서 투자하느라 진지하게 투자를 못했다고 하는 사람도 꽤 많았다.

'초보 투자자'라는 타이틀이 왜 필요한지 모르겠고, '직장인 투자자'라는 타이틀도 왜 필요한지 모르겠다. 그럼 전업투자자는 전업이라는 어드밴티지를 갖고 투자를 하고 있나? 오히려 전업이라 더 돈에 쫓기고 불안함에 시달릴 수 있고, 만약 스스로가 진심으로 직장인이라 투자를 잘 못하고 있는 것 같으면 직접 전업으로 나서면 되지 않는가? 스스로는 전업을 할 생각이 없는데 전업투자자가 아니라 투자 공부를 열심히 못했다면서 주식으로 돈을 벌고 싶다면 이건 어떻게 답을 해야 할까.

초보 투자자라면 초보답게 큰돈 넣지 않고 그냥 트레이닝 삼아 투자하면서 투자에 관련된 공부를 병행하며 투자 실력을 늘려가겠다고 하면 초보 투자자 맞다. 직장인 투자자도 스스로는 본업이 있으니 본업에 영향을 주지 않을 만큼의 투자 금액을 투자하며 천천히 공부하면서 조금씩 실력을 늘리고, 스스로가 커버할 수 있는 수준으로 투자하여 수익률이 낮더라도 시장에서 뜨거운 종목은 좀 흘려보내면서 천천히 투자 능력을 길러가겠다는 마음을 먹고 그렇게 투자하고 있다면 그것도 직장인 투자자가 맞을 것이다.

초보 투자자도 직장인 투자자도 그렇게 타이틀을 달고 있을 것 같으면 어차피 주식에 목숨 건 사람보다 잘 못하는 건 당연하니 애초에 기대수익률도 낮아야 하고, 주식에 큰돈을 넣지도 말아야 하며, 심지어 손실이 나도 받아들일 자세가 되어 있어야 할 것이다. 느리지만 차츰차츰 배워가겠다는 태도로 꾸준히 정진하겠다는 의지도 있어야 할 것이다. 그런데 과연 그런 타이틀을 달고 그러한 마음가짐을 가지고 있는가?

초보라 아는 게 없어서 능숙하지도 않고, 직장인이라 바빠서 공부할 시간이 없다 해도 기본에 대한 공부는 얼마든지 할 수 있다. 개념에 대한 것들은 시간이 오래 걸리는 일도 아니고, 아주 어려운 일도 아니기 때문이다. 며칠만 노력하면 충분한 일인데도, 투자한 지 몇 달 된 초보 투자자나 몇 년이 지난 초보 투자자나 10년 된 직장인 투자자 중에서도 상당수가 개념에 대해 전혀 모른다는 것을 이야기를 나누다 알게 될 때가 있는데 이런 때는 너무 황당하다. 처음에는 그냥 한두 명 우연히 그런 사람이 있는 줄 알았는데 꽤나 많은 사람이 그랬다.

예를 들면 이런 것이다. PER과 PBR을 적어왔는데 PER과 PBR의 개념이 뭐냐고 물어보면 우물쭈물하거나 명확하게 답하지 못한다. 그게 아니면 알긴 아는데 명확히 간결하게 답을 못하고 빙 둘러서 얘기한다. PER을 회사가 몇 년간 돈을 벌면 그 회사를 살 수 있는…… 어쩌고 같은 것 말이다. 틀린 말은 아니지만 개념을 물었는데 그런 식으로 답을 한다는 것은 그냥 모르는 것과 같다.

그렇게 개념도 모르면서 PER과 PBR의 수치를 적어온다. 그래서 이게 언제 기준의 PER과 PBR이냐고 물어보면 역시 우물쭈물한다. 나로서는 개념을 모르면서 어떻게 그 수치를 적어왔는지 진심으로 궁금했는데 대답은 너무 심플한 곳에 있었다. 네이버 증권에서 나온 수치를 적어왔다는 것이다.

네이버에 나오는 PER과 PBR을 의미도 모른 채 적어오면 그게 투자에 무슨 의미가 있을까. 이미 지나간 PER은 시장에서 관심도 없고 앞으로의 PER이 중요한데, 앞으로의 PER을 추론하기 위해 과거 데이터를 살펴보는 것인데, 그런 의미도 모르고 무작정 베껴서 적어오는 것이다. 그럴 거면 퀀트를 해야지 왜 개별 기업 분석을 한다고 하는지 처음에는 황당했는데 그런 케이스를 자주 접하다 보니 언제부턴가 놀라지도 않게 되었다.

가치투자를 한다면 PER, PBR, ROE는 기본이다. 그리고 이런 기본적인 지표를 공부하는 데는 몇 시간 걸리지도 않는데 초보 투자자든 직장인 투자자든 그게 뭔 상관이 있을까. 트레이딩을 할 거면 이런 지표가 필요 없으니 그냥 트레이딩을 하면 되는데 왜 가치투자로 기업 분석을 하겠다고 덤벼드는 것일까.

초보 투자자이자 직장인 투자자로서 스스로 잘하지 못해도 스스로에게 면책을 주는 용도로 그 타이틀을 이용한다는 생각이 들지 않을까? 그런데 이런 사람들이 똑똑하지 않은 사람들이 아니다. 직업도 훌륭하고 자신들의 본업에서는 모두 깐깐하게 자기 일을 잘하는데 유독 주식에서만 이런 경우가 왕왕 생긴다.

투자에서 기본적인 지표의 개념과 재무제표 용어를 아는 것, 그리고 회계의 기본 원리를 아는 것은 영어에서 알파벳을 배우는 것과 같다. 이런 것도 모르면서 가치투자를 하겠다고 덤비는 것은 알파벳을 모르면서 회화를 하겠다는 것과 같은 수준이다. 그런데 이것이 어려운 일이냐 하면 그렇지도 않다. 아무리 길게 잡아도 하루에서 며칠 진지하게 공부하면 기본적인 내용은 알 수 있고 추가적인 내용은 투자를 하면서 조금씩 알아가면 된다. 만약 이것이 어려워서 못 하겠으면 기업 분석을 통해 가치투자로 수익을 내는 것은 백만 배 더 어려우니 가치투자에 대한 생각을 접고 트레이딩이나 다른 투자 방법을 찾아야 한다.

또 이렇게 얘기하면 온갖 지표를 마스터하려 덤비고, CPA 공부를 해서 회계를 마스터할 것처럼 덤비는 사람들이 있다. 투자자가 되려는지 공인회계사가 되려는지 모를 것처럼 여기에 집착하는 사람들 말이다. 나는 투자자 레벨에서 필요한 정도는 알아야 된다고 누누이 얘기했건만 받아들이는 건 스스로의 성격대로 뭐든 충분히 습득해야 넘어갈 수 있는 경우인 것이다. 솔직히 이런 경우도 투자에서 그리 적합치 않다. 투자를 하려면 집요하게 확인해야 하는 부분도 있고, 적당히 넘겨야 되는 부분도 있는데 그런 구분을 하지 못하고 모든 분야에 모두 집요하면 진도가 나아가지 않아 아무것도 할 수 없게 된다. 반대로 모든 분야를 적당히 넘기면 죽도 밥도 안 된다. 투자는 항상 미래에 대한 안갯속에서 가격과 밸런스를 맞추며 가능성에 베팅해야 하는데 모든 분야에 집요하게 파고들면 모든 게 명확한 경우의 투자만 하려고 하기 때문에 가격 메리트를 못 느낄 것이고, 모든 분야에 대충대충 하면 투자는 엉망진창이 될 것이다.

투자를 하겠다고 하면, 투자자로서 필요한 것이 무엇인지, 필요하면 어디까지 해야 할지, 그 외 당장 내가 해야 할 일은 무엇이며, 당장 급하지는 않아도 꾸준히 해야 할 일은 무엇인지를 어느 정도 구분할 수 있어야 한다.

앞으로 적을 글에 자신이 잘 모르는 단어나 개념이 나올 수도 있는데, 인터넷에 검색하면 나오는 것들이고, 요즘은 심지어 AI까지 있으니 스스로 찾아보자. 이렇게 기본적인 개념들을 직접 찾아보고 의미를 이해하면서 투자 용어들에 익숙해져야 한다. 비단 용어뿐만 아니라 투자 공부를 하면서 모르는 내용이 나오면 찾아보고 그 의미를 이해하고 실제 적용해보는 건 당연한 일이다. 투자는 과거에 있었던 일의 반복이 아니라 언제나 새로운 기업과 새로운 사업 모델을 내가 이해하고 그 이해를 바탕으로 그 사업들이 앞으로 어떻게 될지를 추론하고 추적해가는 일이다. 내가 새로 공부하는 무언가에서 막히는 부분이 생기는 것은 지극히 당연한 일이고, 그 막히는 부분을 해결해가면서 투자로 이어질 수 있느냐 없느냐로 갈리게 된다. 막히면 최대한 방법을 찾아보고, 그것을 해결하지 못했을 때 투자를 해도 될지 아니면 그게 해결이 안 되면 투자를 접을지를 결정하고, 투자를 하고 싶으면 어떻게든 해결하고, 그렇지 않으면 그걸 넘기고 다른 기회를 찾는 일의 반복이다. 이게 안 되는데 투자를 오래 지속하면 장이 좋을 때는 덩달아 수익이 났다가 장이 빠지는 시기에 더 큰 손실을 입을 가능성이 많다고 보는데, 장이 좋을 때 수익이 난 것을 자신의 실력으로 착각하기 때문이다.

    나름 적는다고 적겠지만 초보 투자자들의 입장에서 볼 때는 모르는 말들이 좀 나올 것이다. 필요한 부분은 스스로 찾아보고 해결해나가기 바란다. 투자는 거기서부터 시작이다.

발표 양식 목차

- 기본 사항
- 재무제표(대차대조표)
- 10년간 손익 / 최근 분기 손익
- 사업 모델(사업 내용, 비즈니스 모델)
- 투자 아이디어
- 리스크
- 결론
- 주담 통화 또는 탐방 내용

기본 사항

— 시총, 희석 물량 감안한 시총, 자사주
— 최근 분기 PBR
— 지난 사업연도 PER
— 올해 예상 PER(발표할 내용의 결론과 같은 부분으로 프리뷰 느낌)
— 주주 구성/지주사 등 특별한 경우는 지배 구조
— 배당 이력
— 종속회사
— 그 외 기본적으로 필요하다고 생각되는 내용

시총 – 시총이 무엇인지조차 모르고 투자하는 사람들도 많다.

희석 물량 – 전환사채(CB)나 신주인수권부 사채(BW) 등 앞으로 주식으로 전환될 가능성이 있는 사채나 스톡옵션 등을 찾아 작성해서, 희석되었을 경우 시총이 어느 정도인지 파악하는 것이다. 간혹 보통주로 전환이 가능한 옵션이 있는 우선주 형태나 과도한 스톡옵션이 있는 경우도 있다.

최근 사업(분기) 보고서의 증권 발행을 통한 자금 조달 항목(CB, BW)과 주석(전환 상환 우선주, 스톡옵션 등)에서 찾아봐야 한다.

자사주가 의미 있게 많다면 포함한다.

PER(지난 사업연도의 PER/아이디어가 실현될 올해 또는 내년의 포워드 PER 등) – PER은 시총을 보고, 지난 회계연도 순이익을 보고 직접 계산해야 한다(암산으로도 대충 된다). 귀찮다고 여길 게 아니라 그게 당연한 것이다. 그리고 '지난해의 PER'인지 '트레일링 PER'인지 '포워드 PER'인지 정확하게 의미를 알고 써야 한다.

요즘은 영업이익을 기준으로 하는 POR이라는 출처 불명의 지표를 많이 쓰는데, 이제는 무시하기에는 너무나 일반적으로 쓰이고 있으므로 사용하는 것도 무방하다. 우리나라는 유독 영업이익에 반응하는 시장이어서 유용한 듯하다(외국에서는 듣도 보도 못한 지표일 것이다).

POR은 이자 비용 등 부채가 많은 기업의 이익 창출 능력을 왜곡하는 경향이 있지만 국내 실무 투자적으로는 많이 쓰일 듯하다.

주주 구성 – 최근 분기 보고서에서 주주 현황을 찾아보고, 최근 지분 변동 공시를 확인한 후 가장 최신의 내용을 작성한다.

배당 이력 – 최근 배당 이력과 배당 수익률을 표시한다.

종속회사 – 종속회사와 관계 기업의 차이를 모르는 사람도 많다. 연결 재무제표의 개념을 이해하는 것도 필요하고, 연결 재무제표에서 가장 중요한 개념이 종속회사일 것이다. 지분율이 30%인데도 종속회사인 경우도 있고 지분율이 50%인데도 관계 기업일 수도 있다. 종속회사인 경우 영업이익은 연결 영업이익으로 잡히지만 관계 기업의 영업이익은 연결 영업이익으로 잡히지 않고 순이익이 지분율에 따라 지분법 이익으로 잡힌다. 이런 것들의 원리나 개념을 찾아보면 좋을 것 같다. 그러면 '지배주주 순익'에 대한 개념이 잡힐 것이고, 종속 회사의 영업이익은 지분율에 상관없이 100% 연결 영업이익으로 잡히기에 지분율을 감안했을 때 어느 정도인지도 가늠해볼 수 있게 된다.

그 이후에는 종속회사의 이익에 시장이 어떻게 반응하는지, 상장된 종속회사와 비상장 종속회사에 대한 시장의 반응, 지분율 수준에 따른 종속회사의 실적에 대한 반응 등 여러 가지들을 다양한 기업을 살펴보는 중에 꼬리를 물고 자연스럽게 알게 되는 것들이 있고 이런 것들에 대한 지식은 누적된다. 이전에 적었던 글들 중에 다양한 기업을 살펴본다는 것에 이런 내용들도 포함되고, 시장에 대한 감각을 키워갈 수 있는 것이다.

앞에 적은 것 이외에도 뭔가 필요하다고 생각되는 내용이 있으면 포함하면 된다. 기본 사항은 이 정도다.

　인터넷을 보면 이 정도의 기본 사항을 봤다고 기업에 대해 공부했다고 하는 사람들이 있다. 이런 건 공부했다고 표현하면 안 되고 그냥 찾아본 것이다. 찾으면 그냥 나오는 것인데 퀀트를 하는 것이 아니라면 이것만으로는 투자 의사 결정을 할 수 있는 요소는 거의 없다고 보면 된다. 수학으로 치면 구구단 같은 것이다. 고등학생이 구구단을 외우고 있다고 수학 공부를 했다고 말할 수 없는 것과 비슷한 느낌이다.

발표 양식 - 재무제표와 손익

재무제표 - 대차대조표

재무제표 중 대차대조표는 기업의 현재 재무 상황을 나타내는 스냅샷 같은 것이다(손익계산서는 흐름에 가깝다). 회계 원리에서 대변과 차변은 항상 같은데, 이건 그냥 쉽게 자산 = 자본 + 부채라는 말이다. 투자자는 자산과 부채 항목을 구분해서 필요한 항목을 보면 되고, 자본 항목은 PBR 계산을 위해 자본 총계(지배 기업의 소유주에게 귀속되는 자본) 정도만 보면 된다.

대차대조표를 아무리 분석해도 그것으로 주가가 오를 만한 요인을 찾는 경우는 거의 없다. 투자 아이디어를 찾는 과정이 아니라 회사에 큰 문제가 없는지를 살펴보는 투자의 전 단계 같은 개념이다.

일반적인 경우, 자산에서는 현금과 단기 금융 상품, 매출 채권, 재고 자산 정도를 보면 될 것 같고, 부채에서는 장단기 금융 부채와 부채를 구성하는 항목에서 시총이나 매출 대비 규모가 큰 항목을 보면 될 것 같다.

현금성 자산과 장단기 금융 부채는 회사에 사업을 운영하는 데 필요한 현금이 별문제가 없는지를 보는 것이고, 유상증자나 전환사채 등 자본이 희석되는 자금 조달을 하지 않을까 고려해 보는 과정이다. 그러나 한국의 기업들은 자금이 딱히 필요하지 않아도 증권사 영업 같은 것들을 통해 주주 자본이 희석될 수 있는 전환사채 등을 발행하는 경우가 잦은 기괴한 시장이어서 큰 의미가 없을 수도 있지만, 그래도 투자자라면 기본적으로 보아야 하는 현황이라고 생각한다.

매출이 증가하면서 매출 채권이 증가하는 것은 큰 문제가 없지만, 매출이 정체되거나 감소하는데 매출 채권이 늘어나는 경우라면 현금 회수가 안 되고 있다는 이야기이므로 안 좋은 신호로 보고 리스크로 인지해야 한다. 지속적으로 회수가 안 되면 결국 충당금이나 손상 처리를 하게 되므로 이익단의 훼손이 발생할 수도 있고 현금이 돌지 않는 상황이 될 수도 있다.

재고 자산 역시 매출이 늘어나면서 함께 늘어나면 좋은 시그널일 수도 있다. 하지만 매출이 정체되거나 감소하는데 재고 자산이 늘어난다면 불용 재고가 늘어나는 것일 수도 있고, 의미 없는 제품 생산이 많으면 생산 단가가 낮아져서 이익률이 좋아 보이게 되는 회계적 현상이 나타날 수도 있으므로 가끔은 주석상의 재고 자산 항목에서 원재료, 재공품, 완제품 등을 구분해서 볼 필요가 있는 경우도 있다.

극단적으로 분식회계에 악용되는 항목이 대체로 매출 채권과 재고 자산, 추가하자면 미청구 공사 정도이니 관심 있게 보는 게 좋다. 문제가 없다면 넘어가도 된다.

대체로 회사가 잘될 때, 그러니까 매출이 늘어나는 구간에서는 별문제가 없기도 하고 설사 문제가 있더라도 현실화되는 경우는 드물다. 대부분의 문제는 회사의 업황이나 개별 상황이 안 좋아질 때 발생하는 경우가 많다. 그래서 업황이 좋거나 적어도 나쁘지 않은 상황에 있는 기업을 선택하는 것이 실적이 잘 나올 가능성도 높고 멀티플도 잘 받을 수 있고 행여 회사에 문제가 있더라도 투자하는 기간 동안에는 웬만해서는 문제가 터질 가능성도 낮으므로 당연히 좋은 상황에 있는 기업에 관심을 더 기울일 필요가 있을 것이다.

턴어라운드를 노려 성공하면 큰 성과를 얻기도 하지만 문제가 있어서 상황이 안 좋았던 기업은 그 문제들이 단번에 해결되기는 쉽지 않아서 생각보다 오래 걸리는 경우도 있고 예상치 못했던 문제들이 불거지기도 한다. 잘되면 큰 성과를 얻을 수도 있으니 가능성이 보이면 관심을 가져야겠지만 세세하게 리서치할 필요가 있다.

그 외 사업 모델에 따라 여러 케이스들이 있는데 부채 비율이 높으면 대체로 안 좋지만 부채를 항목별로 보지 않고 뭉뚱그려 부채 비율 몇 퍼센트라는 식으로 보는 것은 그리 좋지 않다. 부채가 선수금이나 초과 청구 공사 같은 것들이라면 서비스나 제품을 제공하지 않았는데 미리 돈(혹은 매출 채권)을 받는 것들이어서 부채 항목이지만 현금을 먼저 받으니 오히려 좋을 수도 있는 것이다. 먼저 돈을 받으면 운영비로 활용할 수도 있고 하다못해 은행에 넣어두면 이자라도 받지 않는가. 그래서 부채 비율을 뭉뚱그려 얼마라고 보기보다는 부채가 어떠한 항목으로 구성되어 있는지 살펴보는 게 좋다. 금융 부채 같은 이자성 부채는 당연히 안 좋은 것이고, 매입 채무처럼 이자가 나가지 않는 부채도 있는데 똑같은 부채로 볼 필요는 없다.

자산이 많으면 좋지만, 무형 자산만 많다거나 미청구 공사가 많으면 좋지 않을 수도 있다. 무형 자산은 말 그대로 영업권이나 연구개발비를 자산으로 잡아놓은 것들인데 언제일지 몰라도 언젠가는 상각을 해야 하는 자산들이다. 자산 중 선급금은 일반적인 경우 먼저 현금을 주어야 하는 경우라 그리 좋지는 않지만 사업 모델에 따라 향후 매출로 이어질 수 있는 요소가 되는 경우에는 좋을 수도 있다. 대차대조표에서 금액이 좀 크게 잡히는 항목들이 있다면 그 항목에 대해 주석에서 좀 더 자세히 찾아보다 보면 사업 모델별로 어떤 항목들이 중요하게 보이는지 조금씩 감을 잡을 수 있다.

가공된 자료로 재무 비율을 보면 자산의 질이나 부채의 질이 보이지 않는다. 그래서 DART의 연결 재무제표에서 대차대조표를 열어 자산과 부채가 구성되어 있는 요소를 살펴보고, 용어가 뭔지 모르겠으면 찾아보고, 숫자 구성의 의미를 알고 싶으면 주석에서 그 부분을 찾아보며 익숙해지는 것이 좋다. 그 과정에서 사업 모델별로 자산의 형태나 부채의 형태가 조금씩 다르다는 것을 보기도 하고 단순히 가공된 자료에서 비율만으로 보는 것과 달리 회사의 현황을 조금 더 자세히 알게 된다. IT 기업에서도 장비주와 소재주가 좀 다르고, 엔터 사업, 항공사 여행 사업, 바이오 기업, 자동차 벤더 등 각 섹터별로 특이한 부분들이 있다. 이런 여러 산업들의 재무 비율을 보면서 동일하게 판단하면 그 산업의 속성을 이해하지 못하는 것이다.

　매출 채권 회전율, 재고 자산 회전율 등을 따로 계산해서 그래프로 화려하게 넣는 사람들도 있는데 그럴 필요가 없다. 회전율 공식을 보면 알 수 있는데, 이미 앞에서 얘기했듯이 매출이 늘면서 재고가 늘거나 매출 채권이 늘면 별다른 문제가 없고, 매출이 늘지 않는데 매출 채권이나 재고가 늘면 안 좋은 시그널이라고 했다. 그러므로 당연히 전자의 경우는 회전율에 문제가 없을 것이고, 후자의 경우는 문제가 있을 것이기 때문에 이미 점검이 된 것이다.

　현금 흐름은 아주 자세히 살펴볼 필요는 없지만 영업 현금 흐름이 장기간 심하게 마이너스가 나고 있지 않은지 정도만 보면 된다. 현금 흐름이 좋다고 주가가 올라가는 것은 절대로 아니다. 특이한 경우가 아니라면 현금 흐름은 매출 채권이 잘 회수되고 있는지, 현금이 말라가고 있지 않은지, 사업이 겉보기와 달리 문제가 있는지, 극단적으로 부도가 나지 않을지 살펴보는 정도라고 생각하면 된다.

그리고 회사의 대차대조표에서 현금이 많고 부채가 적으면 (최근에 상장하거나 자금 조달을 한 게 아니라면) 현금 흐름은 보나 마나 좋을 것이다. 사업을 통해 현금이 들어와서 형성된 것이 현재의 재무제표이기 때문이다. 같은 의미로 재무제표가 불안정한 기업은 현금 흐름이 안 좋을 수도 있다.

만약 너무나도 매력적인 기업이지만 장기적인 현금 흐름이 안 좋아서 망설여질 수도 있다. 그것은 취향과 선택의 문제다. 찝찝함에도 리서치 잘해가면서 혹은 유상증자 같은 걸 맞을 각오를 하더라도 그만큼 매력적이어서 투자를 하고 싶으면 하는 것이고, 아무리 좋아도 찝찝하면 안 할 수도 있는 것이다. 투자를 하건 안 하건 간에 이런 부분을 체크하여 알고 있는 상태에서 투자 의사 결정에 반영하는 것이 중요하고, 그것이 투자자의 기본이라고 할 수 있다.

그 외에 대차대조표에서 기업별로 중요하게 다뤄야 할 부분이 다양하게 있을 수 있고, 시총이나 매출에 비해 숫자가 큰 항목은 이건 뭘까 하며 찾아보고 이해한 뒤에 넘어가는 게 좋다. 이렇게 다양한 기업의 재무제표를 직접 보면서 여러 케이스들을 살펴보고 궁금한 게 생기면 찾아보고 공부하다 보면 그런 것들은 누적이 되는 공부일 것이다.

10년간 손익/최근 분기 손익

10년까지는 아니고 최근 몇 년 정도의 손익만 봐도 충분한데, 발표 자료를 만들어볼 정도로 리서치할 기업이라면 10년 정도의 흐름을 보고 과거에 숫자가 특이했던 연도에는 어떤 일이 있었는지와 그 시기의 주가를 살펴보는 것이 좋다.

좋았을 때는 왜 좋았는지, 실적이 꺾인 시기에는 무슨 일이 있었는지 등 대략적으로 파악해보는 것이 필요한데, 과거의 실적을 보는 것은 이 회사가 그간 어떤 과정을 거쳐왔는지를 살펴보는 일이고, 그것의 연장선상에서 앞으로의 전망을 하는 것이 합리적이기 때문이다. 사업이란 것은 어느 날 갑자기 하늘에서 뚝 떨어지는 것이 아니라 어느 정도의 연속성을 가지고 있다고 볼 수 있다. 과거는 지나간 일이라고 무시하는 경향이 있는데, 지난 일은 맞지만 과거에 이 회사가 걸어온 길을 살펴봄으로써 이 회사의 체력과 속성을 어느 정도 합리적으로 이해할 수 있게 된다.

최근 분기의 손익을 보는 것은 계절성이나 특이한 실적을 보였던 시기에 어떤 일이 있었는지를 파악하기 위함이다. 예를 들어 특정 분기마다 매출이 튄다거나 1~3분기까지는 실적이 잘 나오다가 4분기만 되면 실적이 저조하다거나 하는 경향이 있다면 그 이유를 파악하고 그런 부분을 감안해서 기업의 실적을 봐야 하는 것이다.

발표 양식 – '기본 사항, 재무제표, 손익' 사례

2021년 8월에 작성했던, 지금은 핫한 브이티의 발표 자료다. 2021년의 브이티(당시 회사명은 브이티지엠피)는 전환사채(CB)나 신주인수권부 사채(BW)도 많고, 자회사도 많고, 연간 분기 손익도 들쑥날쑥했던 편이라 예시로 적합한 듯싶어 선택했다. 일단 지금까지 적은 내용인 '기본 사항, 재무제표, 연간/분기 손익'까지만 예시로 첨부했다.

브이티는 '시카 마스크팩' 히트 이후 1년 넘게 모니터링하며 보유하다가 마스크팩 이후의 후속타가 너무 잘 안 되어서 포기하고 매도했는데, 한 달 후 리들샷이 출시되어 히트를 치며 주가가 하늘 높이 날아가서 가슴 아팠던 기억이 있다.

지금까지 적은 기본 사항, 재무제표, 연간/분기 손익을 적는 의미를 이해하고 자료를 본다면, 그냥 읽는 것보다 회사의 과거에서 현재까지의 상황이 잘 그려질 것이다.

물론 자료에 적혀 있는 내용보다 더 많은 회사에 대한 배경지식이 있었고, 거기서 필요한 내용만을 추려 자료에 넣고 브리핑한 것이다. 추가적인 질문이 나올 수 있는 부분들도 있을 것이니 그럴 만한 내용을 스스로 인지하고 공부를 해둔다면 시간이 지나면서 투자에 의미 있는 부분과 크게 의미 없는 부분이 조금씩 구분되리라 생각한다.

브이티지엠피

기본 사항

- 시가총액 2900억(주가 8,400원 기준)
  - 전환사채 54억(전환가 약 8,200원)
  - BW 105억(전환가 약 8,600원)
  - 교환사채 140억(전환가 약 8,300원) – 자기주식 교환 대상
- PBR 약 3.5
- 2021년 예상 PER 약 11~13(1회성 분양 이익 제외)
- 배당 없음
- 지엠피가 브이티코스메틱 합병(2019년)
- 주주 구성

정철	본인	보통주	8,025,531	23.49	7,525,531	21.82	-
조하나	관계 임원	보통주	1,541,670	4.51	1,541,670	4.47	관계사
강승곤	등기 임원	보통주	1,241,989	3.64	1,857,436	5.39	-
김양평	등기 임원	보통주	303,057	0.89	303,057	0.88	-
장보현	등기 임원	보통주	40,666	0.12	40,666	0.12	-
큐브엔터	관계사	보통주	0	0	699,791	2.03	-
계		보통주	11,152,913	32.65	11,968,151	34.71	-
		우선주	0	0	0	0	-

자사주 약 5% (교환사채 대상)

* 강승곤 대표는 2020년 1월부터 2021년 8월 현재까지 약 25만 6,000주 장내 매수. 금액으로 20억 이상임.

종속회사

종속 기업	소재지	당기 말 지분율 (%)	전기 말 지분율 (%)	결산월	업종
(주)지엠피글로벌(*)	한국	40.0	40.0	12월	건축 시행
(주)브이티바이오	한국	50.2	50.2	12월	의약품 개발
(주)케이블리(*)	한국	37.9	41.0	12월	콘텐츠 제작, 서비스업 등
(주)큐브엔터테인먼트(*)	한국	30.6	23.6	12월	음반 기획, 생산, 홍보, 공연 등
VTCUBEJAPAN 株式會社(*)	일본	20.3	20.3	12월	일본 내 엔터 사업 및 화장품 유통업

〈2021년 반기 말〉

구분	자산	부채	매출액	영업이익 (영업손실)	당기순이익 (당기순손실)
(주)지엠피글로벌(*)	30,707,533	30,605,200	-	(280,393)	(279,999)
(주)브이티바이오	2,425,186	6,153,078	419,915	(816,994)	(916,708)
(주)케이블리(*)	2,908,791	488,532	155,155	(211,204)	(352,719)
(주)큐브엔터테인먼트(*)	54,720,277	15,959,367	17,793,950	523,285	444,539
VTCUBEJAPAN 株式會社(*)	10,859,763	6,618,308	16,748,176	2,140,160	1,502,419

단위 1,000원

* 지엠피글로벌: 장안동 VT스타일 후분양 완료. 2021년 하반기 중 매출 인식 예정(대략 매출 500억 / OP 200억 수준일 듯)

재무제표

	제36기 반기말	제35기 기말
자산		
유동 자산	128,607,418,213	79,847,710,796
현금 및 현금성 자산	24,581,590,715	11,127,438,515
매출 채권 및 기타 유동 채권	43,056,017,969	22,266,513,100
재고 자산	47,157,611,954	42,511,343,449
기타 유동 자산	5,023,850,105	1,809,505,622
비유동 자산	103,875,870,013	79,083,535,316
유형 자산	39,948,782,560	34,120,304,180
영업권	46,292,657,903	13,696,597,533
영업권 이외의 무형 자산	9,176,771,178	663,715,796
자산 총계	232,483,288,226	158,931,246,112
부채		
유동 부채	99,643,536,747	70,104,546,095
매입 채무 및 기타 유동 채무	20,675,689,157	10,600,601,860
단기 차입금	47,983,974,577	47,831,497,449
유동성 전환사채	23,878,240,519	10,216,818,636
비유동 부채	18,907,458,447	18,394,599,975
부채 총계	118,550,995,194	88,499,146,070
자본		
지배기업의 소유주에게 귀속되는 자본	83,513,922,015	70,592,500,188
자본 총계	113,932,293,032	70,432,100,042

연간/분기 손익

	2011.12 (IFRS 별도)	2012.12 (IFRS 별도)	2013.12 (IFRS 별도)	2014.12 (IFRS 별도)	2015.12 (IFRS 별도)	2016.12 (IFRS 별도)	2017.12 (IFRS 별도)	2018.12 (IFRS 별도)	2019.12 (IFRS 별도)	2020.12 (IFRS 별도)
매출액	591	540	526	538	470	411	699	1,095	1,128	1,074
영업이익	-21	-46	17	4	-125	-87	-67	134	103	55
순이익	-74	-10	12	-36	-240	-146	-130	107	34	-13
연결순이익	0	0	0	0	0	0	-145	70	28	11

* 2018년 브이티코스메틱 종속회사 편입/2019년 브이티코스메틱 합병
* 2019년은 화장품 증익/라미네이팅 감익/바이오 적자 확대
* 2020년은 화장품 소폭 감익/라미네이팅 적자 확대/바이오 적자 확대/케이블리(신규 종속회사) 적자

	2018.09 (IFRS 별도)	2018.12 (IFRS 별도)	2019.03 (IFRS 별도)	2019.06 (IFRS 별도)	2019.09 (IFRS 별도)	2019.12 (IFRS 별도)	2020.03 (IFRS 별도)	2020.06 (IFRS 별도)	2020.09 (IFRS 별도)	2020.12 (IFRS 별도)	2021.03 (IFRS 별도)	2021.06 (IFRS 별도)
매출액	312	340	290	232	331	275	345	265	219	246	444	513
영업이익	52	54	37	7	42	17	37	18	10	-11	61	67
순이익	47	31	27	-20	28	-1	30	-23	4	-24	94	46
연결순이익	25	28	11	-5	26	-4	34	-14	9	-18	85	55

* 그간 중국향 화장품 매출 비중이 높아서 통상적으로 상반기보다 광군제가 있는 하반기에 매출이 더 컸음. 2020년은 코로나로 인해 중국 벤더가 선제적 물량 확보로 이례적으로 중국 매출이 상반기에 더 집중됨.
* 일본향 매출 급증으로 2021년 상반기 이익 급증(중국은 작년 상반기보다 매출 축소). 일본향 이익률이 더 높음.

발표 양식-사업 모델

기본 사항, 재무제표, 연간/분기 손익까지는 그냥 기본적인 내용으로 쉽게 진행되고, 투자 성과와는 거의 관계가 없다. 사업 모델은 기업에 따라 간단히 넘어갈 수도 있고, 조금 자세히 설명을 해야 하는 경우도 있다. 사업 모델까지는 투자 아이디어에 대한 설명을 위한 것들이고, 결국 투자 아이디어에 따라 성과가 달라지게 된다.

사업 모델

이 회사가 어떻게 돈을 벌고 있는지에 대한 항목이다. 사업 보고

서상의 사업 내용 부분과 홈페이지 등을 통해 사업 아이템이나 매출을 일으키는 구조에 대해 설명하고 경쟁관계에 있는 회사나 신사업 등 중요한 부분 위주로 공부하되, 학자적인 접근보다는 투자자적인 접근을 하면 된다. 그 제품이 어디에 필요하고 왜 필요한지, 경쟁사 제품보다 좋은 점은 무엇인지, 가격은 경쟁력이 있는지 같은 것들 말이다.

사업 모델에 대한 설명이 중요한 경우도 있고, 간단히 넘어가면 되는 경우들도 있다. 예를 들자면 소비재 같은 경우는 사업 모델에 대해 길게 얘기할 것이 없으니 간단히 하면 될 것이고, 반도체 장비 업체라면 그 장비가 어느 공정에 쓰이고, 경쟁사는 어디이며, 당사의 강점은 무엇인지 같은 것들이 중요하다. 국내 장비 업체는 대부분 가성비 혹은 국산화 필요성에 의해 기존 메이저 업체의 시장을 조금씩 가져오는 형태가 많다. 간혹 독보적인 기술을 가진 경우가 있는데 그러면 시장에서는 멀티플이 높은 것을 쉽게 볼 수 있다.

사업 모델에 대한 공부를 하면서 여러 사업들과 그 사업을 영위하는 기업들의 멀티플을 보다 보면 어떤 기업들이 멀티플을 잘 받고 있는지에 대해 조금씩 감을 가질 수 있다. 사업 모델은 멀티플을 결정하는 중요한 요소다. 진입 장벽이 높고(=지속적일 수 있는 기간이 길고), 시장 규모가 크고(=글로벌로 확장 가능성 있고), 성장 속도가 빠르고, 그 성장에 따른 영업 레버리지가 크게 걸릴 수록(=가격을 많이 낮추지 않고서도 많이 팔릴 수 있는) 그런 사업이 멀티플을 잘 받는 경향이 있다. 적고 보니 당연한 말이다. 이런 요소들이 결국 경쟁력 있는 좋은 사업이기 때문이다.

이런 것을 해자(垓字)라고 표현을 많이 하지만 국내에 해자를 논할 정도의 기업은 많지 않다. 해자가 있다고 느껴질 만큼 아주 훌륭한 기업을 찾는 것도 투자에서는 매우 중요한 일이지만, 해자라고 표현하기까지는 좀 아쉬운 기업일지라도 실적이 급증하는 구간에서는 주가 퍼포먼스가 좋은 경우가 많으니 사업을 너무 가릴 필요는 없을 것 같다. 나도 버핏과 멍거의 책에서 훌륭한 기업을 적정한 가격에 사서 장기 투자하려는 가치투자의 로망에 심취했던 적이 있었지만 국내에는 그러한 기업이 드문 것도 사실이다. 그래서 그러한 기업을 찾는 노력도 하되, 그 정도 수준의 좋은 기업은 아니더라도 가격이 맞다면 얼마든지 투자로 이어질 수 있다.

단지 주의할 점은, 사양 산업이나 전방 산업이 어두운 경우에는 개별 기업의 실적이 좋아져도 주가가 올라가지 않는 경우도 자주 있고, 실제로 실적이 좋아졌다가도 그게 반짝에 그친 경우도 많다는 것이다. 가치투자의 함정이라고 표현되기도 하는데 나는 그런 표현보다는 사업의 장기적인 전망이 불투명하니 시장에서 쉽게 인정받기 힘들다 정도로 생각한다. 물론 간혹 그렇게 저평가된 종목에서 극적으로 크게 턴어라운드해서 엄청난 주가 상승을 보이는 경우도 있다. 그런 경우는 사양 산업이었거나 전방 산업이 어두웠던 기업이 그 산업 구조 내에서 극적으로 크게 성장한다기보다는, 사업 구조가 차츰 변화해오던 것이 어느 시점에 임계점을 넘어 폭발적인 성장을 하는 경우나 전방 산업이 어두웠다가 장기적인 산업 구조의 변화나 전쟁 등 어떤 트리거로 인해 산업의 지형이 바뀌면서 전방 산업의 전망이 과거와 달라지고 그에 따라 기업도 변모하고 거기에 맞춰 주가도 크게 상승하게 되었던 것 같다. 2022년 러시아-우크라이나 전쟁의 발발이 한국 방산 업계에 미친 영향이 대표적인 사례일 것이다.

국내 주식시장의 기업들은 글로벌에 비교하면 많이 다양하다고 보기 힘들어서 최대한 풀을 넓힌다 해도 아주 커지기도 힘들기 때문에 그 안에서 너무 좁게 놀지는 않았으면 한다. 숫자가 당장 나오지 않는 바이오 기업일지라도 거기에 투자하는 것을 나는 나쁘게 생각지 않는다. 긴 시계열로 본다면 바이오도 분명한 성장 산업이기 때문이다. 단지, 바이오같이 숫자가 나오지 않는 기업에 '만' 투자하는 사람들은 숫자를 기반으로 하는 투자에는 능숙지도 않고, 분기 실적에 대한 모니터링도 하지 않으며 그저 사놓고 믿고 기다리는 경우가 많다. 그런 투자를 반대하는 건 아니지만 그런 투자 '만' 한다면 결국 투자 능력이 늘지 않는 문제가 따라오고 극단적으로 주식을 사놓고 할 일이 없어져 게을러지기도 한다. 주담 통화나 탐방을 비롯해 기업에 대한 리서치를 지속적으로 하면서 기업의 변화를 따라가는 경험을 해야 여러 가지 사업 형태에 대한 이해도가 높아지는데 그런 활동을 잘 안 하게 되기 때문이다. 그래서 바이오 기업에 투자하더라도 포트에 그런 기업에 대한 비중의 한계를 정해놓고, 숫자를 따라가는 기업들의 투자도 병행했으면 하는 바람이다. 이전에 적은 글에 집중투자라 하더라도 3~5종목은 투자하라고 했던 이야기가 이런 것에 대한 부분이다. 게다가 운영하는 자산이 늘어갈수록 어쩔 수 없이 분산은 조금씩 더 하게 되는데 그러려면 커버리지가 넓은 것이 좋다.

예시 1. 지엔씨에너지

매출 구성

: 발전기 부문 84% + 공사 부문 10% + 전력 판매 부문 3%

1. 발전기 부문
- 건물/플랜트/선박/현장에서 비상 전력 공급을 위한 디젤 엔진/가스 터빈 발전기
- 일반 건축물용이 저마진, IDC/R&D/플랜트향이 고마진 제품군, OPM(영업이익률) 5~10%
- 디젤 엔진과 가스 터빈 엔진 중 가스 터빈 엔진이 상대적으로 고마진(터빈, 연료 효율↓, 전력 품질↑)
- 주요 고객사는 LG CNS, 국내 통신 3사, 삼성SDS, 금융 기

관 등
- 엔진은 SCANIA, CATERPILLAR, MITSUBISHI, WARTSILA, MAN, DOOSAN 등에서 수입
- 동체 조립 + 베드 제작 + 운전/배전반 제작 + 부하 테스트 및 시운전 ⇒ 출고 및 설치

2. 전력 판매 부문
- 매립지에서 발생되는 바이오 가스를 이용한 발전 사업, OPM 25~40%
- 바이오 가스 내 메탄 함유량이 변동 → 안정적인 가동에 대한 기술 필요
- 전국에 발전소 12곳, 도합 8,550kW 규모, 사이트당 500~2,000kW 수준
- 2024년부터 연료전지로 발전 사업하는 자회사, 석문그린에너지 온기 반영 예정

3. 공사 부문
- 냉난방 공조 기기 + 지열 이용 냉난방 시스템, 설치 및 시공 (이익 기여 거의 없음)

경쟁 현황
- 당사의 시장점유율은 IDC/플랜트/일반 건축물용 발전기는

언론 보도와 주요 업체들 매출 기준으로 추정

→ 60~70% 수준으로 국내 1위 수준
- 선박용 발전기는 STX엔진, 현대중공업 등과 경쟁 중
- 2위 사업자 코스탈파워, 동남아/중동향 수출 비중 50% 수준 추정

예시 2. 지니언스

매출 구성

보안 솔루션(NAC, EDR, GPI) 80.4%, 유지 보수 19.6%

EDR 10%, GPI 5%, NAC 85%

공공 52%, 민간 48%

1. NAC(Network Access Control)
- 네트워크 접근 제어 솔루션
- 승인받은 단말기와 사용자만 네트워크 접속을 허용, 이상 트래픽 발생 시 차단
- 글로벌 NAC 연 10% 성장, 국내 연 15~20% 성장
- 접속되는 단말이 증가할수록 NAC 사용량도 비례해서 증가
- 국내 시장(공공 + 민간)에서는 뚜렷한 경쟁사 없음
- 해외 시스코, 포어스카우트 등

- 공공 시장점유율 77%, 가트너에서 2022년 글로벌 Top 5 NAC 기업으로 선정
- 누적 고객 수 2020년 1,600개 → 2022년 2,400개
- 2020년 6월 클라우드 기반 구독형 NAC 출시, 100개 고객사 확보
- 2022년 6월 ZTNA(Zero Trust Network Access) 출시, POC(Proof of Concept) 진행 중

2. EDR(Endpoint Detection&Response)

- 엔드포인트 보안 솔루션
- 백신은 DB에 등록된 악성 코드 차단, 알려진 위협에 대응
- EDR은 사용자와 데이터의 행위를 모니터링하여 이상 행위를 차단, 알려지지 않은 위협도 차단 가능
- 2018년 국내 공공 기관을 중심으로 시범적으로 도입, 2021년부터 도입하는 기업들이 늘어나기 시작
- AI와 결합된 신종 악성 코드 증가로 글로벌 연 24.8% 성장 전망
- 국내 안랩, 해외 크라우드스트라이크, 노턴라이프락 등과 경쟁
- 공공 시장점유율 84%, 2017년 국내 최초 개발해서 시장 선점 중
- 민간 시장에서 크라우드스트라이크, 노턴라이프락 등 글로

벌 업체와 경쟁
- 지니언스는 커스터마이징, 기술 지원 및 유지 보수에서 글로벌 업체 대비 경쟁 우위
- EDR 제품 최초 국정원 '보안 기능 확인서' 획득 – 국가, 공공 기관에서 요구한 보안 요구 사항을 충족한 최초 제품
- 누적 고객 수 2019년 40개 → 2022년 139개

3. GPI(Genian Policy Inspector)
- 기업들의 보안 정책을 직원들이 준수하고 있는지 확인하는 PC 보안 진단 솔루션
- PC에 대한 진단 결과를 개인/부서별로 수치화하여 보안 규정을 준수하게 하는 게 목적

발표 양식 – 투자 아이디어, 리스크, 결론

투자 아이디어

투자 아이디어는 주가가 올라갈 만큼 실적이 좋아질 것이라 예상하고 그 근거들을 제시하는 것이 대부분이고, 그 외에 높은 배당률이나 경영권 분쟁, 신사업, 기타 모멘텀 요소들이 있을 것이다.

'주가가 올라갈 만큼'이라는 표현이 참 애매한데 달리 표현할 방법이 없다. 나도 주가가 올라갈 만큼 좋아지는 게 어느 정도일지 딱 잘라 말하기 어려운 경우가 많다. 거기에는 그 회사의 주가 상황과 시총 대비 회사의 실적 규모나 전방 산업의 상황 및 주식 시장의 분위기까지 영향을 미치는 요소가 너무 많기 때문이다. 그래서 나도 주가가 올라갈 만큼 좋아졌다고 생각했지만 실제로는 올라가지 않았던 경우도 많았고, 이 정도로는 주가가 오르지 않을 것이라 생각했는데 슈팅하는 경우도 많았다.

어쨌든 실적이 좋아질 것이라는 회사를 찾는 일 자체도 쉽지 않지만 그런 회사를 찾았다면 내가 예상한 실적이 나왔을 때 시장에서 반응하고 주가가 상승할 것인가를 상상해봐야 한다. 실제 투자하지 않더라도 많은 관심 기업들을 리서치하면서 그 회사들의 실적이 어떻게 나왔을 때 주가가 오르는지도 간접적으로 계속 경험해서 스스로의 데이터가 누적되어야 주식시장이 어떻게 돌아가는 곳인지 감을 잡을 수 있다.

솔직한 나의 느낌을 말하면 주식시장은 온전히 합리적으로 돌아가는 것 같지도 않고, 그렇다고 전혀 합리적이지 않은 난장판도 아니다. 대체로는 말이 되는 듯싶은데 부분적으로는 말이 안 되는 것 같고, 굉장히 과하게 반응하는 경우가 많은 것 같다. '미스터 마켓'으로 표현되는 이러한 시장의 속성에 휘둘리기 시작하면 형성된 가격이 모두 옳다고 판단하여 무작정 덤비다가 쓴맛을 보기도 하는데, 시장의 속성이 계속 변화해가다 보니 특정 시기의 미스터 마켓을 보면서 미스터 마켓이 언제나 이럴 것이라고 받아들이기 때문이다. 그래서 주식시장이 호황인 시기에 취하면 하락장이 오는 줄도 모르고 호황장에서 하던 행위를 계속하다가 어느 순간 망하거나, 불황인 시기에 빠져 있으면 주식시장이 언제나 이 모양일 것이라 생각하면서 두려움에 절어 있다가 어느 순간 올라온 주식시장을 보며 들어가지도 못하고 손가

락만 빨게 되는 것이다.

 투자 아이디어란 것이 그래서 더 어렵다. 언제나 똑같은 형태로 모든 것이 반복된다면 이렇듯 헷갈리지는 않을 테니 말이다. 그래서 좋아지는 폭이 굉장히 크고 좋아졌을 때 예상되는 PER 밸류가 상대적으로든 절대적으로든 충분히 싸질 때 좋은 투자 아이디어가 되는 것인데, 그런 기업을 찾는 것도 그 아이디어가 맞는 것도 모두 다 어려워서 좋은 투자 아이디어를 쉽게 찾을 수 없다. 그러니 투자 아이디어 찾는 게 어렵다 한탄하지 말고, 어려운 게 당연하다 생각하고 계속 찾고 또 찾는 것 말고는 할 수 있는 일이 없다.

 장 분위기가 좋고 그 시기에 시장에서 핫한 섹터라면 조금만 좋아져도 주가가 잘 오를 것이고, 시장이 안 좋고 소외된 섹터라면 웬만큼 실적이 잘 나와도 반응이 없을 수도 있다. 당장 반응이 없다고 그 투자가 실패한 것도 아니고 반응이 금방 나온다고 성공이라고만도 할 수 없다. 주가 상승은 대부분 지루한 하락 속에서 상승으로 전환될 때는 절벽에 가까운 형태로 치고 올라가는 경우가 많아 반응이 없어도 기다려야 할 때가 있고, 반대로 짧은 상승을 끝으로 다시 제자리로 오는 경우도 많으므로 다 잘할 수가 없음을 받아들여야 해서 투자를 오래 할수록 확신 있는 표현은 잘 못하게 된다. 게다가 작년이라면 분명히 시장에서 반응했을 것 같은 실적에도 올해는 반응 없는 경우도, 혹은 그 반대도 얼마든지 자주 발생한다. 그러다 보니 내 생각과 다른 경우를 많

이 보기도 하고 투자를 아무리 오래 해도 주가 전망은 헷갈린다

하지만 주가가 올라갈 만큼 실적이 좋아지는 듯한 기업들 주변에서 놀다 보면 그중에 내 생각대로 되는 경우나 혹은 내 생각보다 실적이 더 좋거나 주가가 더 크게 오르는 경우가 나오기도 하고, 실적이 좋아지면 주가가 안 오를 순 있어도 웬만해선 크게 빠지지 않는다는 것도 느끼게 될 것이다.

이 부분을 작성하고 있던 시점인 2025년 초까지의 주식시장은 점점 성장주만 관심을 받고 있고, 저PBR의 가치주는 외면을 받고 있다(일본의 사례처럼 바뀔 수도 있고 밸류업으로 인해 그런 경우도 자주 목격되긴 하지만 최근 몇 년은 그랬던 것 같다). 시장이 그렇게 흘러가면 투자자는 그 시장에 적응해야 할 뿐이다. 개별 기업에 대한 투자 아이디어로는 스스로가 믿는 부분을 심지 있게 끌고 가는 힘이 필요하지만, 시장 전체의 흐름은 시장의 속성에 빠져들어야 한다. 그것은 분기 실적을 스크리닝할 때 '많은 종목'을 '주가 흐름과 같이' 살펴보는 시간이 그 시장의 변화를 자연스럽게 느끼게 해준다. 많은 종목을 살펴본다는 것은 개별 기업의 아이디어를 얻을 수도 있지만 '현재' 시장이 '어떤 모습'인지를 자연스럽게 이해하는 과정이 되기도 하는데 이런 시간들이 누적되다 보면 '어떤 회사가 어떻게 되면 주가가 오를지'에 대한 부분도 좀 깨치게 된다.

이 부분이 굉장히 중요하다. 이건 어떤 사람은 금방 깨치고 어

떤 사람은 10년이 지나도 잘 깨치지 못한다. 그리고 깨치더라도 그에 대한 베팅을 어느 정도 할 수 있는가는 사람마다 레벨이 다르다. 또 이런 부분이 노력으로 되는 것인지 타고나는 것인지 솔직히 구분하기 힘든데, 나조차도 자산을 모으는 과정이 노력에 의한 것인지, 재능이 있었던 건지, 아니면 그냥 운이었던 것인지 잘 모르겠다. 하지만 분명한 것은 재능이 있든 없든 압도적인 노력이 없으면 그것은 잘 발현되지 않는 것이 분명하다. 주식시장에서 자산을 모으는 사람의 비율이 여전히 크게 낮은 것이 그에 대한 방증이지 않을까.

투자 아이디어라고 할 만큼 앞으로 좋아지는 회사를 발견하는 것은 절대 쉬운 일이 아니다. 특히나 비중을 크게 실을 만큼의 좋은 아이디어는 더 드물다. 그렇기 때문에 평소에 당장 성과가 나오지 않는 일을 계속한다는 것은 너무 지루한 시간들이어서 쉬운 일이 아니다. 하지만 그렇게 당장 성과가 나오지 않아도 꾸준히 지속하는 사람들이 좋은 아이디어를 발견하는 법이고, 좋은 아이디어는 1년에 한두 개만 찾더라도 그간의 노력을 충분히 보상받게 된다. 그러니 '이게 될까' 하는 생각보다는 그냥 '생각 없이' 계속해서 하다 보면 언젠가는 한 번 큰 보상을 받을 것이고, 그 성공의 경험은 또 다른 성공의 밑거름이 될 것이다.

내가 투자 아이디어를 어떻게 얻는지 궁금해하는 사람들이 꽤 많다. 그런 사람들은 투자의 비법 같은 것이 있어서 투자로 성과를 좀 내온 사람은 아이디어가 쉽게 얻어진다고 생각하고 있다는 느낌을 받는다. 내가 투자 아이디어를 어디서 얻는지는 이미 앞에 다 적었다. 분기 실적 나올 때마다 스크리닝하고 약간이라도 변화가 있을 만한 기업들을 다 뒤져보는 데 가장 시간을 많이 들이고 있다. 그 외에는 투자 모임을 하면서 아이디어를 주고받거나, 마트를 가도 올리브영을 가도 뭔가 히트하는 상품이 없는지 관심 있게 보고, 병원을 가도 뭔가 잘되는 게 없나 관심을 두고, 아내에게 요즘 인기 있는 게 무엇인지 물어보기도 한다. 또 시장에서 잘되는 섹터가 있으면 그 섹터 내에 제일 싼 기업은 어떤 게 있나 보기도 하고, 신저가나 신고가를 경신하는 기업들 중에서 아이디어를 건질 게 없나 소팅(sorting)해보기도 하고, 뭐 그냥 이것저것 다 해보다가 아주 가끔 아이디어가 얻어걸리는 경우가 있는데 그조차도 별로 좋은 아이디어가 아닐 때가 대부분이다. 다양하게 노력하는 과정에서 랜덤하게 걸리는 것이란 얘기다. 나는 지금도 비법 같은 건 없고, 그간의 글들에 다 써온 일들을 지금도 하고 있을 뿐이다.

그래서 아이디어에 대한 부분을 발표 자료에 적는 방식은 제각각일 수밖에 없고, 어떤 기업을 발표할 것인지를 선택하는 것이 가장 어렵다. 좋은 아이디어가 있는 기업을 고르면 그걸 풀어내는 일은 그리 어렵지 않기 때문이다.

투자 아이디어에 대한 부분은 자신이 찾은 투자 아이디어들을 합리적으로 논리에 맞도록 내용을 채우면 된다. 아이디어가 다양한 형태로 존재하기 때문에 적는 방식도 다양할 수밖에 없다. 단,

중요한 부분 위주로 작성하고 곁가지는 간단히 하거나 제외하면 처음 그 기업을 보는 사람들도 이해하기 쉬울 것이다.

리스크

리스크는 사업 구조를 고려할 때 발생할 수 있는 심각한 일이 될 수도 있고, 대주주의 과거 행적이 될 수도 있고, 높은 멀티플 자체가 리스크일 수도 있다.

너무 심각한 리스크가 있다면 투자 아이디어 자체가 무의미해지기 때문에 이런 자료 자체를 만들 필요가 없었을 것이다. 이런저런 리스크를 감안하더라도 투자할 만해서 발표 기업으로 선정했겠지만 그래도 리스크를 충분히 인지하고 있어야 한다. 그래야 심각한 리스크가 현실화되었을 때 패닉에 빠지지 않고 투자를 종료할 것인지 더 끌고 갈 것인지에 대한 판단을 내릴 수 있다.

결론

이런 일련의 과정을 통해서 결론을 내야 한다. 예상 실적이 어느 정도의 레인지로 나올 것인지 맞든 안 맞든 추정하고, 그것에 대한 멀티플을 부여하여 목표 가격을 설정하고 매수할 것인지 말

것인지 결론을 내려야 한다.

　대체로 예상 실적의 레인지가 맞지 않는 경우가 많다. 그것은 우리 같은 개인투자자뿐 아니라 애널리스트도 마찬가지이고, 심지어 회사의 내부자조차 꽤 자주 틀린다. 중요한 것은 이러저러한 근거를 통해 내가 그 레인지를 설정했다는 것이고, 그게 맞으면 좋은 성과를 얻고 틀렸다면 어디에서 무엇이 잘못된 근거였는지 알게 되는 계기가 되어 그것이 다음 투자의 밑거름으로 작용할 수 있다. 그렇게 조금씩 리서치가 발전해나가는 것이다.

　스스로 생각해도 맞지 않을 것 같기 때문에 대체로 이런 예상 실적의 레인지를 내는 것을 두려워한다. 하지만 억지로라도 자꾸 해봐야 한다.

　단, '과거 성장률'이 이랬으니 앞으로도 이럴 것이라고 예상하거나, '과거 성장률 평균치'를 대입하는 것은 전혀 쓸데없는 근거다. 반드시 현재의 아이템과 사업 모델을 파악하여 현재 상황에서 내년 혹은 내후년의 전망을 해야 한다. 앞서 '연간 손익' 항목에서 과거의 성장률은 과거의 어떤 일들로 그렇게 성장했는지 이해했을 것이고, '사업 모델'을 통해 이 회사가 어떤 방식으로 매출이 일어나는지 이해했을 것이다. 이를 기반으로 지금 상황에서 투자 아이디어가 실현된다면 이 회사는 어떻게 될 것인지 추론해야 한다.

　모임원들에게 발표를 시켜보면 대부분 예상 실적의 레인지 잡기를 난감해하면서 과거 성장률을 갖다 붙이는 경우가 많다. 부득이한 경우 그것도 하나의 방법이지만 대부분은 그렇게 해서는 의미 없는 결론이 도출될 뿐이다. 과거 5년간 평균 30% 정도 성장한 기업이 앞으로의 5년간 평균적으로 30% 성장한다면 그 기업은 그야말로 위대한 기업이 되는 것이다. 하지만 현실 세계에 그렇게 위대한 기업이 많이 존재하던가?

합리적 추정을 하되 보수적인 수치와 공격적인 수치를 나름 구해보고 보수적으로도 매력 있으면 좋은 수치다. 말도 안 되는 공격적인 수치를 적는 사람도 있고 밑도 끝도 없이 보수적으로 잡는 사람들도 있는데 둘 다 좋지 않다. 맞든 틀리든 누군가에게 얘기해도 어느 정도 수긍할 수 있는 비교적 합리적인 범위여야 한다. 너무 공격적인 수치는 투자의 발전이 없을 것이고, 너무 보수적인 수치는 좋은 기회를 많이 놓칠 수밖에 없게 된다.

이런 식으로 결과를 도출하기 위해 숫자를 적으려면 뭔가 앞뒤가 있어야 하기 때문에 스스로도 아무렇게나 적지 못하게 되어 도출하는 과정이 어렵게 느껴지겠지만 그것에 익숙해져야 한다. 그래야 내가 할 수 있는 것과 못 하는 것, 할 수 있는데 안 하는 것 등을 구분할 수 있다. 증권사 리포트에서도 애널리스트가 가장 신경 쓰는 부분이 리포트 말미에 있는 숫자들이라고 할 만큼 결국 모든 리서치의 과정은 숫자로 귀결된다.

추가: 주담 통화 내역 또는 탐방 내역

주담 통화는 자꾸 해보려고 노력해야 마음의 장벽 없이 습관적으로 전화기에 손이 가게 된다. 안 그러면 차일피일 미루거나, 몇 번 해보고 연결이 안 되면 귀찮아져서 포기해버리는 경향이 있기 때문에 발표 자료를 만드는 초기에는 의무적으로 주담 통화 내역을 넣게 한다.

주담 통화가 꺼려진다면 '매일 한 번' 또는 '일주일에 한 번' 등 스스로의 룰을 정해두고 철저히 지키려고 해보는 게 좋다. 사람은 하다 보면 하게 되는데 안 하면 또 금방 안 하게 되어 스스로와의 약속을 지키는 게 투자자로서는 중요하다. 주담 통화를 하기 위해서는 사업 내용도 살펴봐야 하고 질문 내역을 뽑아놔야 하기 때문에 강제로 기업 공부를 하는 효과도 있고, 통화를 자주 하다 보면 대화의 기술도 늘게 된다.

주담 통화 시에 묻는 내용도 중요하다. 두루뭉술한 질문을 하면 100% 두루뭉술한 답이 나오고, 세부적인 질문을 하면 그나마 조금 나은 대답이 돌아올 수 있다. 질문도 투자에 필요한 내용 위주여야 한다.

미리 질문할 내용을 메모해두고 대화를 진행하는 게 좋은데, 주담의 성향도 제각각이어서 여러 사람 스타일에 맞춰서 통화를 자주 해보는 것이 좋다. 지금도 주가 관리 안 하냐며 욕설을 하는 사람들이 있기 때문에 먼저 본인의 이름을 밝히고 회사 내용에 대해 얘기하고 난 후 통화를 끊기 전에는 통화한 사람의 직급과 이름을 물어서 적어두는 게 좋다. 나중에 통화할 때 친근감을 느낄 수도 있고 반복해서 통화하다 보면 상대도 나를 알게 되기 때문이다.

탐방은 대면해서 이야기를 한 시간 정도 나누고 오기 때문에 주담 통화를 여러 번 한 것보다 더 서로의 경계심이 줄어들기도 하는데, 그렇다고 뭔가 비밀스러운 이야기를 해주지는 않지만 조금 편하게 그리고 자세한 내용을 나누고 올 수 있다.

투자 모임과 발표 자료의 의미

처음 투자 모임을 만들 때의 내 생각과 모임에서 발표할 때 사용하는 자료의 양식과 의미에 대해 길게 적었다. 단순히 자료를 보는 것과 설명을 듣는 것도 다르고, 남의 발표를 들을 때의 마음가짐과 스스로 발표할 때의 마음가짐이 달라서 이게 얼마나 전달되었을지 모르겠다. 하지만 투자를 주먹구구로 혹은 어디선가 남의 이야기만 듣고 투자하는 사람들에게는 투자를 열심히 하는 누군가는 이렇게 하는구나라는 것을 아는 것만으로도 자신의 행위에 대한 경각심이 들 수 있지 않을까 한다.

투자는 스스로의 책임이라고 이야기하는데, 그 누구도 이 말에 동의하지 않을 수 없을 것이다. 누군가가 협박해서 매수 버튼을 누르는 게 아닌 이상 말이다. TV나 유튜브에서, 블로그에서, 텔레그램에서, 심지어 유료로 종목 추천을 하면서도 말미에 '최종 투자 결정은 본인 책임'이라는 문구가 떡하니 붙어 있다. 투자하는 사람 모두가 그 문구대로 정말로 본인이 책임질 수 있는 투자를 했으면 하는 바람이다. 종목에 책임질 정도가 아니면 투자하는 금액에서라도 책임질 수 있는 게 스스로와 가족에 대한 최소한의 도리다.

  내가 발표 자료에 대해 적은 글은 교과서처럼 이렇게 하면 무조건 된다는 정석을 이야기하는 게 아니다. 내가 시행착오 끝에 이렇게 하는 게 좋겠다고 만든 양식을 여러 개의 모임을 만들면서 수십 명에게 적용시켜봤더니 괜찮더라, 라는 것이다. 그리고 모임원들 거의 모두가 몇 년의 시간 동안 많든 적든 수익을 내고 있다는 것은 우연히 그렇게 되었다고는 생각할 수 없으니 조금이라도 도움이 되었다고 생각한다. 하지만 이것이 이 글을 읽는 누군가에게 반드시 도움이 된다고 할 수도 없고 오히려 쓸데없이 시간만 낭비하는 것일 수도 있다. 그러니 뭐가 되었든 '직접' 해보고, 필요한지 아닌지, 도움이 되는지 안 되는지, 아니면 어떻게 하면 더 좋아질지, 그런 것들에 대해 스스로 고민해보고 발전시켜갔으면 좋겠다.

  투자 공부는 어렵고 힘든 것이다. 투자라는 것이, 아니 이 세상 어느 곳에서도 '돈'을 버는 데 쉬운 일은 없다. 쉬워 보이면 대체로 사기인 경우가 거의 전부이고, 주식판에서도 투자를 쉽다고 이야기하는 사람들은 아무것도 모르는 초보이거나 사기 친다고 생각한다. 투자는 절대로 쉽지 않다. 단지 주식시장이 호황인 시기에 '잠시 쉬워 보이는 구간'이 있을 뿐이다.

여러 개의 투자 모임을 만들면서 많은 사람들과 이야기를 나눠보고 느낀 점은 주식하는 사람들이 생각보다 많지만 기업을 공부하는 사람은 적고 시장을 이해하려는 사람은 더 적은 것 같다는 것이다. 주가 뒤에 있는 기업을 이해하려고 노력하면서 경험을 쌓아온 사람은 시간이 지나면서 주식시장을 이해하고 받아들이는데, 그저 주가에만 관심 있는 사람은 언제나 제자리다.

자신이 주가에만 관심이 있던 사람이었는데 가치투자로 뭔가 발전하고 싶다면 일단 처음에는 실적이 성장하는 기업에 대한 아이디어에만 포커스를 두자. 주식투자에는 실적의 변화 외에도 경영권 분쟁, 각종 테마, 회사 분할, 어떤 이벤트 등 다양한 종류의 아이디어가 있다. 그러나 실적의 변화와 그 실적에 살 수 있는 시총의 적정 범위에 대한 고민을 하면서 주식을 보는 시간들이 어느 정도는 지나야 이 수준이면 사도 될 가격인지, 아무리 좋은 이벤트가 있어도 사기엔 너무 비싼 가격인지 등의 주식과 주가(시총)에 대한 기준점이 맞춰지는 듯하고 내가 가치로 접근했는지 모멘텀으로 접근했는지 구분이 된다. 이런 구분이 되어야 모멘텀으로 접근했는데 주가가 떨어지면 가치투자로 돌변해서 물타기를 하는 어처구니없는 행동을 하지 않을 수 있다(모멘텀으로 접근했다가 물리면 가치투자로 돌변하는 것은 자신의 행위를 정당화하려는 심리적 기제일 뿐이다). 그 이후에 다양한 아이디어로 접근해야 주식시장에서 말도 안 되는 가격에 있는 주식들로 인한 혼란스러움에서 중심을 잡을 수 있고, 기업과 가격에 대한 밸런스도 좀 잡힐 것이다.

모임을 만든 후 발표 자료를 만들어오게 하면, 초반에는 성의 없이 만드는 사람은 거의 없고, 반대로 성의가 넘쳐서 투자에 쓸데없는 내용까지 다 때려 넣어 방대한 내용의 발표 자료를 만드는 사람들이 오히려 많다. 자기가 조사한 게 아까워서 내가 이렇게 노력했음을 보여주기 위한 것처럼 느껴질 정도로 발표 자료에 이것저것 다 쑤셔 넣은 듯 말이다. 그러나 발표 자료에 조사한 모든 내용을 넣어서 만든다는 것은 투자에서 뭐가 중요한지 포인트를 잘 모른다는 의미이기도 하고, 투자를 위한 발표가 아니라 공부를 위한 발표인 경우도 많았다. 물론 어떤 기업의 사업 아이템이나 사업 형태가 복잡하고 어려워서 꽤나 깊은 리서치를 하고 그것을 발표 자료에 모두 담을 수밖에 없는 경우들이 있지만 그런 경우에도 최대한 발표를 듣는 사람이 이해하기 쉽게, 그리고 투자에서 필요한 부분만 선별하여 작성하고 브리핑을 해야 그 어려운 내용이 그나마 쉽게 전달되는 것이다. 그렇게 하려면 발표하는 사람이 그 내용을 정말 명확히 알고 있어야 하고, 투자에서의 포인트를 잘 잡고 있어야 가능해서 어쩌면 더 어려운 일일 수 있다. 투자를 하다 보면 이것저것 다 갖다 붙이는 아이디어보다는 심플한 아이디어가 오히려 변수가 적어서 더 좋은 아이디어가 되는 경우가 많은데 그 아이디어가 심플하다고 쉽게 찾아지는 것이 아니다. 오히려 많은 복잡한 아이디어들 속에서 이루어진 고민을 통해 심플하지만 좋은 아이디어가 발견될 수 있는 것이다.

발표 자료의 양이 많으면 발표하는 본인은 그 내용을 다 알고 있으므로 이해하기 어렵지 않겠지만, 그 회사를 처음 접하는 사람은 이해는커녕 더 혼란스럽기만 하다. 게다가 발표 시간은 길어지고 사람들이 집중할 수 있는 시간도 오버되어 굉장히 많은 내용을 들었지만 별 의미도 없어 보이고 이해도 잘 안 되며 피곤하기만 하다.

반대로, 짧게 투자 아이디어만 나누는 모임은 투자에 능숙한 사람들에게는 꽤 괜찮은 시간일 수도 있으나, 알고 있는 기업의 풀이 넓지 않은 데다 산업의 이해도가 낮은 사람들에게는 거의 모멘텀만 노리는 형태가 되기 쉽고 휘발성이 높아 누적되는 노력이 되기는 어렵다.

발표 자료 작성을 잘한다고 투자를 잘하게 되는 것은 아니다. 그냥 투자 아이디어 하나 캐치를 잘해서 투자하는 것과 이렇게 자료를 만들어가며 투자하는 것도 결국엔 주식을 사는 행위로 이어질 뿐이어서 자료를 잘 만드는 순서대로 투자 실력이 나뉘는 것도 아니다. 어쩌면 내가 이렇게 하면 좋다고 적는 글들이 이렇게만 하면 투자에서 성과를 낼 수 있을 것 같은, 신기루처럼 손에 잡힐 듯 잡히지 않는 희망 고문이 될 수도 있다. 동서고금을 막론하고 투자를 통해 대다수가 수익을 내는 이상적인 상황은 지금까지 없었다. 투자라는 행위가 장기적으로 매수-보유-매도의 과정을 반복해서 거친다고 할 때 결과적으로 인간의 본성에 반하는 구간이 존재할 수밖에 없고 다수는 그 인간의 본성에 휘둘리게 되어 그걸 이겨내고 옳은 판단을 지속하기가 쉽지 않기 때문이다.

  차가운 말이지만 모두가 투자를 잘할 수 있다고 생각지는 않는다. 그래도! 서문에 적었다시피 어이없이 망하지는 말자.

  단 한 명이라도 내가 해온 과정들이 참조가 되어 자신만의 투자 여정을 통해 좋은 투자자가 된다면 그것만으로도 나는 행복할 것이다. 단지 내가 적는 글들 역시 여느 주식 관련 책들이나 유료 강의처럼 손에 잡힐 듯 잡히지 않는 희망 고문이나 가스라이팅이 안 되길 빌 뿐이다.

분기 실적 스크리닝 과정

텔레그램에서 '시총'과 '매출/영업이익'을 본다. 텔레그램에 최근 5개 분기 매출/영업이익이 나오니 그것을 훑어보고, 5개 분기를 보면 일단 계절성이 명백한 기업은 구분이 된다. 그리고 당연히 전 분기와 전년 동기를 좀 더 관심 있게 보는데, 전 분기나 전년 동기보다 매출이나 영업이익이 조금이라도 변화가 보이면 일단 관심을 가진다.

흑자 기업은 매출과 영업이익 모두 늘었거나(모두 좋아졌으니 당연히 봐야 한다), 매출이 줄었는데 영업이익이 늘었거나(비용 구조의 변화나 매출 아이템이 구조적으로 변했을 수 있으니 본다), 매출이 늘었는데 영업이익이 줄었거나(매출이 증가하는 와중에 일시적인 비용 증가인지 저부가 가치 매출의 증가인지 1회성 비용이 있었는지 확인을 해본다. 만약 매출이 좋아졌는데 비용단이 일시적인 문제로 많이 나온 것이라면 다음 분기부터 이익이 증가할 가능성이 있으니 본다) 하는 경우다.

적자 기업은 매출이 줄었는데 영업손실이 줄었거나(팔면 팔수록 적자인 사업 부분이 줄었을 수 있다), 매출이 늘었는데 영업손실이 줄었거나(매출이 계속 증가할 수 있으면 턴어라운드할 수 있을 것이다), 매출과 영업이익이 정체된 경우에도 분기 영업이익을 고려했을 때 시총이 밸류가 싸다면(PER이 10 이하 혹은 7 이하 혹은 5 이하…… 사업 구조에 따라 PER이 싸 보이는 구간이 있다. 일시적인 악재로 빠졌을 수도 있고 그냥 충분히 싸다는 것만으로 투자 기회가 있을 수도 있다) 관심을 가질 만하다.

그 외에도 필요하다고 생각되는 굉장히 많은 경우에서 가볍게 살펴볼 필요가 있다.

여기에 해당하는 경우라면, 분기 보고서의 '사업의 내용'을 열어서 무슨 사업을 하는지 살펴본다(사양 산업이라면 아주 큰 변화가 보이지 않으면 여기서 덮는다).

'매출 및 수주' 항목에서 매출 품목별로 무슨 변화가 있는지 보고, 필요하다면 전년 동기나 전 분기의 매출 품목별로 숫자를 비교해본다(크게 눈에 띄는 게 없으면 또 여기서 덮는다).

홈페이지에 들어가 아이템이 어떤 게 있는지 보고, IR 자료, 최근 리포트 등을 보며 눈에 띄는 내용이 있는지 본다.

재무 상태표를 보고 재무 구조가 너무 심각하지 않은지 본다(관리종목이나 도저히 손대지 못할 재무 구조인 것 같으면 여기서 덮지만,

그런 경우는 많지 않다).

증권 발행을 통한 자금 조달에서 희석 물량이 어느 정도인지와 전환 우선주 같은 추가적인 희석 물량이 있는지 대충 본다(희석 물량이 시총 대비 너무 많거나, 희석 물량을 고려했을 때 밸류가 별로라면 또 여기서 접는다).

사업 부문과 영업이익을 구분해놓은 기업들도 많으니 사업 부문별로 변화를 체크해보기도 한다.

종속회사 중에 중요한 부분이 있는지 체크해야 하는 경우도 있다.

주석에서 '비용의 성격별 분류'나 '판매비와 관리비' 등에서 비용단의 변화를 체크해봐야 하는 경우도 있다.

주석에서 자산이나 부채의 종류에 따라 살펴봐야 하는 경우도 있다.

여기까지 왔는데도 뭔가 회사가 좋아질 상황인 것 같기도 하고, 좋아지면 밸류상 매력이 있을 것 같기도 하고, 좋아지면 주가가 올라갈 것 같은 기업이라면, 매출이나 영업이익의 변화 요인이 일시적인지 구조적인지 파악해야 하므로 본격적으로 리서치한다.

내가 주공남에서 얘기한 것이 와전되어, 내가 사업 보고서를 처음부터 끝까지 다 읽는 사람이 되어 있던데, 그렇지 않다. 이런 식으로 사업 보고서의 필요한 부분들을 열어본다는 것이고, 이런 작업이 매 분기 매년 반복되면 그냥 대충 봤던 기업들이 계속 봐

지게 된다. 처음에는 너무 많아서 지치지만 몇 년 지나면 회사 이름만 보고도 그냥 뭐 하는 회사인지 알게 되고, 리서치를 해본 기업의 기억이 누적되는 것이다.

이런 기업들을 볼 때 주가 차트와 같이 봤는데, 어떤 경우에 오르고 어떤 경우에 떨어졌는지도 함께 봐두려고 했다. 당시에 성장하는 섹터에 속해 있는 기업들은 대체로 실적도 좋지만 주가도 좋은 경우가 많다는 것을 자연스레 알게 되고, 어떤 기업들의 실적과 주가가 좋은지도 알게 된다. 만약 좋은 섹터에 속해 있는 기업이고 실적이 좋아진 것 같은데 많이 안 올랐거나 앞으로 실적이 많이 좋아질 수 있겠다는 판단이 들면 좀 더 관심을 가지게 된다.

만약 실적이 좋아지고 있는데 주가가 계속 내려와 있는 기업들도 간혹 있는데 왜 이럴까 하고 궁금해하며 찾아보면서 그럴 만한 이유가 있는지 확인하는 과정에서 알게 되는 것도 있었다.

전방 산업이 좋을 때는 개별 기업이 조금만 잘해도 실적이 좋아지고, 전방 산업이 어려울 때는 개별 기업이 엄청나게 잘해야만 실적이 좋아질 수 있고 주가도 이를 반영한다는 것도 느끼게 된다.

이렇게 매 분기 기업들을 스크리닝하다 보면 탑다운으로 찾는 것이나 별반 차이가 없다. 좋은 섹터가 눈에 보이는 건 똑같은데 단점은 자잘한 일이 아주 많아서 지친다는 것이다. 탑다운으로 보는 게 효과적이긴 한데 걸러지는 기업들이 있을 수밖에 없어

나는 바텀업으로 하려고 했다.

자주 하는 말이지만, 이런 작업이 귀찮고 짜증 나긴 해도 어려운 일은 아니다. 그냥 하면 할 수 있는 일이다. 인형 눈알 붙이는 것에 비교하기는 좀 그렇지만 아주 어려운 일을 하는 게 아니라 귀찮고 짜증 나는 수준의 일을 하면서 돈 벌 기회를 찾을 수 있다면 나는 굉장히 수지맞는 일이라고 생각한다. 주식에서 손익비 따지는 사람을 많이 봤는데 이런 작업이 그냥 손익비가 아주 좋은 일이라고 생각되지 않을까?

나는 무식하게 이렇게 해왔고 지금도 하고 있는데, 다른 효과적인 방법이 있는 분들은 알아서 하면 될 것 같고, 뭘 해야 할지 모르겠다면 많은 기업을 스크리닝하고 리서치해보는 게 좋을 듯싶다. 언제나 할 일은 많을 것이고, 시기마다 다른 모습이 느껴질 것이다.

그 외에도 심심하면 PBR 낮은 순으로 소팅해보고, 배당률이나 PER, 시총 등 다양하게 소팅을 해보기도 했다. 그냥 이것저것 필요하다 싶으면 다 찾아본 것 같다.

이렇게 하다 보면, 상장이 의미 없는 수많은 기업이 있다는 것을 알게 될 것이고, 기업의 체력 대비 시총이 이해할 수 없을 만큼 터무니없이 높게 형성되어 있는 경우도 보일 것이고, 이 기업은 왜 이렇게 싼 거야 하는 경우도 보일 것이고, 싸게 가격이 형성된 기업들은 어떤 기업들인지도 보면서, 싼 기업 중에 오를 만한 기업과 그냥 싸기만 한 기업을 구분해가야 한다.

발표 자료는 말 그대로 발표할 때 필요한 자료를 만드는 것이고, 아무 기업이나 잔뜩 만들라는 것이 아니다. 물론 시간이 많으면 다 해봐도 좋겠지만 투자자는 할 일이 많은데 그러기는 어렵고 스크리닝을 통해 이리저리 걸러내고 나서 아이디어가 충분히 괜찮아 보이는 종목을 찾는다면 만들어보라는 얘기다. 자료를 만들면서 사업 보고서에 어디에 뭐가 있는지, 연결 재무제표와 개별 재무제표가 뭔지, 주석에는 뭐가 있는지, 그리고 IR 자료나 리포트 등도 살펴보면서 회사를 좀 더 이해하려는 노력, 주담 통화까지도 하게 되면서 점점 능숙해지는 효과가 있으니 분명 도움이 될 것이다.

지난 2025년 1분기 실적 스크리닝을 하면서 주가 추이를 보니 기존에 꾸준히 성장하던 회사가 실적도 주가도 계속 좋았고, 정권 교체와 상법 개정의 기대 같은 영향으로 지주사나 가치주들의 상승도 굉장히 좋았다. 그런 모습이 보이니 지금은 얼마 전까지는 관심 없던 기업의 자산이나 PBR에도 좀 더 관심을 두고 있고, 배당 증액이 가능할 것 같거나 저PER 기업들도 관심을 두고 살펴보는 편이다. 지금 시장의 모습이 그렇기 때문이다.

내가 책을 통해 다양한 기업들을 살펴보고 그 시기마다 변하는 시장의 모습에 적응하라는 말을 여러 번 했는데, 분기 실적이 나오는 때가 바로 그런 일을 할 수 있는 시기다.

망할 회사는 아니야

처음 투자 모임을 만든 후, 모임을 진행하면서 모임원들에게 이런저런 이야기를 해주던 것들 중에 반복되던 것들을 생각해봤다. 투자한 지 얼마 안 된 사람들이 자주 하는 질문에 대한 답변들이었는데, 투자 모임과 발표 자료에 대한 글에 이어 이 글을 읽으면 연계되는 부분이 있을 것이다.

이 회사 괜찮고요, 최소한 망할 회사는 아니에요.
→ 회사는 안 망해도 너는 망할 수 있다. 망할 회사가 아니라고 투자할 거 같으면, 그냥 현금 갖고 있어라. 현금이 제일 안 망한다.

주가가 떨어지면 대주주가 제일 손해 아니야? 뭔가 믿는 구석이 있으니 이렇게 했겠지. 하락해도 다시 회복할 거야.

→ 대주주나 대표이사는 회사로부터 연봉을 몇억씩 받고 배당도 몇억씩 받는다. 그리고 회사를 보는 시간 지평이 우리 같은 투자자와는 다르다. 주가 하락해서 네가 괴로운 만큼 대주주도 괴로운 게 아니야. 주식 놀음 하는 대주주나 대표가 아닌 일반적인 대주주나 대표는 극단적인 경우가 아니면 그냥 회사를 보유하고 있는 거야. 너랑 같은 처지로 보지 마. 주식으로 먹고살아야 하는 네가 대주주인 양 굴다가 주가 떨어지면 대주주는 안 망해도 너는 망한다.

어떤 회사의 주가가 오를까?

→ 주가는 얼추 논리적으로 움직이지만 때로는 비논리적이기도 하다. 어떤 회사가 이러했다고 그와 비슷한 어떤 회사도 반드시 이래야만 하는 것은 아니며, 완벽하게 동일한 회사는 존재할 수 없다(같은 사업을 하는 회사라도 밸류가 다르고, 재무가 다르고, 대주주가 다르고, 거래처가 다르고, 직원이 다르다).

물론 대부분의 비슷한 사업을 하는 회사는 비슷하게 움직인다. 예외적인 경우를 이야기하는 것이다. 비슷한 회사가 다르게 움직인다고 따질 수도 없다. 따질 상대가 없다. 허공에 외치는 것과 다름없다. 그렇다면 어떻게 해야 할까. 많은 회사를 공부하고, 그 회사들의 사업 내용과 이익 변화와 그에 따른 과거의 주가 흐름을 많이 봐두어야 한다.

과거에 큰 성장을 이룬 기업들의 주가 흐름, 언제부터 올랐으며 언제 피크였고, 어떻게 하락을 했는지, 그게 실적의 반영이었는지 일시적 테마였는지도 봐두면 좋다.

그리고 어떤 회사들이 밸류를 잘 받고 있고, 그런 회사들은 어떤 숫자의 흐름을 보여왔는지, 거꾸로 어떤 회사들이 밸류를 잘 못 받는지, 그 이유가 뭔지도 고민해보고, 그게 오해인지 아닌지도 고민해야 한다.

그러면 연역적으로 주가의 흐름을 따지고 들 수는 없겠지만, 귀납적으로 많은 사례를 통해 어떤 기업의 미래를 추론하는 데 굉장히 높은 확률로 보답받게 된다. 주가 차트도 회사의 실적과 함께 봐야 한다.

이러한 많은 사례가 머릿속에 들어가 있으면, 살펴보는 회사가 지금 아이디어대로 숫자가 잘 나왔을 때 시장에서 밸류를 잘 받을지 어떨지, 혹은 지금 시장의 평가가 오해인지 합리적인지 구분하기가 조금은 쉬워진다.

다 맞힐 수도 없고, 다 맞히려 하지도 마라. 그냥 좀 더 많이 맞으면 된다고 생각해야 한다.

지금 살펴보는 회사의 미래가 과거의 수많은 사례에서 모두 다 주가가 크게 상승한 경우와 비슷한 케이스라면 높은 확률로 주가가 상승할 것이다. 단, 지금 살펴보는 회사의 미래가 당신이 보는 미래와 같다면 말이다.

포트 연간 기대수익률은 얼마로 생각하나? 대부분은 버핏을 기준으로 연 20% 정도라고 소박하게 대답한다.

→ 연 20% 정도의 수익률을 올리려면 포트에 포함된 개별 종목들의 기대수익률은 어떻게 되어야 할까?

포트에 10개 종목이 있다고 하자. 당신이 투자의 신이라 현금 비중 없이 주식 100%로 보유하여 10개 종목 모두 20%씩 수익을 낸다면 연간 20%를 낼 수 있다. 아니면 주식을 80% 비중으로 보유하고 10개 종목이 약 25%씩 모두 수익이 나면 된다.

하지만 보통 10개 보유하면, 투자를 잘하는 사람도 5개는 수익, 3개는 보합, 2개는 손실이 나기 마련이다. 그렇다면 이런 경우에 연간 20% 수익률이 나려면 어떻게 해야 할까?

수익 난 5개는 최소 30% 이상의 수익이 나야 하고, 손실 난 2개는 10~20% 미만의 손실로 막아야 한다. 그렇지 않으면 수익 난 종목이나 손실 난 종목을 몇 개월 단위로 스윙을 잘해서 잘 갈아타야 한다. 이렇게 보면 그 어느 것도 소박하게 목표했던 연간 20% 수익률을 올리는 일이 쉽지 않다는 것을 알 수 있다.

아니면, 레버리지를 쓰는 방법도 있다. 레버리지를 많이 쓰면 ROE가 높아질 여지가 많아서 보다 쉽게 목표 수익률을 달성할 수 있겠지만 그건 잘되었을 경우고, 2008년 금융 위기까지 갈 것도 없이 2018년이나 2022년 정도의 하락장을 만나도 영혼이 날아갈 수 있다.

그래서 종목당 기대수익률이 높은 종목 위주로 투자해야 한다는 결과가 나온다. 포트에 10종목이 있다고 할 때, 종목당 기대수익률이 30~50% 이상은 되어야, 5개 오르고, 3개 보합에, 2개가 사고 치면 그래도 포트 전체에 20% 정도의 기대수익률을 노려볼 수 있을 것이다.

아이러니하게도 기대수익률이 높을수록 잘못되었을 때 덜 다친다. 기대수익률이 높다는 것은 아주 많이 싸거나, 아주 많이 좋아지기를 기대하는 종목이기 때문이다. 물론 드물다는 단점이 있다. 그렇다. 결론은 드물다는 문제를 어떻게 극복할 것이냐다.

앞서 이야기했듯, 굉장히 많은 케이스를 봐야 한다고 생각한다. 그래야 귀납적으로 자신의 선택에 자신감이 생기고, 그 결과의 성패가 이후의 투자에 또다시 자신감으로 누적된다. 투자에서 연역법은 너무나 쉽게 깨져버린다. 그리고 그것이 깨졌을 때 받아들이기도 힘들어서 마음을 떼지도 못하고 인정하기도 어렵다. 왜? 논리적으로 맞으니까. 그런데 시장에서 인정을 안 해주면 시장이 잘못된 거니까. 내가 잘못된 게 아닌데 인정할 수 없는 결과가 나오니 받아들일 수 없게 된다.

어떤 회사가 밸류를 잘 받나?

→ 매출의 상단이 막혀 있지 않고, 매출이 늘면 이익이 급증할 수 있는(영업 레버리지가 극대화되는) 기업이다. 밸류를 섹터별로 구분해서 단정 지으면 안 된다.

사업이 가격 전가를 할 수 있어야 영업 레버리지가 걸리고, 시장 규모가 큰 기업이어야 매출의 상단이 멀다. 그래서 브랜드 있는 B to C 기업이 밸류를 잘 받고(게임과 엔터도 B to C), 내수보다는 해외에서 성장하는 기업이 밸류를 잘 받고, 독점 과점 기업이 밸류를 잘 받는다(바이오도 성공할 경우 일종의 독점).

그래서 매출은 그대로이거나 줄어드는데, 비용 절감으로 이익이 늘어난 회사는 별 재미가 없고, 굉장히 작은 시장 규모를 가진, 그러나 적은 매출에도 영업이익률이 엄청 높은 기업도 별 재미가 없고, 매출이 늘어나는데 그 매출의 한계가 명확하면 이익이 좀 늘어도 별 재미가 없다.

느낌에 주가가 좀 올라갈 것 같다?

→ 주식판에 좀 있다 보니, 빨리 오를 종목들이 왕왕 보이는 것도 같고, 맞힐 확률도 높은 거 같다. 하지만 쓸데가 없다.

많은 사람들은 이런 능력을 주식투자의 능력이라 보는 것 같지만, 이런 능력은 상승장에서나 통할 뿐이고, 언제 올지 모르는 하락장에서는 능력이 아니라 독이다. 대부분 이런 능력을 키우려고 발버둥 치다가 사라진다.

가치투자로 자산을 키운 대부분의 사람들은 이런 능력이 있어서가 아니다. 정말로, 실제로, 싸고 좋아지는 기업을 찾는 노력을 해온 사람들이 자산을 크게 일군다. 왜냐하면 언제 올지 모르는 하락장에서야말로 빛이 나는 능력이기 때문이다.

우리나라는 장기 투자할 기업이 많이 없다?

→ 우리나라는 시클리컬 산업이 대부분이라 장기 투자도 어려울 뿐 아니라, 어쩌고저쩌고 말 많은 사람들이 있다. 그렇다. 우리나라는 내수도 작고 글로벌 기업도 별로 없고 장기 성장주들이 별로 없는 것은 사실이다. 그냥 시클리컬 기업에 투자하면 된다. 장기 성장류가 아니면 가치투자가 아니라는 생각을 버려라. 단지, 상승하는 사이클에 투자하면 된다.

주식은 실시간 가치 평가다. 엄밀히 말하면 자산 시장이 다 그렇다. 상가를 예로 들어보면, 당장 임대가 안 되어도 10년, 20년 후가 좋을 거 같으면 시세가 안 떨어지나? 아니다. 상가도 당장 잘되는 곳이 시세가 비싸고, 당장 안 되는 곳은 시세가 떨어진다.

주식이란 것도, 가치란 것도 시기와 상황에 따라 계속 변한다. 그러니 너무 먼 미래 말고 당장 잘되고, 머지않은 미래에 잘되고, 아주 먼 미래에는 적당히 잘될 기업을 찾으면 된다. 단, 먼 미래에 없어질 사업은 밸류를 거의 못 받기 때문에 좋지 않다. 적당히 존재할 수 있어야 하는 사업이다.

그리고 시클리컬 산업은 대체로 수요가 항상 일정 이상 있는 사업이다. 수요가 항상 일정 이상 존재해야 공급단의 변화로 상승 사이클이 왔다가 하락 사이클이 오곤 하는 것이다.

시클리컬 산업이었다가도 수요가 꾸준히 증가하는 상황으로 바뀌면 성장 산업으로 바뀌기도 하고, 시클리컬 산업이었다가도 수요가 꾸준히 하락하면 사양 산업으로 바뀌기도 한다. 사이클

기간도 모두 다르다.

사양 산업을 시클리컬 산업으로 오인하면 큰 피해를 볼 수 있고, 성장 산업을 시클리컬 산업으로 오인하면 큰 기회를 놓칠 수 있다. 그런데 둘 다 판단을 내리는 게 쉽지는 않다.

그래서 어쩌라는 말인가?

→주가는 어떻게든, 어떤 과정이든 결국 가치를 반영한다고 생각한다. 주가가 빨리 오를 기업을 찾는 게 아니라, 빨리 가치가 오를 기업을 찾는 것이 전후 관계가 맞는 것이다. 그리고 투자에서 오기를 부리지 마라. 그냥 아닌 듯싶으면 피하고, 맞는 것 같은 기업에만 투자해라.

제4장

수익은 시장이 주고, 손실은 내가 낸다

투자에서의 행운과 불운

전업투자 기간 동안 기억에 남은 투자 경험들을 떠올려봤다. 모든 아이디어가 다 맞았는데도 성과로 이어지지 못한 경우가 있고, 어이없이 수익이 난 경우도 있었는데 몇 가지 경우를 적어보겠다. 편의상 기업명을 밝히지 않았는데, 본문에서 언급된 회사도 있고 그렇지 않은 회사도 있다.

2013년, A라는 종목의 비중 있는 투자

5월에 투자를 시작한 후 11월까지 -20~-30%에서 20~30% 정도로 시장의 흐름에 따라 수익률이 왔다 갔다 했는데, 11월 중순 3분기 실적이 생각보다 훨씬 잘 나왔다. 내가 기대한 수준이 100 정도라면 200 이상 나온 것이다. 방향은 맞았으나 실적 개선의 폭은 월등히 컸고, 그래서 다음 해까지 투자가 이어지면서 기대보다 훨씬 높은 250% 정도의 수익으로 마무리할 수 있었다. (행운.)

2014년, B라는 종목의 비중 있는 투자

1~2년 안에 충분히 주가 상승이 있을 거라고 생각해 투자했는데 비중을 좀 줄이긴 했지만 최종 투자 마무리는 2018년 상반기까지 이어졌다. 수익률은 70~80%로 마무리되었다. 4년 정도 이어진 투자로는 그다지 성공적이지 않다고 생각되었다.

그런데 2018년 상반기에 매도하고 나서 두세 달 후 2~3배 오르고 2020년에는 거기서 2~3배 더 올랐다. (이건 행운일까 불운일까?)

한 회사를 굉장히 오랜 기간 모니터링하고, 주담이 중간에 바뀌면서도 장기 투자자로 관계가 지속되며 주담을 대하는 태도나 요령을 습득하게 된 회사이기도 하다. 그리고 어떤 경우에는 회사 측에서 표현하는 방법이나 관점이 투자자의 관점과 다를 수 있다는 것도 체감했다.

회사가 진행하고자 하는 일들에 얼마나 많은 난관이 생기기도 하고 변수가 생기는지를 겪어가는 과정으로, 회사에서 하려고 해도 뜻대로 안 되는 일들이 많은 것을 알게 되었다. 투자자로서 보는 '결과만 나타나는 손익계산서' 뒤에 얼마나 많은 일들이 회사에서 벌어지고 있는지를 느끼는 계기가 되었다.

2015년, C라는 종목의 적당한 비중의 투자

3일간의 분할 매수 완료 후 네 시간 만에 부도로 인한 거래 정지가 되고 순식간에 상장폐지되었다. 금감원으로부터 분식회계가 적발되어 집단소송을 제기했으나 7년 만에 최종적인 3심 패소 판결을 받았다. (굉장한 불운. 그러나…….)

표면적으로는 내게 이런 일이 일어날 수 있나 싶을 정도의 불운이다. 하지만 이때부터 나는 투자자로서 굉장히 중요한 다음 내용을 뼛속깊이 받아들이게 되었다.

'투자자로서 나에게 그 어떤 일이 벌어져도 이상하지 않다.'

'레버리지 많이 쓰면 비참한 꼴을 당할 수 있다.'

아무리 확신이 들어도 절대로 비참한 꼴을 당할 수 있는 수준의 베팅은 하지 않고 절제하려는 마음이 기저에 자리 잡게 되었다. 상장폐지 당시에는 '내게 도대체 왜 이런 일이 생겼을까' 하며 괴로워하고 자책했지만 2~3개월 후 어느 정도 망각되고부터는 '그 정도였던 게 다행이다'는 생각도 함께하게 되었다.

2017년, D라는 종목의 비중 있는 투자

이 회사는 2015년에 투자한 적이 있던 회사였고, 2016년에 투자를 마무리했지만 주총도 갔고 가끔 회사 주담과 전화하며 관계가 지속되고 있었다. 모니터링하던 와중에 굉장히 큰 수주를 받으며 회사가 급속히 사업 확장을 하고 있음을 알게 되어 급히 탐방을 잡고 내용 확인을 해봤다. 자금 조달 방식이나 사업 진행에 문제가 없음을 확인한 뒤 비중을 충분히 싣고 2018년 초까지 투자를 진행했다. 그러나 수주받은 건들이 잘 진행되지 않고 뭔가 사업적으로 꼬이는 상황인 것처럼 보였다. 회사 측에서는 진행이 지연되고 있을 뿐 계속 진행될 거라고 이야기했지만 돌아가는 모양새가 문제 있다고 판단해 100% 이상의 수익을 기록한 때도 있었지만 60% 정도의 수익률로 엑시트했다.

　이후 회사는 그 수주 건이 거의 제대로 진행되지 못했고, 수주 건을 대비한 설비 투자와 인력 충원 등의 원인으로 적자로 전환하게 되었으며 주가는 거의 제자리 혹은 그 이하로까지 떨어졌다. (행운일까? 아이디어가 훼손되었지만 수익은 보고 나왔으니······.)

　회사 측에서도 회사 규모가 커질 기회를 잡았다고 생각해 설비 투자 및 인원 확장을 할 정도에서도 사업이 잘못될 수 있다는 것을 체험했다. 이후부터는 회사의 말도 중요하지만 회사의 말보다는 분기별로 변화하는 수치 및 주변 정황을 더 중시하게 되었다. 곧이곧대로 믿지 않고 삐딱한 시선이 많이 생겼는데 그 덕분에 투자 기회를 많이 놓치기도 했지만 위험에 빠지는 경우도 줄어들었다.

2018년, E라는 회사의 비중 있는 투자

　굉장히 큰 수주 건이 연속적으로 공시되면서 회사에 관심을 갖게 되었고, 좋아 보였다. 탐방을 잡아서 갔다 온 이후에도 조금 더 확인이 필요한 부분이 있어 어렵사리 해당 주주를 찾아 대리

인으로 주총에 참석해보았다. 상무님과 미팅을 하고 자세한 이야기를 들을 수 있었는데 기대치보다 상당히 낮은 보수적인 이야기를 들었다. 이후 비중을 상당 부분 줄였으나 실적이 상무님이 얘기하신 것보다 훨씬 잘 나오면서 주가는 슈팅을 해버렸다. 너무 많이 알려고 하다가 오히려 엇박자가 난 경우다. (불운……?)

2018년, F라는 회사의 비중 있는 투자

모든 것이 내 기준에 투자하기 완벽한 기업이었다. 미래도 아주 가능성 높게 그려졌고, 남들이 놓치고 있는 밸류 상향의 요소도 있었고, 현재 가격만으로도 충분히 싸서 안전했기 때문에 굉장히 빠르게 비중을 높였다. 차트에 나의 흔적이 남은 양봉이 나올 정도로 하루에 급하게 매수했다. 실적은 생각대로 좋아졌지만 2018년에 주가는 별로 오르지 않았는데 2018년은 미중 무역 분쟁으로 굉장히 힘든 장이었으나 해당 종목은 거의 내리지 않아서 그것만으로도 다행이라 생각했다. 그런데 2019년에도 별로 오르지 않았다.

2020년 코로나 이후 포트 재편 과정에서 20~30%의 수익률로 마무리했는데 2년 정도 보유한 것치곤 그리 만족스럽지 않았다. 그러나 2년 전의 최초 투자 아이디어들이 시장에서 부각되기 시작하며 매도하고 나서 6개월 후 200% 정도 오르고, 또 6개월쯤 뒤에 100~200% 정도 더 올라서 매도 후 1년 정도의 기간에 6~7배가 올랐다. (불운……?)

2019년, G라는 회사의 적당한 비중의 투자

비쌌지만 나름 밸류를 굉장히 잘 받을 수 있는 사업이라는 생각에 일부 편입했다가, 코로나 때 추가로 매수하고, 2020년 말에도 추가로 매수했던 회사가 뜬금없이 매각 이슈가 걸리면서 2020~2021년에 5~6배 상승했다. 장세가 뜨겁던 시절이라 그냥 한번 내버려뒀는데 난리 블루스를 치며 계속 올라 분할 매도하다 보니 300~400% 정도의 수익이 되었다. 엄청 비중이 높지는 않았지만 되게 낮은 것도 아니어서 나름 큰 수익이었는데 이후 회사는 망가졌다. (행운. 아이디어 다 틀렸는데 수익을 많이 얻음.)

2020년, H라는 회사의 적당한 비중의 투자

2분기 실적이 굉장히 서프라이즈하게 나왔는데, 해당 실적이 당시 각광받는 산업에서 나온 것이라 그 산업군에서 굉장히 싼 회사가 될 것이라는 생각에 급하게 매수했다. 이후 두어 달 만에 100% 정도 올랐으나, 회사 측에 확인하면 할수록 뭔가 좀 앞뒤가 안 맞아서 60~70% 정도의 수익률로 마무리했다. 짧은 기간에 높은 수익률로 마무리했지만 그 실적은 단발성이었고 회사는 점점 그저 그런 상황이 되어갔다. 2021년 주총에 참석하여 임원 미팅을 하면서 내용을 충분히 확인한 결과, 2분기 실적이 단발성이었던 이유를 이해하게 되었다. (행운. 잘 나온 실적을 오해해서 샀다가 얻어걸림.)

전업한 이래 기억에 남는 종목들을 쭉 돌이켜보니 투자란 행운과 불운이 뒤섞이며 나오는 결과물들이 쌓이고 쌓이는 것 같다. 그만큼 투자에서는 운의 요소가 중요하게 작용하는 것은 부정할 수 없고, 투자를 오랜 기간 잘해오신 분들이 "운이 좋았어"라고 하는 말씀들은 겸손이 아니라 진심이라 생각한다. 나 역시 돌이켜 생각해보면 '운이 좋았네'라는 생각이 들 뿐이다. 그런 의미에서 나는 '수익은 시장이 주는 것이고, 손실은 내가 내는 것'이라는 말을 자주 하는 편인데, 수익에서는 시장 분위기나 운의 요소가 많이 작용하지만 손실은 수익보다는 운의 요소가 조금은 덜 작용한다고 생각하기 때문이다.

손실은 결국 손절했을 때 발생하는 것이다. 손절은 비싸게 샀거나, 혹은 투자 아이디어가 틀렸거나, 혹은 레버리지로 인한 청산으로 마주하게 되는 것이므로, 이 세 가지 모두 자신이 처음 매수할 때의 실수 혹은 욕심에서 비롯되는 것이다. 손실에서의 불운이라고 할 만한 것은 거의 분식회계나 횡령 같은 문제들 정도가 아닐까 싶은데 그런 경우는 아주 드문 편이니까 말이다.

근래의 주식시장에 대한 생각과 주식에 대한 태도

2020년 코로나 때 주식투자하는 사람들이 많이 늘었고, 그즈음부터 급격히 커진 텔레그램의 영향으로 투자 환경에 많은 변화가 생겼다. 그리고 해외 주식에 대한 직접투자가 국내 주식만큼 쉬워져서 국내 주식을 보는 시각에 대한 변화가 많이 생긴 것 같다.

과거에는 애널리스트의 보고서가 어떤 기업에 대한 아이디어가 널리 퍼질 수 있는 유일한 루트에 가까웠으나, 지금은 온라인상에서 다양한 매체의 투자 아이디어들이 텔레그램을 통해 아주 빠른 속도로 전파된다. 그래서 과거에는 기관과 외국인의 수급이 메인이 되었지만, 요 근래는 개인투자자들의 수급 결집력이 강해져서 텔레그램에 올라온 아이디어들만으로도 주가가 큰 폭으로 반응하기도 한다. 그만큼 변동성이 커졌고, 그로 인해 그 변동성을 이용하려는 투자자들도 그만큼 많이 생겨났으며, 제도권의 애널리스트들조차 텔레그램을 통해 직접 소통하는 경우도 많이 생겨났다.

하긴 미국 시장의 변동성은 더 크다. 미국 시장은 전 세계의 투자자들이 모두 주목하는 시장이어서 큰 변동성은 당연한 것이라 생각하고 있었는데 한국의 변동성도 점점 커지는 것을 보면 결국 시장이 선진화(?)되는 과정일지 모르겠다는 어이없는 생각도 하게 된다.

이렇게 변동성이 커지면 가치투자를 표방하며 기업 가치를 따지면서 투자하는 사람들에게는 좋기도 하고 나쁘기도 한 상황이 펼쳐진다. 좋은 점이라면, 회사의 변화가 주가에 반영되는 시간이 짧아져서 좋은 아이디어가 있을 때는 빨리 알려지고 성과를 빠르게 올릴 수 있게 되었다. 나쁜 점이라면, 주가의 변동이 기업 가치에 의한 것인지 아니면 텔레그램에서 떠도는, 나도 모르는 어떤 이슈에 의한 것인지 판단이 애매해지기도 하고, 쏠림에 의한 오버슈팅도 많이 나오기도 하고 하락도 생각보다 더 깊어져서 웬만한 판단의 확신이 없으면 휩쓸리기 쉽다는 것이다.

그리고 한국의 산업에도 과거에 비해 변화가 많이 진행되었다. 산업은 언제나 변화하기 마련이지만, 그런 시클리컬적인 변화라기보다는 구조적인 변화들 말이다.

내가 전업을 시작하던 시기에는 스마트폰이 태동하던 시기였고, 중국에서 현대차가 잘나가던 시기도 있었고, LCD에서

OLED로의 전환을 주도하던 시기가 있었고, 2~3년 정도의 주기로 한국에서 가장 큰 산업인 반도체가 호황을 맞는 시기가 있었다. 그리고 화학주들도 시클리컬적으로 움직이고 그 사이사이 소비재에서 아이디어를 찾거나 개별주 중에서 뜬금없이 잘해가는 기업들이 있었다.

그러나 최근 몇년간은 위에 적은 스마트폰, 자동차, 반도체, OLED 등 한국의 중추적인 산업들이 어느덧 하향 곡선을 그리고 있다. 대신에 조선이 호황을 맞는다거나 방산의 무게추가 한국으로 온다거나 화장품, 엔터 등 소비재들 중 성과가 좋은 산업들이 있지만, 전체 산업 규모로 보자면 과거보다는 작은 규모의 산업들이어서 상장 기업들 전체로 볼 때 실적이 좋아지는 기업의 숫자는 줄고 있다.

이런 상황의 이면에는 지난 10여 년간 중국의 제조업 역량이 급격히 올라온 영향이 큰 것으로 보이는데, 그런 이유로 인해 실적이 개선되는 전체적인 기업의 숫자는 과거보다 적은 느낌이고, 그로 인해 실적이 성장하는 기업에 투자자들이 더 몰려서 양극화가 심화되는 것 같다. 물론 거기에 더해 코인 시장의 성장과 해외 직접투자의 영향도 있을 것이다.

결론적으로 말하자면, 가슴 아픈 얘기지만 대한민국 전체로 보았을 때 쪼그라들고 있는 상황은 부정할 수 없다. 게다가 인구 감소까지 생각하면 더욱 그렇다.

투자 성과를 잘 이어나가려면 그 줄어든 틈바구니에서 좋은 투자 기회를 찾아야 하고, 변동성을 이겨낼 수 있어야 하니 가치투자자들에게는 오히려 더 심지가 굳은 투자가 필요한 것 같다.

과거에는 탐방을 많이 다니거나 리서치를 잘하는 것이 투자 능력에서 큰 부분을 차지했지만 요즘은 텔레그램이나 각종 유료 콘텐츠를 통해 관련 내용이 잘 공유되고 있고, 과거에는 좀 열심히 한다는 사람만 찾아보던 수출입 데이터도 10일 단위로 끊어서 공유되고 있는 데다 그런 사람들이 팀으로 움직이기도 하니 당해낼 재간이 없다.

그렇다면 그 사람들보다 더 잘하지 않는 이상, 다른 방법이 없느냐 하면 그건 아니다. 투자는 누군가와 싸워 이기는 게임이 아니다. 즉 제로섬이 아니다. 파생이나 트레이딩은 그래야 하는 게임일 수 있지만, 투자는 근본적으로 그런 게임이 아니다. 이 점을 온전히 이해하고 받아들여야 한다.

내가 투자한 기업이 잘 성장해서 실적이 좋아진다면, 그 회사에 투자한 사람들은 적이 아니라 거기에 투자한 모두가 성과를 올릴 수 있게 된다. 단지 내가 투자한 기업이 잘 성장해서 실적이 좋아질 수 있는지 리서치를 하고, 그 리서치를 믿을 만큼 스스로의 판단에 자신이 있으며, 그렇게 회사가 좋아진다면 모두 같이 수익을 누리게 된다는, 아주 당연한 상식을 누군가를 이겨야 성과를 낼 수 있는 게임으로 잘못 받아들이면 안 된다. 회사가 아이디어대로 잘 성장하면 같이 성공하고, 잘못되면 같이 실패하고, 나 혼자 잘못 판단했으면 나 혼자 망하는 그런 거다.

물론 현물 투자에도 제로섬 같은 경우가 있는데, 대표적으로 정치 테마주 같은 것들이다. 이런 기업들은 회사의 가치에 기대어 움직이는 것이 아니기 때문에 결국 언젠가는 높은 산을 그리고 내려오게 되므로 거기에 참여한 사람들끼리의 돈이 이전되는 것이기에 그렇다. 투자자에게는 그런 게임에는 참여할지 말지를 선택할 자유가 있고, 투자를 올바로 받아들인 사람이라면 그것이 투자가 아니라 도박이나 게임에 가깝다는 사실을 인지하고 있을 터이므로 거기에 참여하든가 말든가는 본인의 마음이다. 문제는 이것도 주식투자라고 착각하는 사람들에게서 벌어진다. 투자를 하든 도박을 하든 게임을 하든 그것을 하는 것 자체가 문제가 아니라 자신이 무엇을 하고 있는지를 알고 있느냐가 중요한 것이다.

기업 가치가 좋아져서 올라간 기업들은 주가는 물론 오르락내리락하겠지만, 과거보다 오른 레벨에서 오르락내리락하지 예전의 주가로 되돌아가지는 않는다. 주가가 매일 왔다 갔다 하고 어이없이 오르내리는 것들을 보다 보면 야바위판으로 보일지도 모르지만 그 누가 뭐라 해도 주식시장은 부동산과 다를 바 없는 실제 자산 시장이다. 자산 시장에는 반드시 가치가 존재하고 그 가치를 알아보는 사람이 있으며, 가치가 올라가면 가격에 반영된다는 믿음도 필요하다.

투자의 전제는 주가 뒤에 있는 회사의 성과다. 수많은 불특정 다수와 심지어 AI로 거래가 이루어지다 보니 주가가 오버슈팅을 했다가 땅굴을 팠다가 난리 블루스를 치지만 분명한 것은 주가는 그 기업의 그림자 같은 존재다. 시간의 격차는 있지만 기업이 예쁘게 성장하면 주가는 결국 오를 것이고, 성장을 못하면 주가는 떨어질 가능성이 많다. 그래서 성장할 기업을 찾는 것에 포커싱을 두어야 기준점이 흔들리지 않는다.

이렇게 내가 그간 해온 것들을 책을 쓰기 위해 블로그에 다 적으니 모임의 동생 중 한 명이 내게 이렇게 다 알려줘도 괜찮냐는 말을 했다. 잠재적인 경쟁자가 더 생길 수 있지 않냐는 것이다. 나는 이것이 투자를 제로섬으로 대하는 관점이라고 생각한다.

내가 적은 대로 다들 투자를 열심히 하게 되면 성장할 기업이 성장을 못하게 될까? 물론 시장에 현명한 투자자가 많으면 저평가된 기업이나 성장할 기업의 주가가 빨리 제자리를 찾겠지만 어떤 회사가 성장해서 결과를 보여주기 전에는 의심의 순간들이 존재할 수밖에 없고 거기에서 결국 투자의 기회는 솟아 나오게 된다. 그리고 시장에 현명한 투자자가 많아져서 적정 주가를 빨리 찾아간다면 성장하는 기업의 주가는 적정가로 빨리 반영될 것이고, 그것은 나로서도 나쁜 일이 아니다.

모두가 투자를 잘하게 된다고 해서 그들이 내 주머니에서 돈을 뺏어가는 것이 아니다. 내가 자산을 늘려온 것은 누군가를 이기고 짓밟아서 올라온 것이 아니라 회사가 잘돼서 그 성과에 숟가락을 얹었을 뿐이다.

내가 아는 것들을 풀어 쓴다고 나의 경쟁자가 늘어나서 점점 투자하기 힘들어지는 것이 아니라 올바른 투자관을 가지고 투자하는 사람이 늘어날수록 오히려 우리의 주식시장은 건전해져서 더 투자하기 좋은 환경이 될 것이라 믿고 싶다.

주가가 떨어지면 더 살 수 있는가?

다른 사람이 텔레그램이나 블로그에 적어놓은 글을 아무리 많이 보고 읽어도 자신의 실력이 크게 늘지는 않는다. 옳은 글들을 읽으면 옳아 보이는 게 당연한데 그것을 반복해본들 뭐가 옳은지 혹은 내가 알고 있는 건지 알 수 있을까. 중고등학생 시절에 수학 문제 답안지 보면 그냥 술술 답이 보이는 것과 똑같다. 답안지 보면 그렇게 답이 쉽게 보이는데 문제를 직접 풀려고 하면 안 풀리지 않던가? 심지어 답안지를 봤던 문제도 시간이 조금 지나 다시 보면 안 풀리는 경우가 많았다. 문제의 답안지를 보고 난 후 내가 그것을 안다고 착각한 것이다. 투자 역시 똑같다. 옳고 그름을 내가 판단 내리려면 내가 그걸 작성할 수 있어야 제대로 판단할 수 있다.

설사 다른 사람 글을 보고 옳다는 것을 이해하고 잘 샀다고 치자. 그렇게 다른 사람의 의견에 기대서 매수한 후 매도는 어떻게 할 것인가. 사자마자 떨어지면? 아니면 비중을 크게 실었는데 떨어지면? 매수는 다른 사람의 글을 보고 사고, 매도는 추세추종 기준에 따라서 하려고 한다면 그럴싸해 보이긴 하지만 과연 그게 지속적으로 될까? 아마 본인 스스로도 알 것이다. 이런 식으로 투자해서는 성과가 지속되기 힘들다는 것을.

상승장만 골라 투자한다면 가능할 수도 있겠지만 상승장과 하락장은 결국 지나봐야 보이는 것들인데, 만약 상승장에서 '만' 투자할 수 있다면 뭔 짓을 해도 잘될 것이다.

리서치를 하여 스스로 판단을 내리는 것은 주가의 흔들림을 이겨내기 위함이기도 하고, 나의 기준으로 매도 결정을 하기 위함이다. 문제가 생겼을 때 그 문제를 이해하기 위함이고, 실제 문제가 있는지 없는지도 스스로 판단하기 위함이다. 이런 과정을 거치지 않고 성공적인 투자를 지속할 수 있는 일관적인 방법은 없다. '처음부터 떨어지면 더 살 수 있는 것만 사라'고 나는 자주 이야기하는데, 이것의 의미도 이런 투자 활동의 연장에 있다.

일단 지금 살 만한 가격이고, 지금보다 실적이 좋아진다는 전제를 뒷받침할 만한 근거가 있다고 하자. 사업에는 여러 가지 변수가 있지만 그 변수가 적거나 크리티컬한 문제가 없다는 것을 확인했다면 주가가 떨어질 때 추가 매수할 용기가 생긴다. 그러려면 애초에 매수할 때도 매수해도 될 만큼 싼 구간이어야 하고,

주가가 떨어진다는 것은 더 싸졌다는 의미이므로 더 사는 것이 지극히 합리적인 판단이 되는 것이다.

그런데 변수가 많거나 혹은 그것이 크리티컬한 변수라면, 혹은 그것이 앞으로 이 회사의 사업에 어떤 영향을 미칠지 판단이 안 된다면 주가가 떨어져도 싼 게 아닐 수도 있으므로 굉장히 고민되는 상황을 맞이하게 된다.

예를 들자면 미국의 IRA 법안이나 AMPC 등 보조금으로 인한 수혜가 주요 투자 아이디어라면 트럼프 당선 이후 트럼프가 그 법안을 축소하기 위해 노력하고 있고 그것이 의회 통과가 되느냐 마느냐의 문제가 있다면 싸게 산 종목의 주가가 떨어질 때 용기 내서 추가 매수를 할 수 있을까. 조금 애매해진다.

B to C를 추적하고 있는데 여전히 잘되는 것으로 판단되고 브랜드가 무너질 기미는 안 보이는데 주가가 빠진다면? 그러면 매수할 용기가 생길 것이다. 그런데 국내 B to C라면 그래도 확신이 드는 모니터링을 할 수 있을 것 같은데 그게 글로벌로 넓히는 B to C 기업이라면 과연 내가 모니터링한 게 옳다고 자신할 수 있을까?

반도체 소부장(소재·부품·장비)을 투자한다고 하자. 개별 기업의 기준으로는 계속 좋아지는데 반도체 업황이 다운사이클로 돌아서는 것 같고, 그 영향으로 반도체 섹터 종목 대부분의 주가가 빠지고 있고 내가 투자한 기업의 주가도 떨어지고 있다면 추가 매수에 자신 있을까? 다운사이클이라고 모든 반도체 소부장의 주가가 내리는 것은 아니지만 상승 사이클일 때는 조금만 좋아져도 주가 상승이 잘 일어나지만 다운사이클일 때는 웬만큼 좋아져서는 주가 상승이 잘 안 나오거나 심지어 떨어진다. 추가 매수를 해야 할까 말아야 할까 고민된다.

처음부터 별로 싸지 않은 고밸류의 기업들은 큰 문제 없이 주가가 좀 떨어진다고 해서 아주 싸지는 것도 아니니 주가가 좀 떨어진다고 해도 추가 매수는 고민된다.

성장 속도는 대기업의 벤더가 더 빠를 수도 있다. 그런데 한순간에 탈락될 수도 있는 리스크도 있고, 경쟁사나 경쟁 기술에 대한 부분, 아니면 단가 인하 압박의 문제 등도 고려해야 해서 리서치해야 할 것들이 많기 때문에 그런 것들을 확인하기 전에는 추가 매수가 고민된다.

이처럼 다양한 사업에 따라 주가의 변동 요인은 천차만별이어서 떨어지면 더 살 수 있는가에 대한 대답은 쉽지 않다. 떨어지는 거 아무거나 막 샀다가는 망하기 딱 좋다. 물 타다가 물에 빠져 죽는다는 말도 있지 않은가.

산업마다 기업마다 사업 형태마다 매수 전에 충분히 점검을 해야 하고 매수 후에도 모니터링을 잘할 자신이 있어야 한다. 아니면 변수가 좀 적은 기업이면 좋겠지만 그러면 보통 시장 규모가 작거나 밸류가 싸지 않은 경우가 많아서 그 역시 고민이 된다.

어렵다. 투자를 잘해온 사람도, 처음 하는 사람도 전부 다 어렵다. 이 모든 과정을 거쳐 함축해서 나오는 말이 '처음부터 떨어지면 더 살 수 있는 기업을 사라'는 것이다.

버핏의 '절대로 돈을 잃지 마라'는 1원칙과 2원칙처럼 버핏의 말장난 같은 그 원칙이 얼마나 많은 과정을 거쳐야 지킬 수 있는 원칙인지 이제는 안다. 쉽게 들리겠지만 정말 쉽지 않다. 투자라는 게 원래 그렇듯이.

이런 고민들을 하다 보면 자신이 '현재' 투자할 수 있는 범위를 알 수 있게 되고, '현재'는 투자할 수 있는 범위가 좁더라도 '앞으로는' 투자할 수 있는 범위를 넓혀갈 수 있게 되는 것이 투자 능력의 발전이다. 현재 투자할 수 있는 범위가 좁더라도 젊으면 젊을수록 성장하는 섹터에 대한 투자 능력을 계속 키워가야 한다. 그래야 나중에 어떤 새로운 기업을 공부하고자 할 때 두려움에 회피하지 않고 흥미롭게 시작해볼 수 있다.

나도 아직 국내의 모든 섹터와 모든 기업을 투자할 능력은 없어서 흘려보내는 기업들이 있고, 글로벌 기업에 대해 투자할 능력은 아직 갖추지 못해서 해외 직접투자는 진행을 해보다가 현재는 잠정적으로 중단한 상태다. 나는 이미 어느 정도 경제적으로 여유로워서 과거만큼 치열하지 않기 때문에 조금 나태한 부분도 있지만, 이 책을 읽는, 자산을 늘려가야 하는 과정에 있는 사람들은 국내든 해외든 조금 더 마음을 열고 치열하게 여러 고민을 해본다면 좋겠다.

어느 날 문득 목표 자산에 도달해 있었다

2021년 상반기의 어느 날 문득 막연히 동경하던 목표 자산에 도달해 있었다. 그러나 희열은 잠시였고, 오히려 그때부터 슬럼프가 시작되었다…….

투자하는 기간 동안 언제가 가장 힘들었을까? 전업 초기에 수익이 제대로 안 났을 때? 갑작스러운 상장폐지를 당했을 때? 황당한 루머로 주력 종목이 말도 안 되는 급락을 했을 때? 큰 금액을 손절했을 때?

당시에는 그 순간들이 가장 힘든 순간들인 줄 알았다. 하지만 이 글을 적는 지금 되돌아보면, 죽을 때까지 주식하다 보면 언젠가는 목표 자산을 넘겠지 하며 막연히 생각했던 그 시기가 예상보다 훨씬 빨리 이뤄지고 난 후부터 아이러니하게도 가장 힘든 긴 시간이 시작되었다.

그 시기가 다가오고 있을 때는 좀 있으면 목표 자산에 도달이 가능하겠다 하며 스스로를 점점 더 다그쳤고 점점 더 갈망했지만, 그런 갈망이 얼마나 허무한 것인지 모른 채 꿈꾸던 숫자의 자산에 도달하기만 하면 너무나 행복할 것이라는 착각에 빠져 있었다.

어느 날 이 정도면 도달했을 수도 있겠다 싶어서 여러 계좌의 잔고를 합쳐 계산을 해보았는데, 목표 자산을 아주 약간 넘어 있었고 그것을 본 순간 지금도 그때의 기분이 생생하다. 그것은 '우와!' 하며 기쁨의 탄성을 지르는 것이 아니라 내 마음 안의 무언가가 툭 떨어지며 '하, 이제 된 건가……' 하는 약간의 허탈감 같은 맥 빠짐이었다.

문제는 그 이후부터 시작되었다. 10년의 시간 동안 갈망하며 도달한 목표 자산이 잠시라도 깨지는 것이 죽기보다 싫었고, 지금보다 더 이상 부자가 되고 싶은 생각도 없는데 주식을 멈추지도 못하는……. 내가 나 자신을 이해할 수 없었고, 그런 나를 받아들일 수 없는 시간들이 계속되었다.

한 해에 10억을 벌어도 남들보다 못한 것 같았고, 돈을 벌어도 전혀 즐겁지 않았으며, 그 돈으로 뭔가를 더 하고 싶은 것도 없으면서 돈을 잃으면 너무 괴로웠다.

목표했던 자산의 숫자가 깨질까 봐 보유 종목들의 주가가 하락하면 계좌의 잔고를 보는 것이 두려워 조마조마한 마음으로 확인하고, 목표했던 자산이 깨지지 않았음에 안도하는 내 모습을 보며 스스로에게 쓴웃음이 나왔다. 손에 무언가를 쥐는 순간, 이것을 놓칠까…… 잃어버릴까…… 벌벌 떨고 있는 모습이었다.

그런 상황이 2~3년 지속되고 나니, 어느새 나의 정신 상태는 나도 모르게 피폐해져가고 있었다는 것을 시간이 한참 지나서야 알게 되었다.

정말 사소한 실수나 오판에도 '여태 투자를 이렇게 오랜 기간 열심히 해왔으면서 이딴 것도 제대로 못하는 등신이냐'며 스스로를 자학하면서 나의 심리를 극단으로까지 치닫게 했고, 어느 순간에는 침대에 누워 앞으로 남은 수많은 시간을 이렇게 괴로움만으로 점철된 투자를 하며 계속 살 수 있을까. 그렇다면 투자를 안 하고 살 수는 있을까…… 하는 생각이 머릿속에 가득 차서는 사소한 것으로 목숨을 끊는 사람들의 기분이 이런 것이겠구나 싶어 스스로 화들짝 놀랐다.

언제가 가장 힘들었냐고 지금 내게 묻는다면, 이날 침대에 누워서 이런 생각을 했던 그 순간이 주식을 한 이후에 가장 힘든, 아니 두려운 순간이었다. 그날 나는 앞으로 이렇게 살아갈 날들이 두려워 펑펑 울었다. 빠져나오지 못할 깊은 수렁에 빠진 기분이었다.

그날 이후 주식을 몇 개월 쉬어보기도 했고, 현금 비중을 50% 이상으로 늘려보기도 했고, 주식 이외의 일들에도 집중할 수 있는 시간을 가져보려고 부단히 노력했다.

심리학 강연을 듣고, 심리학에 관련된 책을 보고, 심리 상담도 받아보고, 병원에 가서 불안증과 우울증 약을 처방받아 먹어보기도 했다. 그사이에 알바트로스 성필규 님과의 만남을 가지기도 했다. 내가 가진 자산보다 훨씬 많은 자산을 이룬, 그리고 나로서는 엄두도 못 낼 극한의 공간인 파생 시장에서 그런 결과를 이뤄내신 분의 삶은 어떨까 궁금했고, 거기서 나의 이 괴로움에 대한 대답을 찾을 수 있지 않을까 싶었다.

이 글을 읽는 사람은 의아해할 것이다. 왜 돈을 많이 벌고 나서 더 괴롭냐고. 나도 모르겠다. 그리고 그 순간에 그렇게 느끼게 될지도 과거에는 전혀 몰랐었다.

'인생은 아무 의미 없다'는 사실을 받아들이는 것. 오직 인간만이 의미를 찾는 행위를 한다는 것을 이제는 받아들이게 되었는데, 무의미함을 받아들이는 것이 집착에서 벗어날 수 있는 길임을 이제야 조금 알 것 같고, 이것은 결국 부처와 그리스도의 말씀과 끝이 닿아 있다.

나는 긴 시간을 투자에 몰입해 있으면서 도대체 왜 이렇게 투자하는 것인지에 대한 고민을 하지 않았다. 단지 수익을 더 올리기 위한 노력만 했을 뿐이었다. 물론 그것만으로도 충분한 의미가 있지만, 그 의미란 것이 나의 재정 상태나 나이, 그리고 삶의 지향점이 경제적으로 안정되면서 조금씩 변화해갔다는 것이다.

경제적으로 불안할 때, 투자라는 행위는 물질적 욕구가 전부였다. 그것이 경제적인 문제 때문인지 아니면 좀 더 젊은 시절에 목표 의식이 더 강해서 그랬던 것인지는 알 수 없다. 이런 글을 적는 나도 인생을 살아가면서 모두 처음 겪는 일들이기 때문이다. 투자에서 복기를 하듯, 인생에서도 왜 그랬을까를 복기하며 그렇지 않았을까 생각해보는 것이다.

나는 전업투자자가 된 이후로는 주식이 직업이자 취미이자 놀이 같은 내 개인 생활의 전부였고, 그 외의 시간은 거의 가족, 특히 아이들과 보냈다. 그런데 아이들이 훌쩍 커서 중고등학교를 거쳐 첫째가 대학까지 가고 나니 애들은 어릴 때 강아지들처럼 무작정 나를 좋아해주지도 않고 내가 애들에게 해줘야 할 것들도 많이 없어졌다. 육아를 하면서 귀찮았던 시간들은 없어지고 나의 시간은 많이 남게 되었는데 투자에서조차 목표에 도달하면서 더 이상 뭘 해야 할지 갈피를 잡을 수가 없었다. 항상 무언가를 해야 한다는 강박 속에 살아오다가 경제적 자유에 도달하여 돈을 벌기 위해 뭔가를 열심히 할 이유도 없어졌고 아이들에게 시간을 쏟을 필요도 없어졌는데, 그렇게 넘쳐 나는 시간을 나는 무엇을 하고 싶은지, 좋아하는 것은 무엇인지, 원하는 것이 무엇인지 전혀 모른다는 것을 그제서야 알게 되었다.

나는 한국 나이로 스물아홉 살(만으로는 28세) 되던 해 1월에 결혼해서 그해 12월에 첫째가 태어났다. 그 당시에도 이른 결혼이었고, 첫애가 태어난 것도 꽤 이른 편이었다. 그리고 4년 후 둘째가 태어났다. 나는 젊은 가장이었고 직업도 여러 번 바뀌었으며 그 덕에 언제나 해야 할 일이 많았는데 그때까지 나의 인생 목표는 '좋은 아빠'였기에 나름 언제나 바쁘게 살았고 그래야만 할 것 같았다. 어릴 적 나의 집안에는 문제가 많이 있어서 나만큼은 좋은 아빠가 되어야 한다는 강박이 많았는데, 내게는 그것이 아주 중요한 삶의 방향점이었다.

나는 전업투자자로 사는 동안 아이들과 같이 보낸 '물리적인 시간'은 아주 많았다. 하지만 사진들을 보면 그 순간들이 온전히 기억나지 않고 아주 단편적인 기억만 남아 있다. 그렇게 아이들과 시간을 보내려고 애쓰면서 좋은 아빠가 되겠다는 마음으로 열심히 살았다고 생각하는데도 말이다. 아마 몸은 아이들과 함께 있었지만 머릿속에는 온통 주식 생각뿐이었고, 어쩌면 그때는 그것이 나의 최선이었다는 생각도 한다. 일단 돈이 있어야 좋은 아빠 흉내라도 낼 수 있다고 생각하던 시절이었고, 어느 정도는 맞는 얘기이기도 하니까 말이다.

이제는 그 시간들이 그립다. 그 당시에는 귀찮다는 마음이 있었을지도 모르겠고, 주식 공부를 해야 할 시간을 뺏긴다는 생각을 하고 있었을지도 모르겠다. 하지만 지금 그 당시의 사진들을 들춰보며 드는 생각은 그때가 행복했던 시절이었구나 싶다(아내나 다른 사람들에게는 "애들은 초등학교 저학년 때까지가 이미 평생 효도를 다한 거다"라고 이야기하곤 한다).

다시 다섯 살의 우리 아이들을 만난다면, 가장 행복한 순간이 지나가고 있음을 아쉬워하며 그때 그 순간에 온전히 머물러 있을 것이다. 머릿속에서 이 주식 '살까 말까, 팔까 말까'를 완전히 지운 채 말이다.

하지만 이것은 후회다. 그조차도 부질없는 짓이다. 그 후회는 또 '지금'을 훼방하는 것이므로 그런 것도 그런 나로서 놔두고, 그냥 지금 해야 할 일을 하고, 지금 하는 일에 집중하며, 지금 작은 즐거움들을 자주 느끼는 것이 삶을 대하는 좋은 태도라는 것을 이제서야 조금 알게 되었다.

육아를 하는 후배들이 힘들어할 때마다 나는 "네 인생에서 가장 행복한 시간이 지금 지나가고 있다"라며 공감받지 못할 이야기를 해주곤 한다. 당장은 이 말에 전혀 동의하지 않으리라는 것을 알고 있다. 하지만 시간이 한참 지난 뒤에 기억날 것이라고 생각한다.

누군가는 내가 너무나 배부른 괴로움에 빠져 있다고 생각할지도 모르겠다. 맞다. 아마 이런 배부른 생각들을 하고 있는 것은 주식을 통해 경제적으로 꽤 여유로운 상태에 도달했기 때문일 것이다. 아마 여유롭지 못했다면 지금도 여전히 물질에 쫓겨 살 수밖에 없을 것이다. 하지만 자산이 많다고 물질에 대한 욕망이 줄어드는 게 아니다. 어쩌면 자산이 늘어나면 늘어난 만큼, 점점 더 큰 금액을 소유할 수 있는 기회들이 스쳐 지나가는 그 순간들이 더 큰 욕망을 자아내게 해서 '어느 만큼'만 가지면 해방되는 기준점은 없다. 그런 기준점을 세우고 스스로의 욕망에서 벗어나고자 노력하지 않는다면 그 욕망은 죽기 직전까지 이어지다가 결국 죽을 때가 되어서야 그 욕망의 부질없음을 깨닫게 될 수도 있다. 자신의 묘비명에 '연평균 수익률'을 새기고 싶은 마음으로 투자하는 것이 아니라면 어느 시점에서는 삶과 투자의 밸런스에 대해 고민해야 할 것이다.

투자를 계속하다 보면 자본주의와 물질만능주의가 뼛속까지 새겨지는 기분이 들 때가 있다. 대형 사건 사고나 심지어 전쟁이 일어난 소식을 들으면서 안타까운 마음보다는 그로 인한 주식의 수혜주 찾기나 보유 종목의 걱정이 머릿속에 먼저 떠오를 때 스스로가 인간으로서 뭔가 잘못된 것은 아닌가 느껴질 때와 같은 순간 말이다. 인간이 이래도 되나 하는 생각을 하면서도 동시에 자산이 줄어들까 혹은 남들보다 수익을 못 올릴까 전전긍긍하는 이율배반적인 스스로의 모습을 자각하면서 도대체 나는 얼마를 벌어야 이 굴레를 벗어날 수 있을까 하는 생각들이 머릿속을 떠나지 않게 되었다.

그렇다. 그런 내 모습이, 그런 주식투자로 점철된 그때의 내 삶이 싫었다. 과거보다 돈은 많아졌고 금전적인 걱정은 없어졌는데, 집착과 갈망, 자책, 후회 등은 훨씬 커졌고, 그 무엇보다 즐겁게 느껴지는 순간들이 거의 없다는 사실을 자각했을 때 '도대체 이게 뭐야?' 하는 결론에 도달하게 되었다.

그제서야 알게 되었다. 과거에 주식 시작할 때 풍문으로 들었던, 자산이 몇백억 혹은 천억이 넘던 사람들이 과도한 베팅이나 실수로 깡통을 찼다는 얘기를 들으면 도대체 왜 그런 짓을 했는지 알 수 없었는데 말이다.

예전에는 도무지 이해할 수 없었다. 보통 사람은 몇십억만 있어도 평생 돈 걱정 없이 살 수 있는데, 몇백억이 넘는 돈을 가진 사람들이 돈을 더 벌겠다고 왜 그렇게 무리를 하고 미친 짓을 하는 걸까, 평생 다 쓰지도 못할 돈을 모으려고 왜 그런 시도를 하는 걸까, 아니 애초에 돈이 그렇게 많은데 왜 투자를 계속하고 있는지조차 이해가 안 되었다. 그냥 놀면 될 텐데 하면서 말이다.

멍거의 책에도 가끔 나오고 《돈의 심리학》에서도 그런 얘기들이 종종 등장하는데, 그 집착과 갈망의 감정을 조금은 이해하게 되었다. 그 순간의 그 사람들에게는 그것밖에 없는 것이다. 스스로의 존재 가치를 느끼고 짧게라도 성취와 행복을 느끼는 순간이 말이다.

사소한 무엇들은 이미 돈의 크기에 비해 너무나 보잘것없어져서, 아주 충분한 아니 넘치는 돈의 크기에서만 성취와 행복을 느끼게 된 것이 아닐까 싶다. 나 역시 그 과정에 있었던 것 같았다.

그런데 나는 돈 그릇이나 욕망이 그리 크지는 않은 사람이어서 다른 사람들보다 좀 더 작은(?) 자산 규모에서, 그리고 좀 더 빨리 그런 삶의 지향에 대한 고민이 시작되었던 것 같다.

삶의 태도 변화

— 김주환 교수님의 《내면 소통》과 영상들.
— 김창옥 선생님의 강연과 영상들.
— 김경일 교수님의 강연과 심리학 책과 영상들.
— 몇 개월 동안 매주 방문한 심리상담센터에서의 대화들.
— 몇 개월 동안 정신건강의학과에서 의사 선생님과의 대화와 가벼운 불안증 약의 복용.
— 여러 심리에 관련된 책과 잠언집들.

심각해져만 가던 나의 정신적 문제를 벗어나 새로운 삶의 태도를 가지게 된 데 도움을 준 것들이다.
큰 의미를 주었던 것들만 적어보자면,

― 평생 '해야 할' 것들에 대한 생각만 했을 뿐, 내가 '뭘 좋아하는지'에 대한 질문에 말문이 막힌 순간.(심리상담센터)
― 절망(絶望)이 아니라 무망(無望)이 사람을 벼랑으로 몰고 간다는 것.(김경일 교수님)
― 정신적으로 무너질 때 아무리 의지를 가지고 극복하려 해도 안 될 때는, 병원에 가서 약을 먹고 급한 불을 끄고 진정을 시키고 난 후에 마음을 가다듬는 것이 훨씬 좋다는 것.(정신과 의사 선생님)
― 마음에 문제가 생기면 결국 그것이 몸에 '실제로' 문제를 일으키고, 몸이 약해지면 마음도 무너진다는 것.(나의 경험)
― 옳으려 하지 말고 친절하라는 것.(김창옥 선생님)
― 행복은 좋아하는 사람들과 맛있는 음식을 자주 먹는 것.(서은국 교수님,《행복의 기원》)
― 늘 죽음을 생각하라. 오늘은 남은 날의 첫날이 아니다. 오늘은 언제나 생의 마지막 날이다.(웨인 다이어,《우리는 모두 죽는다는 것을 기억하라》)
― 인생은 아무런 의미가 없다는 것을 받아들이는 것. 하루하루가 새로운 삶의 시작이고 그 하루하루를 충만하게 보내는 것이 삶의 의미라는 것.(김주환 교수님)
― 누군가를 미워하는 것은 그 미움의 대상은 나의 미움을 알지도 못하고 관심도 없고, 그 미움은 나 자신만을 괴롭혀서 스스로만 파괴한다는 것을 알게 되어 미워하지 않으려 한

다. 용서 또한 상대를 위한 것이 아니라 나를 위한 것임을 이제는 안다. 용서하라는 종교에서의 말씀들이 상대를 위한 것이 아니라 자신을 위한 것이었음을 온전히 이해하게 되었다.(김주환 교수님,《내면 소통》, 그 외 마음 공부 책들)

몇 년간 투자에서는 슬럼프를 겪었지만, 나름은 심각한 마음의 괴로움으로 삶을 되돌아보며 어떻게 살아가는 것이 행복한 삶인지를 조금은 알게 되었다. 과거 2015년에 어이없는 상장폐지로 인해 겪은 괴로움이 나의 투자가 올바른 길을 갈 수 있는 계기가 되었던 것처럼, 슬럼프로 인해 그 기간 동안의 주식투자 성과는 안 좋았지만 대신에 올바른 삶의 길로 가는 단초를 얻을 수 있었던 시간이 되었다.

그 결과로, 2024년까지의 나보다는 2025년부터의 내가 더 좋은 사람이 되었다고 생각한다.

나는 과거보다 많은 사람을 이해하게 되었다. 예전에는 '왜 그러는지 이해 못 할 상황'이 많았는데 지금은 '그럴 수 있겠다'는 생각을 훨씬 많이 하게 되었다. 그러면서 자연스럽게 아내와 아이들과의 관계는 더 좋아졌고, 오랜만에 나를 만나는 사람들은 나의 표정과 말투가 많이 밝아졌다 한다.

주가에 대한 집착에서 조금 벗어났다. 주 2회 PT를 받으며 꾸준히 운동을 하고, 매주 수요일은 대체로 아내와 등산을 하거나 외곽으로 놀러 가는데, 그럴 때도 주가를 거의 보지 않고 그 시간을 보낼 수 있게 되었다. 이전에는 아무리 참으려고 노력해도 할 수 없었던 것들인데, 참다가 실패하면 자괴하고 또 참아보고 그랬던 거 같다. 심리 상담을 통해 '참는 것'은 행동 변화를 유도할 때 가장 낮은 단계의 방법이고 오래 지속될 수 없다는 것을 배우고 나니, 그걸 해내려고 아무리 오래 참아보려 해도 잘 안 되었던 게 당연하다는 걸 이제서야 알았다.

많은 사람에게 더 친절해졌다(2022년에 만든 모임에 있던 동생이 2024년에 만든 모임에서 내가 잔소리하는 걸 보더니 과거보다 훨씬 살살 한다고 했다).

과거보다 자존감이 높아졌다. 과거 전업 초반 시기의 나는 전업투자를 하는 스스로가 못나 보였던지 친구들 모임에 갈 때면 오히려 비싼 옷을 입고 갔고 누가 물어보지도 않았는데 작은 공장 부지 사놓은 것도 있다며 날 얕보지 말란 듯이 철벽을 쳤던 것 같다. 그러나 며칠 전의 나는 그때보다 훨씬 돈이 많지만 코스트코에서 4만 3,000원짜리 골프 바지를 8,000원 할인하길래 횡재한 듯 기분 좋게 두 벌을 사와서 만족하며 입고 있다. 물질은 결국 내 자존감의 거울이다. 비싼 차와 명품을 '좋아해서' 사는 것은 아무 문제 없지만, '과시하기 위해' 산다면 그것은 자존감의 문제다. 지금은 내가 좋아하는 것에는 돈을 아끼지 않게 되었고, 좋아하지 않는 것에는 다른 사람이 어떻게 생각하든 개의치 않게 되었다.

사소한 것들에 '의미 없다'는 감정을 갖지 않게 되었다. 며칠 전에 싱크대 하부 레일이 고장 나서 교체하는 중에 싱크대 문짝이 떨어져 손톱에 피멍이 들었다. 예전 같으면 '돈도 많으면서 왜 이런 걸 작업하는 사람 부르지 않고 직접 한다며 난리 치다가 구질구질하게 다치고 이러냐' 했을 것인데, 이제는 '이런 걸 고치고 교체하는 게 재미있어서 하는 거고, 이런 거 하다 보면 다칠 수도 있지. 크게 안 다쳐서 다행이다. 담부턴 목장갑 끼고 하자'라고 생각한다. 낑낑대다 설치를 잘 마무리하고선 재미있었다 싶었다. 의미 없다 생각하면 모든 것이 의미 없고, 쓸데없어 보이는 일도 내가 재밌다면 그게 행복이다. 사람은 '몰입해서 시간이 빨리 갈 때' 그걸 기분 좋았다거나 행복했다고 느끼는 존재인 것이다. 이러다 심리학 박사가 될 지경이다. 주식투자자들 심리 상담이나 해볼까 하는 생각도 해본다

살아간다는 것에 대한 철학적인 고민은 쓸데없다고 생각했었다. 오로지 성과와 성취에만 매달렸고, 결과가 나오지 않는 일은 의미가 없다고 생각하며 살아왔던 것 같다. 2012년에 자영업을 새로 시작하려다 건물주와의 문제로 전업투자자가 된 것이 새옹지마가 되었듯이, 슬럼프로 인해 삶에 대해 진지하게 생각해보게 된 것 또한 새옹지마인 듯싶다. 성과가 나오지 않아도 즐거운 일이라면 그것만으로 아주 충분히 좋은 일이란 것을 알게 되었고, 투자에서도 어느 정도 자산을 이루었다면 너무 괴롭지 않게 직업으로서 오랫동안 할 수 있는 방향으로 할 수 있어야 한다는 생

각을 한다. 단계별로 자산의 목표를 정하지 않고, 그냥 내가 좋아하고 재미있어하면서 망하는 일 없이 꾸준히 발전시켜가면서 말이다.

단, 이것이 스스로 나태할 수 있는 변명이 되면 안 된다. 정말 최선을 다하되, 스스로를 너무 옥죄지 말았으면 하는 바람으로 하는 말이다.

투자에서도 자존감은 작용하는 듯싶다. 수익을 내지 못해 안절부절못하는 것은 자산의 많고 적음의 문제가 아니다. 내가 나의 수익과 나의 자산에 만족하지 못한 채 다른 사람의 투자를 부러워하고, 놓친 기업의 주가가 날아가면 도저히 못 참고 높은 가격에 따라붙어 사는 것과 같은 행동은 모두 낮은 자존감과 지금이 아니면 안 될 것 같은 불안감 때문인 듯하다. 자존감이 높으면 지금 이 기회를 놓치더라도 열심히 해서 더 좋은 기회를 찾겠다는 마음을 먹을 수 있다. 행여 주가가 날아가는 기업이라도 놓칠 두려움에 쫓겨 사는 것이 아니라 올랐지만 지금 가격에서도 충분히 매력적이어서 매수해도 되겠고, 설사 내가 산 가격이 고점이라 주가가 조정이 온다면 더 살 수도 있겠다는 마음으로 이성적인 추격 매수를 할 수도 있는 것이다. 매수라는 행위는 똑같아도 그 과정은 전혀 다르고 결과도 다를 것이다.

욕심을 내는 감정 없이 완전 선비 마인드를 가진 사람은 투자가 잘되기 힘들 터이지만, 이런 감정이 과도하면 욕심에 눈이 멀어 투자에서 무리수를 두게 되는 경우가 있다. 더 큰 문제는 이런 감정의 크기가 점점 더 커져서 통제할 수 없는 수준이 된다면 사소한 선택의 실수들과 결과론적으로 발생할 수밖에 없는 경우에서도 스스로가 너무 괴롭고, 자책하는 마음이 커진다. 욕망을 적정선으로 유지하는 것도 장기적인 투자 운용에서는 필요하다. 욕망이 너무 약하면 공부의 의욕이 없고, 욕망이 너무 크면 운용하면서 자신을 너무 학대하여 피폐해질 수 있기 때문이다.

너무 위험하지 않지만 잘될 수 있어 보이는 기회들을 잡으려는 노력의 횟수가 쌓이다 보면, 나머지는 시간이 할 일이다. 한 해의 연간 목표 수익률을 잡고 엄청나게 노력한다고 해서 그 목표 수익률이 노력과 비례할지는 모르지만, 그게 10년이나 그 이상의 기간 동안 크게 망할 선택지를 피하다 보면 가끔 잘된 선택들이 나오고 그것들 때문에 자산이 쌓여간다는 느낌을 받는다.

물론 말보다 실천은 어렵다. 시간은 지나고 보면 짧게 느껴져도, 지나가는 과정은 지난하고 이 과정에서 가장 힘든 것은 포모(FOMO, fear of missing out)다. 위험한 선택지를 피하는 것만으로도 어려운데, 그게 위험한 선택지가 아니라 큰 기회인 경우도 많기 때문에 필연적으로 수많은 기회들을 놓치게 된다. 그 와중에 본인의 수익률은 마음에 들지 않기 마련이고, 이렇게 해서 언제 부자가 될까 하는 두려움도 스멀스멀 치고 올라온다. 언제나 뿌연 안갯속에 있는 기분이 스스로를 지치게도 만든다.

투자에서의 자존감은 이런 지루함 속에서도 오랫동안 투자를 지속할 수 있는 동력이 되어준다. 젊을수록 한 방 잘 해먹고 경제적 자유를 꿈꾸겠지만, 그보다는 투자를 삶의 일부로 삼아 꾸준히 함께하는 자세를 가질 수 있으면 좋겠다. 그러기 위해서는 다른 사람과의 비교로 스스로에 대한 학대를 멈추고 투자에 대한 자존감을 높여갔으면 좋겠다.

내가 그간 투자를 하면서 정말 말 그대로 날고 기는 수익률을 올려 목표하던 자산을 2021년이 아니라 2020년, 아니 2019년에 도달했다고 생각해보자. 만약 그랬다면 지금의 나는 뭐가 달라졌을까?

물질적인 목표는 도달하는 순간 허망해진다는 것을 알고 투자를 지속했으면 좋겠다. 삶이 안정적일 수 있는 자산까지는 스스로를 갈아 넣어서라도 도달하되, 이후에는 그 숫자에 대한 집착보다는 벌어들인 자산으로 무엇을 하고 싶은지에 대한 생각을 해봤으면 하는 바람이다. 그렇지 않으면 도대체 무엇을 위해 돈을 벌고 싶은지도 모른 채, 더 이상 돈을 못 벌면 큰일 날 것처럼 끝없이 쫓기는 자기 자신의 족쇄에 갇혀버릴 것이다.

수익은 시장이 주고, 손실은 내가 낸다

새옹지마(塞翁之馬).

 인생을 이 사자성어만큼이나 잘 표현한 단어가 있을까 싶다. 크게 성공한 사람이나 실패한 사람도 돌이켜보면 아주 사소한 선택이나 우연이 미래를 바꾼다. 스스로 모든 걸 계획해서 진행한다 하더라도 그 사이사이 우연들이 끼어들어 큰 줄기를 바꾸곤 하는데, 투자도 우연의 연속이지만 인생도 우연의 연속이 계속된다.

 그러나 아무 노력도 없이 우연에 기대란 말이 아니다. 어떤 결과를 얻기 위해 노력하지만 그 노력으로 결과가 얻어질 수도 있고 아닐 수도 있고, 못 얻었다고 그것이 최악도 아니고 얻었다고 최선도 아니라는 것이다. 단기적으로는 맞기도 한 것들이 시간이 아주 많이 지나보면 아닐 수도 있다. 그러니 최선을 다해 노력하여 무언가에 열의를 다하며 성취를 이루면 좋고, 그게 아쉽게 안 되더라도 너무 자책하거나 스스로를 옥죄지 말아야 한다. 결과를 받아들이고 그 결과가 나온 원인을 복기해보고 그것을 통해 스스로를 교정해야 할 부분이 있으면 수정을 해야 한다. 그리고 다시 도전하든가 아니면 다른 길을 찾되 실패의 경험을 되새겨 다른 일에서는 같은 실수를 하지 않도록 조심하며 꾸준하게 열심히 사는 것이 결국 인생이 내가 의도한 대로 가든 아니든 좋은 방향으로 갈 확률이 높을 것이다.

내가 중고등학생 시절 너무 공부를 잘해서 SKY 대학이나 의대를 갔다면, 회사 생활을 너무 잘해서 임원이 되었대도, 자영업이 대박 났어도, 공무원 시험에 합격했어도, 마지막으로 준비하던 자영업에서 건물주가 월세를 안 올려서 계획대로 자영업을 시작했다면, 지금처럼 주식투자를 하고 있지 않았을 것이다.

이 모든 상황에서 나는 뜻대로 되지 않아 괴로웠다. 그 힘든 순간들이 기반이 되어 주식에 좀 더 집중할 수밖에 없게 되었고, 지금은 이 모든 것들이 뜻대로 잘 안 돼서 시작한 주식 덕분에 자산을 늘리고 인생에 대해 여러 가지 관점으로 생각해볼 수 있는 여유도 얻게 되었다.

만약 이것저것 안 되다가 주식도 안 되었을 수 있다. 그러면 어떻게 되었을까? 모르겠다. 어찌어찌해서 잘 풀렸을지 아니면 나락으로 갔을지. 내가 하지 않은 선택에 대한 결과를 알 수 있는 방법은 없다. 역시나 우연이 많이 작용하기 때문이다.

그래도 무언가를 시도하고 배우고 지속하고 수정하면서 하루하루를 열심히 살고 결과를 기대해야 하는 것은 분명하다. 그런데 열심히 사는 일에서도 중요한 점은 '옳은 방향'인가 하는 것과 '꾸준함', 거기에 '운'이 좀 따라줘야 한다는 것이다. 옳은 방향이 아니면 꾸준함과 운이 있어도 소용없고, 옳은 방향과 운이 있어도 꾸준함이 없으면 성취가 없고, 옳은 방향과 꾸준함이 있어도 운이 너무 안 따라주면 방법이 없다.

운은 내가 어찌할 수 없는 것이고 랜덤에 가까운 요소이므로, 운이 따라올 수 있는 여건을 만들어주는 것 외에는 할 수 있는 게 없다.

투자에서 옳은 방향과 꾸준함, 운을 가지고 이야기를 하자면, 옳은 방향이란 스스로 잘 해나갈 수 있는 방향이다. 내가 트레이딩을 전 세계 최고의 스승에게 배우고 아무리 꾸준히 노력했던들 나는 트레이딩을 잘 못했을 것 같다. 그런데 트레이딩이 내 길인 줄 알고 트레이딩을 계속했다면 아마 깡통 차고 망했을 것이다. 대학생 때 트레이딩을 경험하며 이건 내가 갈 길이 아니라고 생각해 트레이딩에서 투자로 방향을 수정한 것은 너무나 중요했던 결정이었다.

그리고 투자에서 운이 있으려면, 적어도 운이 올 수 있는 시간을 벌어줘야 한다. 투자를 하다 보면 굉장히 운이 빨리 오는 경우도 있고, 꽤 오랜 시간이 지난 뒤에 오는 경우도 있다. 처음부터 운이 빨리 와서 수익이 많이 나면 기분은 좋겠지만, 운용의 초기인 까닭에 스스로의 자본이 크지 않아 엄청난 자산을 이룰 수 없다. 운이 계속될 수는 없으므로, 옳은 방향으로 꾸준히 노력하여 운이 나빠도 성과를 지속할 수 있는 길을 가야 초반의 운이 의미가 있게 된다.

 운이 너무나 안 좋아서 언제 올지 모르는 경우도 있다. 운이 안 좋아서 시장에서 아웃되면 드디어 그 운이 올 시간에 나는 시장에서 깡통 차고 퇴출되었으니 운이 와도 소용없고, 옳은 방향도 노력도 다 의미가 없어진다. 그래서 과도한 레버리지나 무리한 운용을 하지 말고 시장에 장기간 머물라고 수많은 구루들이 얘기하는 것이다.

 '수익은 시장이 주고, 손실은 내가 낸다'는 말을 내가 자주 하는 것도 실력을 기르고 손실을 제어함으로써 운이 올 때 그 성과를 누려야 투자에서 성공할 수 있음을 표현한 것이다.

 마지막으로, 꾸준히 노력한다는 것은 그냥 기본 전제 조건이다. 하지만 꾸준히 노력한다는 것은 앞에 적은 옳은 방향이라든가 효과나 효율을 생각하면서, '투자에 필요'하고 노력의 성과가 '누적되는' 노력을 해야 한다.

 스스로의 길을 찾아야 하겠지만 스스로만의 길을 찾더라도 최소한 기본이란 것이 있다. 몇 년간 투자 모임을 만들기 위해 지원을 받고 많은 사람들과 미팅을 하고 이야기를 나눠보니 그 기본조차 없이 '나는 열심히 하고 있습니다' 하는 사람들이 너무 많았다. 비유를 하자면, 농구 룰을 모르면서 농구 게임에 참여할까 말까 고민하고 있다거나, 농구 룰도 모르고 드리블도 못하면서 덩크슛 연습하는 듯한 느낌을 받을 때도 있다. 그런데 심지어 농구 룰을 찾아보고 알려는 노력도 하지 않는다. 게다가 맨날 유튜브나 텔레그램으로 넘사벽 농구 선수들의 영상이나 글만 보면서 뭐가 될 거라는 느낌에 빠져 있는 것 같았다. 노력하고 있다고 스스로에게 자위하면서 놀고 있는 것과 별반 다름이 없다.

그래놓고 자기는 열심히 했다고 한다. 열심히 하기는 했겠지만 그게 효과가 있는 노력인가 하는 것이다. 무작정 열심히 해서야 뭐가 될까.

내가 투자자로서 겪어온 것들과, 스스로를 발전시키고, 다른 사람들에게 조언해왔던 과정을 적은 이 책을 통해 가치투자로 '옳은 방향'과 '꾸준함', '운'을 접목시키기 위해선 어떤 게 기본이고 거기서 스스로의 길을 어떻게 발전시켜갈 것인지 조금이라도 느낄 수 있다면 좋겠다.

하지만 내가 적은 글들은 내게만 옳은 방향이었고 꾸준함이었을 수도 있다. 포즈랑이라는 사람은 이렇게 했구나를 보시면 되겠지만, 그래도 최소한 기본은 같을 것이다. 기본에 대한 부분을 받아들이고 그걸 스스로의 방법으로 발전시켜 장기적으로 좋은 투자를 이어가길 진심으로 바란다.

모두에게 건투를 빈다.

제5장

투자자들이 궁금해하는 것들 Q&A

블로그에서 질문을 받은 것들 중 책에 실으면 좋겠다고 생각되는 내용들을 정리해서 담았습니다.

Q. 싸다고 생각해도 하방이 없는 느낌이 드는데 안전 마진 계산은 어떻게 하시나요?(스터디허니 님)

A. 이런 말이 좀 이상하게 들릴 수 있는데, 저는 안전 마진을 계산하려 하지도 않고 계산하는 방법도 모릅니다. 목표 가격도 대략적인 레인지를 잡듯이 하방도 대략적인 레인지를 잡는 편인데 그게 계산되는 것 같지는 않다고 느껴집니다. 전업 초기에는 PBR이나 순현금, 배당률 같은 것을 기준으로 하방을 잡곤 했는데 그때는 그래도 그게 먹혔던 것 같습니다만 시장이 점차 그렇지 않게 되었던 것 같습니다. 안전 마진을 어떻게 설정하시는지

잘 모르겠지만 제가 요즘 시장을 볼 때는 그런 계산치를 훨씬 넘어서는 하락도 많이 나오고, 반대로 주가 상승도 적정 밸류의 상단을 아득히 넘어버리는 경우도 많이 나오는 듯합니다.

본인이 안전 마진이라고 생각한 것보다 크게 하락하는 경우가 자주 나온다면 안전 마진을 좀 더 타이트하게 잡는 방법이 있는데, 저는 그보다는 그냥 무조건 실적이 좋아지는 회사를 사고 그 회사가 그렇게 진짜 좋아질 건지 그리고 좋아지면 멀티플을 얼마 줄 것인지로 하방을 잡는 경우가 많습니다. 그래서 회사가 좋아지는 것이 맞고 좋아졌을 때의 목표 가격은 지금보다 높은데 주가가 하락한다면 추가 매수할 용기가 생기더군요. 성장하지 못해도 지금 싼 가격인데 주가가 더 떨어져서 더 싸지는 경우에는 추가 매수할 용기가 잘 나지 않았던 것 같습니다.

성장에 포커스를 두고 실제로 그 회사가 성장하면 그것으로 하방이 닫힌다는 생각을 하시는 게 좋을 듯싶습니다.

Q. 종목 탐색에 어려움을 겪습니다. 고수분들은 어찌 그렇게 잘 찾으시는지……. 결국 '노가다'가 답일는지요?(스터디허니 님)

A. 아이디어를 수없이 잘 찾는 사람이 있고, 그걸 배울 수 있다면 저도 배우고 싶네요. 그런데 제 생각에는 아이디어가 무수히 쏟아져 나온다면 분명 좋은 아이디어와 별로인 아이디어가 혼재되어 있을 것 같은데 좋은 아이디어만 자랑하는 게 아닌가 싶습니다. 그런 걸 누가 보면 좋은 아이디어만 계속 샘솟는 것처럼 보

이지 않을까요? 적어도 제 경우에는 그렇게 아이디어가 쉽게 샘솟지는 않습니다.

그리고 종목 발굴은 '노가다'가 답이냐고 물으시는 것에 대한 대답은, 주식판에서 종목 찾는 노가다(?) 안 하고 아이디어를 찾으려면, 일 안 하면서 돈 벌고 싶다는 말과 같고, 공부 안 하면서 공부 잘하고 싶다는 말과 같습니다.

Q. 투자 초기와 경력이 쌓인 후 투자를 집행할 때 가장 크게 달라졌던 부분은 무엇인가요?(한걸음 님)

A. 투자 초기에는 무조건 숫자적으로 싼 거 위주였습니다. 자산이 많은 것도 좋아했고, 배당 많이 주면 금상첨화고……. 전형적인 가치투자자였으니 당연히 그랬죠. 지금도 사업 모델(BM)이 비슷하면 싼 것을 좋아하지만, 싼 것과 좋은 BM 중에서는 좋은 BM을 더 중시하는 쪽으로 바뀌었습니다. 그것이 결국 멀티플을 올려주는 요소라서 성장을 한다면 시장에서는 주가의 퍼포먼스가 더 좋으니까요. 그리고 이제는 그것이 옳은 방향이라고 느낍니다.

BM에 따라 시장의 눈높이에 맞는 적정한 멀티플을 설정하고 그 기준으로 생각했을 때 싸다고 판단되면 매수하려고 합니다. 단, 적정 멀티플이라는 것이 섹터의 평균 멀티플 같은 것은 아닙니다. 그 회사의 BM과 시장 규모와 경쟁력과 지속력 등을 고려하여 미래 실적 추정치를 기반으로 개별적으로 제가 직접 부여하려고 하는 편입니다.

Q. 기업 하나를 자세히 들여다보는 일은 비교적 쉬운 것 같은데 다수의 기업을 놓고 비교 우위를 판별해 선택하는 것이 너무 어렵습니다. 기업의 어떤 강점에 좀 더 가중치를 부여하시는지요?(느려도 괜찮아 님)

A. 아…… 너무 어려운 질문입니다. 투자자가 하는 일이 결국 이것이 전부이고, 이것을 잘하는 사람이 투자를 잘한다고 이야기하는 거겠죠. 투자가 수익이 나느냐 안 나느냐, 혹은 최고의 수익이 나느냐 그저 그런 수익이 나느냐가 모두 이 문제니까요. 제가 이것에 대한 답을 드리면서 이렇게만 하면 된다고 할 수 있을 만큼 명확한 기준이 있다면 저도 좋겠습니다만 저도 언제나 이것에 대한 고민이 주류를 이룹니다.

저를 기준으로 생각한다면, 제가 볼 때 좋은 사업이라고 판단되고 실적 개선과 함께 멀티플을 잘 받을 수 있어서 주가가 상승할 여력이 많은 기업을 선택한다고 해야 될 것 같긴 한데, 이게 너무 당연하고 막연한 말이라 어떻게 전달이 될지 모르겠네요.

일단 저는 변수가 적거나 그 변수가 크리티컬하지 않고, 하방이 어느 정도냐와 주가의 업사이드가 50% 이상은 보이는 것에 포커싱이 있는데요, 변수가 적은 정도와 하방과 업사이드 크기의 정도에 따라 편입 유무나 포트 내 비중을 설정하고 있습니다. 변수가 적고 업사이드가 보인다는 것은 예상대로 될 가능성이 높다는 것이고, 예상대로 되면 수익이 날 거라는 의미입니다. 하방을 보는 요소는 여럿 있겠지만 보통 실적 성장을 기대하는 기업을 편입한다고 했을 때, 제가 예상하는 실적 성장이 시장에 이미 반영되어 주가가 많이 오른 게 아니라면 예상대로 성장했을 때는 웬만하면 하방이 어느 정도는 지지되거나 장이 안 좋을 때는 빠졌다가도 다시 회복하는 것 같습니다.

Q. 자산이 늘어남에 따라 1종목의 평가액이 부담스러울 때가 있는데, 그런 순간에 이걸 버텨내서 평가액에 적응을 할 것인가, 아니면 종목당 비중을 줄여서 다른 종목을 살 것인가 하는 고민이 들 때가 있습니다. 만약 종목 숫자를 늘린다면 다 커버하기가 쉽지 않은 것도 문제가 될 것 같고요.(민에이 님)

A. 저는 2021년 목표 자산에 이르기까지는 운용하는 데 크게 부담이 없었습니다. 제가 그 정도의 돈 그릇이 되었던 건지 목표의식이 강했던 건지 정확히는 모르겠고, 오히려 그 이후 슬럼프 시기부터 부담스러움이 더 크게 느껴졌기 때문에 2021년 이후의 제 경험을 바탕으로 답변드리겠습니다.

저는 한 종목의 평가액이 버겁다면 굳이 스스로를 이겨내가며 적응할 필요는 없다고 생각하고, 공부를 열심히 하는 분이라면 종목을 늘리면 된다고 생각합니다. 그러다가 자연스럽게 운용 자산에 익숙해지고 확신 있는 기업을 만난다면 예전에는 부담스럽던 평가액이 부담스럽지 않을 수 있습니다. 제 생각엔 빠르게 성과를 올리셨기에 이런 부분이 조금 벽으로 느껴지신 게 아닌가 싶습니다. 일정 부분은 시간이 지나면 자연스러워질 터이므로 뭔가 억지로 적응하려는 노력은 투자를 꼬이게 할 것 같습니다.

종목이 좀 늘어도 충분히 커버할 수 있습니다. 그것은 시간 배분의 문제라고 생각합니다. 제 경험상으로는 발굴하는 데 오래 걸리지, 커버리지에서 시간을 감당 못 할 정도로 오래 걸리는 것은 아닌 것 같습니다. 만약 지금 그렇다면 보유하기에 너무 피곤한 기업에 투자하고 있다거나 중요하지 않은 것들까지 과도하게 커버리지하는 것일 수도 있습니다.

집중투자를 언제까지고 할 수는 없습니다. 웬만한 돈 그릇을 가진 사람이라면 자산이 50억이 넘고 100억이 넘어가면 결국은 꽤 많이 분산투자를 하게 됩니다. 자산이 늘어날수록 자산을 늘리는 것만큼이나 지키는 것, 그리고 변동을 줄이는 것이 중요해지기 때문입니다. 그것을 위한 과정이라 생각하시고 보유 기업의 수를 늘리더라도 종목당 버겁지 않은 금액 범위의 포트를 운용하시고, 시간이 지나 적응되시면 종목당 금액을 늘려가시면 될 겁니다.

Q. 가치투자를 접하고 나서, 한 기업을 아주 깊게 보다 보면 가끔 사랑에 빠지는 경우가 있었습니다. 저도 첫 번째 집중투자가 사실 그런 경우여서 실패했고요. 그 기업에 대해 올바른 판단을 가지지 못하고 계속 붙잡고 집착하는 경우가 생기는데 그런 경우 어떤 말을 해주실 수 있을까요?(민에이 님)

A. 기업을 깊게 보면 볼수록 사랑에 빠지는 경험은 저도 많았습니다. 주변에도 그런 후배들이 여럿 있죠. 저는 그냥 이렇게 이

야기합니다. 아무리 사랑에 빠져도 포트에 매수 가격 기준으로 30% 비중까지만 담아라. 그런 사랑에 빠지는 종목을 최소 3개는 가져가라고요. 5개까지도 좋다고 얘기해줍니다.

제 과거를 돌아볼 때 포트에 비중이 과도한 종목들이 그런 경우가 많았기 때문에 그렇습니다. 제 선택이나 판단을 뒤집는데 포트 내의 비중도 영향을 주는 것 같고, 사랑에 빠진 종목 때문에 다른 투자 기회를 너무 흘려보내지 않았으면 하는 바람도 있습니다.

어느 종목을 깊게 보다가 사랑에 빠지는 경험이 저는 나쁘다고는 생각지 않고, 투자 초기에는 그런 경험을 하는 것이 나중에 리서치하는 데 도움이 되기도 해서 오히려 더 필요하다고도 생각합니다. 하지만 그런 기업에 아주 높은 비중으로 몇 년을 매달리는 건 반대입니다. 그래서 그런 기업을 여러 개 포트에 편입시키면 결국 포트 내에서도 비교 우위를 보는 눈이 생기고 사랑에 빠진 기업이 여러 섹터의 여러 개여야 투자에 지속적으로 집중할 수 있다고 생각하기 때문입니다.

사랑에 빠진 건 결국 언젠가 좋은 결과로든 나쁜 결과로든 빠져나오게 됩니다. 그런데 그 긴 시간 동안 그 종목 이외에는 아무런 경험과 공부를 하지 않고 지나가는 게 문제라고 생각하니 그런 부분만 주의하시면 될 듯싶습니다.

Q. 투자 중인 기업에서 다른 기업으로 옮겨갈 때 판단을 내리는 일이 어려

운 것 같습니다. 팔아버린 게 오를 때 느껴야 하는 스트레스도 당연하고, 상방만 보면 갈아타는 게 나을 거 같을 때도 보유 중인 종목을 좀 더 길게 홀딩해 보는 것도 낫지 않을까 하는 고민이 자주 생깁니다.(모립 님)

A. 팔고 나서 오르는 종목을 보는 것은 매매가 잦지 않고 투자할 기업을 신중하게 고르는 사람일수록 괴로움이 큽니다. 당연히 저도 그 괴로움이 굉장히 큰 편입니다.

이번 질문에 대한 답은 일관적일 수가 없습니다. 장이 좋거나 운이 좋으면 맞을 것이고, 아니면 아닐 것입니다.

그래서 저는 새로운 좋은 종목을 찾으려는 노력을 꾸준히 지속해서, 보유 중인 종목이 어느 정도 오르면 팔고 옮겨가는 것도 나쁘지 않다고 생각하려고 애씁니다. 홀딩을 길게 하더라도 투자를 지속하는 한, 결국 언젠가는 팔고 다른 기업을 사게 될 테니까요. 그 텀이 너무 짧으면 트레이더가 되겠지만 그런 수준으로 짧게 사고파는 것이 아니라면 고민되는 수준의 밸류까지 찬 종목은 옮겨갈 만큼 좋은 종목이 있다면 일부라도 팔고 옮겨가면 된다고 생각합니다.

오래 끌고 가려 하다 보면 의도적으로 그 종목만 보고 있는 사람도 많고, 장기간 우상향한 종목을 보유하는 것이 굉장히 멋있게 느껴져서 그렇게 하고 싶은 로망에 빠지기도 합니다. 그런데 저는 그것이 무조건 좋은 것이라고만 생각하지는 않습니다. 아니, 장기적으로 보면 오히려 안 좋은 경우도 있을 수 있다고 생각합니다. 끊임없이 좋은 종목을 찾으려는 노력을 지속하는 것이 투자자로 발전하는 과정이라 생각하기 때문이기도 하고, 그 과정에서 매매가 거꾸로 되는 경우도 당연히 생기겠지만 그것이 두려워 게으른 투자자가 되면 안 된다고 생각합니다. 스스로의 기준점을 믿고, 만약 시장과 안 맞았으면 다음에는 좀 더 맞혀보려고 하면서 경험을 쌓아가면 점차 좋아지실 거라 생각합니다.

Q. 기업이 더 나은 방향으로 변화할 때 투자하신다고 했는데 밸류가 다 찼다고 생각되는 경우에도 좋은 쪽으로 변화가 계속되면 매도 계획을 어떻게 짜시는지 궁금합니다. 주가가 꺾일 때 판다거나, 밸류가 차도 변화가 멈출 때까지 계속 들고 간다거나 하는 방법이 있으신지요.(주니달래 님)

A. 저는 제가 부여한 멀티플에 차면 대체로 매도하려고 하는 편입니다. 만약 예상한 실적보다 훨씬 좋은 실적이 나온다면 제가 예측한 회사의 미래가 '좋은 쪽으로 틀린 것'이니 좀 더 목표가를 상향해서 보유하기도 합니다. '좋은 쪽으로 틀리면 상향'하고, '나쁜 쪽으로 틀리면 손절'해야 하는데 이 둘의 과정은 같다고 생각합니다.

Q. 전업 사무실을 차린 2014년과 코로나 2020~2021년 그리고 현재 2025년 투자에 대한 생각, 종목 선정의 기준, 매매 방법 등 시간이 흐르면서 변화가 있으실 것 같은데요, 어떻게 변했는지와 그리고 그 변함은 투자의 시간이 길어짐에 따라 경험치가 쌓인 게 원인일까요 아님 자산의 증가 때문일까요? 어느 요인이 더 큰지도 알려주십시오.(애둘아빠 님)

A. 2014년도에는 PBR을 중시하고 밸류가 싼 것이 가장 중요했다면, 시간이 지나면서 '싸지 않더라도 주가가 오를 만큼의 변화'가 있을 듯싶은데 '내가 살 수 있는 범위의 밸류에이션'에 있는 것인가가 점점 더 중요해진 것 같습니다.

저도 가치투자를 해야 한다는 강박 같은 것에 빠졌을 때가 있었는데 지금은 수익을 낼 수 있느냐와 보유하는 기간이 힘들지 않느냐, 그리고 기업에 일어날 수 있는 변수가 얼마나 많냐와 그 변수 중 크리티컬한 게 있느냐 하는 데 더 초점을 맞추어가고 있습니다.

투자를 해오는 기간 동안 놓친 기업에 대한 아쉬움이 극도로 컸던 시기도 있었는데, 놓치지 않으려고 쫓아다니다가 시간이 지나보니 몸과 마음은 더 지치고, 수익은 노력하는 만큼 아주 약간은 더 내는 듯한 기분은 드는데 기대하는 만큼은 안 되었던 것 같습니다. 아니, 쫓아다닐수록 기대치가 점점 커져서 스스로가 어떻게 해도 만족하지 못했다는 게 맞을까 싶기도 하네요.

경험치나 자산의 변화나 모두 영향이 있었지만, 가장 크게 작용한 것은 제가 투자를 잘 해나갈 수 있는 종목을 찾는 데 포커싱을 두고, 변수가 많거나 여러 이유로 보유가 너무 힘들어 보이는 기업은 주가가 올라갈 것 같아도 흘려보내게 되었습니다. 이게 제가 나이 들면서 에너지가 예전보다 줄어서 이겨내기가 힘든 것인지, 자산이 좀 늘어서 이겨낼 의지가 줄어든 것인지 잘 모르겠는데, 업사이드가 보이면서도 보유가 편한 기업들 위주로 투자를 하려고 합니다.

　매매는 과거에도 많지 않았습니다만, 지금도 매매가 그리 많지는 않습니다. 단, 매매를 하고 난 뒤에는 결과가 어떻든 마음에서 털어버리려는 노력을 계속해와서 후회는 좀 덜 남게 된 것 같고, 그럼으로써 다른 투자에 대한 공부나 다음 투자로 이어지는 게 좀 더 자연스러워져서 좀 더 제게 맞는 옷을 입고 있는 느낌의 투자가 되어가는 듯합니다. 투자자도 마음이 너무 힘들면 지치고, 정신이 지치면 몸도 지치고, 지친 상태에서 좋은 의사 결정을 내리기는 힘듭니다. 저도 나이가 더 들수록 에너지도 조금씩 더 떨어질 것이므로 오래 할 수 있는 투자 스타일로 맞춰가려고 애쓰고 있습니다.

Q. 지난 3년 정도 수익률 자체가 나쁘지 않을 때 이것이 단순한 운인지 아니면 실력인지 어떻게 구분할 수 있을까요?(준허 님)

　A. 구분할 필요가 없습니다. 본인이 충분히 노력했고 3년간 성과가 좋다면 본인이 그 정도 능력이 된다고 생각하셔도 될 것 같습니다. 만약 2~3년 더 성과가 계속 좋다면 더 믿어도 됩니다. 투자는 운이 필요하지만 운이 몇 년간 계속 이어질 수는 없다고 생각하기 때문에 몇 년의 레퍼런스라면 스스로에게 자신감을 좀 가지셔도 됩니다.

　그렇다고 자신감이 자만이 되면 안 되고, 자신감이 넘치면 '다 안다' 병에 걸려 게을러지기 쉬우니 그런 것들만 조금 주의하시면 지속적으로 성과를 내실 수 있을 거라 생각합니다.

Q. 저는 제가 투자하는 종목의 주가가 빠지면 내가 모르는 무언가가 있는 것은 아닌지, 분석 과정에서 실수한 게 아닌지 불안합니다. 특히 하락이 깊을 때는 내가 틀린 게 아닐까 하는 의심이 들면서 괴로운 시간을 보내는데, 투자 구루(버핏, 피터 린치)의 책이나 인터뷰를 보면 그들은 전혀 괴로워 보이지 않습니다. 이런 시간을 어떻게 견뎌낼 수 있을까요?(준허 님)

A. 책이나 인터뷰에서 괴로워 보이지 않는 것은 안 그런 척하거나, 아니면 부담될 정도로 비중을 채우지 않았기 때문일 겁니다. 주가가 빠지면, 특히 비중이 높은 종목의 주가가 빠지면 그 누구라도 불안합니다. 그 불안을 이기기 위해 리서치를 더 열심히 해서 확신의 과정을 쌓는 것이 가치투자자로 성공하는 과정입니다. 괴로워만 하고 노력을 안 하면 잘못하고 있는 것이고, 괴로움을 이겨내기 위해 더 확인하고 점검하면서 스스로의 결정을 뒷받침하려는 노력을 하고 있다면 잘하고 계신 겁니다. 그렇게 했다면 결과가 좋든 안 좋든 모두 좋은 경험으로 남아, 장기적으로 스스로의 투자 레벨이 올라가게 됩니다.

너무 괴롭지만 확인할 것도 다 했고 아무 문제 없이 기다리는 일만 남았다면, 회사를 다니신다면 회사 일을 열심히 하거나, 취미를 열심히 하거나, 운동을 열심히 하거나, 당장 사지 않더라도 좋은 종목을 찾는 공부를 열심히 하거나, 결혼을 안 했으면 연애를 열심히 하거나, 가족과 좋은 시간을 보내는 일을 자주 하거나……. 뭐든 열심히 하는 무언가를 만들어 그 괴로움을 좀 덮고 다른 것에 몰입하는 시간을 보내시는 게 가장 좋습니다.

괴로움은 이겨내려 해도 이겨낼 수도 없고, 참으려 해도 참을 수 없습니다. 제가 하는 말이 아니라 심리학적으로 그렇다고 하네요. 그런 건 자신이 좋아하는 것이나 몰입할 수 있는 다른 것으로 덮어야 한다고 합니다.

Q. 투자를 하면서 감이 좋은 사람들을 보는데 여기서 감은 어느 정도 타고나는 것일까요 아니면 노력의 결과일까요? 그런 분들을 보면 부럽기도 하면서 제 노력이 부족한 탓인가 싶기도 합니다.(준허 님)

A. 어디에든 천재는 있습니다. 천재가 노력도 할 수 있겠죠. 아니면, 노력해서 천재가 될 수도 있겠죠. 남이 아무리 뛰어나든 말든 상관없습니다. 그 사람들이 내 주머니에서 뭔가를 낚아채가는 게 아니니 상관없다 생각하시고, 그냥 투자를 통해 본인의 인생에 필요한 만큼의 자산을 이루어 노후를 좀 편안하게 보낼 수 있으면 된다는 생각을 하시면 됩니다.

어떤 일을 할 때 그 분야에서 천재 같은 사람들이 있는데, 그 사람들에게는 질투를 잘 안 느낄 것입니다. 왜냐하면 정말 어려운 일을 해내고 있으니까요. 우리가 취미로 운동을 하면서도 그 운동에서의 프로가 보여주는 실력을 보며 질투하진 않잖아요. 저 프로는 타고났을 수도 있고 노력을 많이 했을 수도 있다고 인정을 하죠. 그런데 유독 주식에서는 다른 사람이 내 것을 뺏어가지 않는데도 많이 의식하게 됩니다. 그것은 제가 생각할 때 그 사람들이 산 주식을 나도 클릭 한 번이면 살 수 있었던 것 같고, 잘 팔 수도 있었던 것 같고, 홀딩할 수도 있었기 때문인 것 같습니다. 나도 하면 될 것 같은데, 게다가 나도 엄청 열심히 하는 것 같은데 그 사람만큼 잘 안 되니까 질투가 나는 게 아닐까 싶습니다. 저 역시 질투를 많이 느끼는데, 본능이 아닐까 생각합니다.

하지만 주식을 엄청 잘하는 사람도 아주 힘든 일을 해내고 있는 것입니다. 그것이 재능이든 노력이든 간에 그것을 인정해주는 것이 중요한 듯싶습니다. 그 사람을 위해서가 아니라, 나의 질투심을 누르고 내가 평온하기 위해서 말이죠. 게다가 님보다 성과가 못한 사람들 중에는 님을 천재처럼 느끼며 부러워하는 사람도 분명 있을 것입니다. 앞을 보는 것도 중요하지만, 스스로를 인정하고 스스로를 칭찬하며 스스로의 자존감을 높이는 것도 중요합니다. 충분히 잘하고 계신 것 같으니 스스로를 좀 더 관대하게 보듬어줄 필요도 있습니다.

Q. 종목 공부를 하다 보면 종목을 너무 오랫동안 보는 경향이 있습니다. 그러다 보니 투자 속도가 느리고 시장 소외주 위주로 투자를 많이 했던 것 같습니다. 그런데 주변에 아이디어 위주로 잘 캐치해서 산업의 방향성을 잘 맞춰 투자하신 분들의 기업들이 잘 갈 때면 스스로 FOMO가 올 때가 있습니다.

그리고 또 기업을 오랫동안 살펴보다 보니 왠지 공부한 내용이 아까워서 그런지 회사가 제 생각대로 잘 안 풀릴 때도 이상한 논리로 인정하지 않으려 할 때가 있습

니다. 좀 더 깊게 공부해야 하는 기업과 아닌 기업을 어떻게 구별하면 좋을까요?(슬로우슬로우퀵퀵 님)

A. 당연히 아이디어가 맞으면 업사이드가 크게 보이는 기업을 깊이 공부해야겠고, 아니면 대충 넘겨야죠(업사이드가 어떤 게 크냐고 물으면 제가 또 말이 길어지겠습니다만, 본문에 적기도 한 데다, 질문 내용을 봤을 때 투자 경험도 있으시고 리서치를 잘하실 것 같으니 따로 적지 않겠습니다).

'아이디어를 리서치하면서 이게 아닌 것 같다'거나 '오류를 인정하지 않으려 한다'거나 같은 것들은 정도의 차이는 있겠지만 대부분의 가치투자자들이 겪는 일입니다. 당연한 겁니다. 이렇게 흘려보낸 기회들 중에서 좋았던 기회들을 놓치기도 했지만 잘못된 아이디어를 피하는 경우도 많았을 것입니다. 정말로 좋은 기회만 놓쳤다고 생각하신다면 절대 그건 아닐 겁니다. 신중한 투자를 하고 계시는 걸로 보이는데, 그게 장점이자 단점이 되고 있는 거 같네요.

어느 정도 리서치를 깊게 할 능력이 되신 분들은 많은 기업들을 보다 보면 뭘 봐야 하는지 대략 알고 있고 대충 그려지는 그림이 리서치해보면 대부분 맞습니다. 그냥 확인을 위한 리서치가 되는 경우가 많죠. 그럼에도 과도하게 리서치하고 있다면 시간 낭비일 수도 있습니다. 님이 리서치를 깊게 한다고 해서 회사가 크게 성장하는 것은 아니거든요. 리서치를 깊이 하는 것은 아이디어가 맞을지 스스로 확인하는 과정일 뿐인데 그 과정을 모든 관심 기업을 너무 깊이 하기보다는, 그 시간에 더 많은 기업을 가볍게 직관적으로 스치듯 보면서 어떤 기업들의 주가 퍼포먼스가 좋고, 현재 시장은 어떤 기업들이 주류인지 지속적으로 파악하는 게 좋을 듯싶습니다.

리서치를 아주 깊게 하는 것은 초기에 기본을 닦는 과정입니다. 리서치를 할 줄 모르면 뭐가 중요한지, 뭘 봐야 할지, 뭘 물어봐야 할지 그런 것들을 모르기 때문입니다. 그렇게 깊게 리서치 할 수준이 되시면 어떤 기업들이 시장에서 주가가 좋을지, 그리고 실적과 멀티플이 함께 올라 주가가 폭발할 수 있는지 그런 것들에 대한 감을 가질 수 있게 되는 것이 더 중요해집니다. 그런데 그런 것들이 시기에 따라 계속 변하기 때문에 시장의 변화를 따라가야 합니다.

아이디어가 맞아도 업사이드가 크게 안 나올 것 같은 기업들은 그냥 넘기시고, 아이디어가 맞으면 업사이드가 크게 나올 것 같은 기업은 꽤 깊이 보시고, 그 업사이드를 보는 관점을 시장에 맞춰가는 노력을 하시는 게 좋다고 생각합니다.

주가가 올라갈 만큼 좋아질 기업은 내가 찾는 것이지, 내가 공부를 열심히 한다고 기업이 주가가 올라갈 만큼 좋아지는 게 아니라는 것은 당연한 말입니다. 하지만 사람은 공부를 깊이 하면 할수록 주가가 올라갈 것 같은 생각에 사로잡히기도 합니다. 차가운 머리로 주가가 올라갈 수 있을 만큼 좋아질 기업인가에 대한 판단만 하려고 노력하시는 게 좋지 않을까 합니다.

Q. ○천만 원의 투자 금액으로 몇십 배에 달하는 ○○억의 자산을 일구어 내는 것이 '나도' 가능한가요?

이미 결과를 이뤄내신 포즈랑 님 기준에서 과거 이런 의구심 혹은 고민이 들 때 어떤 생각으로 버텨내셨나요? 혹은 어떤 믿음으로 이런 고민들을 이겨내셨나요? 확률분포적으로 누군가는 복리의 힘으로 가능할 수도 있고, 또 반대로 누군가는 실패할 수도 있는데…… '나는 가능해'라는 믿음을 어떻게 유지해오셨을지 궁금합니다.(어트게든 님)

A. ○천만 원으로 ○○억 자산을 이룬 사람은 모임에서도 꽤 많이 있습니다. 저도 전업투자자가 되고 투자를 열심히 하기 전에는 이런 건 불가능한 줄 생각했는데 힘들지만 안 되는 일은 아닙니다.

저는 그런 의구심을 가질 여유는 없었고, 그냥 어떻게든 해내려고 했습니다. 그리고 처음부터 몇십 배를 꿈꾼 것이 아니었기에 내가 도달할 수 있을까 하고 의문을 많이 품지도 않았습니다. 그냥 한 해 한 해 살아남아 최선을 다해 수익 내려고 버둥대면서 투자 능력도 발전했고, 그 과정에서 커진 금액도 운용할 능력이 배양되었고, 그러다가 시간이 지나보니 자산이 쌓이게 된 것 같습니다.

모질게 들릴 수 있지만, 적어도 '이게 될까'를 고민하는 단계라면 해내지 못할 것입니다. 될 때까지 하자, 해내야 한다, 라고 절박하게 생각하고 매일 투자 공부에 시간을 쓰면서 죽자 사자 매달려도 될까 말까라고 생각하니까요.

주식이 유독 다른 사람의 성과는 쉽게 이룬 것처럼 보입니다. 운이나 시장 분위기의 영향도 크고 매수와 매도는 누구나 할 수 있으니까요. 하지만 다른 일에서 프로급으로 성공하는, 그러니까 공부든 스포츠든 바둑이든 게임이든 그 무엇이든 간에 프로 수준으로 올라가는 일만큼이나, 혹은 그 이상으로 투자에서도 집중하고 노력해야 길을 찾을 수 있다고 생각합니다.

막연히 어떻게 하다 보면 되겠지하는 마음으로는 절대로 안 됩니다. 왜냐하면 운이 많이 작용하긴 하지만 운만으론 안 되는 것이 투자라고 얘기하는 것은 장기간의 혹은 평생의 레이스이기 때문입니다. 장기간 동안 운이 반복될 수는 없습니다. 결국 다른 일과 마찬가지로 꾸준한 성과를 내는 것은 프로가 되는 과정과 비슷하다 생각하고 프로가 될 수 있는 노력을 해야 가능하다고 생각합니다. 그중에 재능이 있다면 좀 더 쉬운 길을 갈 테고 재능이 전혀 없다면 도달하지 못할 수도 있겠지만, 그에 걸맞은 노력과 절박함 없이는 아예 불가능할 것입니다. 세상사 모든 일이 그렇듯 말이에요.

Q. 요즘 장이 좋다 보니, 장 좋을 때 바짝 벌어야 한다는 말이 좀 보이는데요. 이게 무슨 의미인지 궁금합니다. 기존 포트가 있어도 당장 한 달? 두 달? 정도엔 주목을 못 받을 수도 있을 거 같은데, 이러면 좀 바꿔볼 필요가 있다는 걸까요? 주도주를 일부라도 담으라는 걸까요? 아니면 좀 더 짧은 시계열로 포트를 리밸런싱할 필요가 있다는 걸까요?(모립 님)

A. 저도 장이 좋을 때 바짝 벌 수 있으면 좋겠는데, 그렇게 이야기하는 사람에게 물어봐야 할 것 같습니다. 저는 장이 좋든 안 좋든 크게 다르지 않습니다. 장이 좋아서 목표가가 빨리 오는 종목이 있으면 그걸 팔고 다른 아이디어가 있는 종목으로 교체하는데 그건 장이 좋아서라기보다는 목표가에 왔기 때문이고, 장이 좋으면 주가가 좀 더 갈 수 있으니 목표가를 좀 더 높이는 경우도 있고, 장이 좋으면 현금 없이 가급적 주식을 채워서 가고 싶은 마음은 큰데, 또 아무거나 살 수는 없어서 투자할 만한 종목을 빨리 찾으려고 쫓기는 마음에 더 많이 더 빨리 살펴보고 공부하려고 덤벼들게 됩니다.

그런데 장이 좋을 때 뭘 어떻게 다르게 해야 할지는 저도 잘 모르겠고, 그렇게 해오지도 못해서 장이 좋을 때 바짝 벌지도 못했습니다. 그리고 언제 이 좋은 장이 끝날지도 모르겠고요.

이것은 '할까 말까'가 아니라 '할 수 있느냐 할 수 없느냐'의 문제가 아닐까요. 장이 좋은데 말씀하신 예시로 든 여러 가지 방법으로 빨리 수익을 낼 자신이 있다면 그렇게 하면 될 것 같습니다. 솔직히 저는 그렇게 해보려다 2015~2016년에 크게 망한 경험이 있어서 그렇게 할 자신이 없거니와, 크게 다르게 하지 못했습니다.

저는 그냥 하던 대로 시장 속에 있으면서 떨어지면 더 살 수 있을 종목들을 찾기 위해 노력하고 있고, 찾으면 투자하고 아니면 접었는데 지금도 그렇습니다.

최근에 저도 주가가 올라 매도한 종목들이 몇 개 있어 현금이 좀 생겼는데 웬만한 기업들의 주가도 다 올라서 살 만한 기업을 잘 못 찾고 있습니다(흡사 1주택 보유자가 자기 집이 올라서 팔고 이사 가려니 옆집도 다 오른 그런 느낌이라고 할까요).

　지수가 계속 올라서 빨리 다음 종목을 찾아야 하는데, 하며 마음이 급하네요. 하락장은 다 같이 힘들고 상승장은 힘든 사람만 힘들어서 더 힘들 수도 있습니다. 그리고 웬만큼 수익 나도 남들보다 못한 것 같아서 마음이 더 급해집니다. 본인이 지금 느끼는 감정들은 본인이 이상한 게 아니라 다른 사람들도 다 그렇다는 걸 알면 좋겠습니다.

Q. 하락장에서 매매는 어떻게 하시나요? 그리고 운용에서 지키시는 어떤 원칙이 있으신지요?(모립 님)

　A. 2019년까지는 거의 대부분의 기간 동안 포트는 주식 100%였고, 대신 포트 내에 10% 정도로 주가 변동성이 크지 않은 배당주나 자산주가 있었습니다. 어느 정도의 하락장을 만났는데 사고 싶은 기업의 주가가 많이 떨어졌다면, 포트 내에 마음에 들지 않는 기업의 주식을 팔아서 사고 싶은 기업의 주식을 사거나(리밸런싱), 위에 적은 10% 정도의 배당주나 자산주를 팔아서 사고 싶은 기업의 주식을 더 사거나, 아니면 팔지 않고 10% 정도의 주식담보 대출로 사고 싶은 기업의 주식을 더 샀습니다.

　그보다 더 심한 하락장이 오면 같은 방식으로, 포트 내에 마음에 들지 않는 기업의 주식을 팔아 사고 싶은 기업의 주식을 사거나(리밸런싱) 위에 적은 10% 정도의 배당주나 자산주를 안 팔았다면 팔아서 사고 싶은 기업의 주식을 더 사거나, 아니면 팔지 않고 10% 정도의 주식 담보 대출을 추가로 내서 사고 싶은 기업의 주식을 더 샀습니다(주식 담보 대출 최대 20%).

 그보다 더 더 심한 하락장이 오면 같은 방식으로 포트 내에 마음에 들지 않는 기업의 주식을 팔아서 사고 싶은 기업의 주식을 사거나(리밸런싱), 이미 이전에 배당주나 자산주도 팔고 주식 담보 대출도 썼다면 거기서 추가적인 자금 투입은 멈췄습니다. 포트 내에서 리밸런싱만 하거나, 도저히 리밸런싱할 것도 없을 때는 그냥 가만히 있었습니다.

 전업 초기에는 추가 매수하는 범위가 좁아서 어느새 담보 대출이 20%까지 왔는데 계속 하락하는 경우가 많아 좀 더 기다리지 못한 게 후회되는 때가 많았고, 전업의 시간이 좀 지나고 2015년 예기치 않은 상장폐지를 겪은 후부터 2019년 말까지는 추가 매수하는 범위가 넓어져서 담보 대출을 20%까지 쓰기 전에 바닥을 치고 반등하여 최대한 매수하지 못한 아쉬움이 있는 때가 많았습니다.

 2019년 말부터는 주식 자산이 스스로 안정적이라고 느낄 정도가 되어서 레버리지를 절대 쓰지 않기로 굳은 결심을 하고 생활비 겸 최후의 보루로 10% 정도의 자산을 빼두고 유지했습니다. 정말 최악의 최악에 쓰는 레버리지 같은 느낌으로요. 10%의 현금 비중은 2020년 3월 19일 코로나 최저점에서도 쓰지 않았습니다. 정말 많이 고민하다가 쓰지 않았는데, 지나고 나니 아쉬웠지만 그 과정을 기억해두려고 애썼기 때문에 크게 후회스럽지는 않았습니다. 그리고 그 덕분에 코로나의 급락장을 그나마 잘 이겨낼 수 있었던 것 같습니다.

  레버리지가 큰 상품(신용, 파생, CFD 등)은 쓰지 않고, 대출은 주식 담보 대출만 자산의 20%를 한도로 정한 것은 전업 이후 주식시장에서 나와 내 가족을 지키기 위해 채운 스스로의 족쇄 같은 룰입니다. 스스로와의 약속이어서 깨려면 너무 쉽게 깰 수 있지만, 전업은 스스로와의 약속을 너무 쉽게 깨면 누구에게도 제재받지 않습니다. 그래서 한순간의 미친 짓으로 돌이킬 수 없는 결과를 낳을 수 있기 때문에 만약 주식투자를 업으로 한다면 자기만의 절대적인 최소한의 룰은 정해두었으면 합니다. 전업 초기의 저는, 그저 스스로가 못 미더워 이런 한계치를 정해두었는데 지나고 보니 굉장히 현명한 스스로의 족쇄였던 듯싶네요. 이것 덕분에 수익률의 극대화는 이루지 못했지만 복리를 얻을 수 있는 기반은 지켜왔다고 생각하기 때문입니다.

마치면서

꾸준히 하다 보니
어느 순간 부자가 되어 있기를……

서문에 적었던 나의 연간 수익률을 다시 한번 떠올려보자.

내가 지난 13년 동안 얻은 연간 수익률을 누군가 본다면, 그 사람도 이 정도는 나도 할 수 있지 않을까? 라는 생각을 할 수 있을 것이다. 쉬워 보이지는 않겠지만 적어도 불가능해 보이지는 않을 것이다. 하물며 엄청난 엘리트도 아니고, 스펙이 뛰어난 것도 아니고, 퇴사 후 자영업을 하다가 이것저것 잘 안 돼서 전업투자자가 된 사람이 이룬 결과물이기도 하니 말이다.

그렇다. 당신도 할 수 있다는 말을 하고 싶은 것이 내가 이 책을 쓴 가장 큰 이유다. 너무 빨리 가려고 레버리지를 심하게 써서 위험하게 가지 않아도, 엄청난 수익률을 올리지 않더라도, 삶이 좀 나아질 수 있는 길이 주식투자에 있을 수도 있다는 말을 하고 싶다.

　이 글을 읽는 사람들은 각자의 사정이 저마다 다를 것이다. 여유롭게 여유 자산을 운용해보려는 사람이 있는가 하면, 이것저것 다 잘 안 돼서 마지막 남은 몇백만 원이나 몇천만 원으로 절박하게 투자를 해보려는 사람도 있을 것이다.

　그런 수많은 보통 사람들에게는 온라인이나 카더라 통신으로 어마어마한 수익률을 올린 사람들처럼 엄청난 결과물이 있어야만 원하는 결과를 얻을 수 있는 것이 아니다.

- 당장 수익이 빨리 날 것 같지 않지만 자신의 투자 능력을 키우는 작업들.
- 빨리 벌기 위해 한 방 노리는 마음을 버리고 꾸준한 성과를 낼 수 있는 길을 택하는 것.
- 지금이 최악인 것 같지만 앞으로 더한 최악이 있을 수도 있다는 것.
- 지금 가진 돈이 보잘것없어 보이겠지만, 그 돈조차 없을 때는 지금보다 훨씬 더 비참해진다는 것.
- 자신의 투자가 잘못된다면, 그 결과는 자신의 가족들과 함께 짊어지게 된다는 것.

　이런 여러 가지를 진정으로 받아들이고, 이미 위험 자산 시장인 주식시장에 있으면서 스스로 선택한, 더큰 위험을 감수하지 않아도 원하는 결과를 얻을 수 있다는 말을 하고 싶다.

뭔가 수익이 날 듯한 기회처럼 보이는데 잘 모르겠다면 손을 대지 않는 것이나, 다시 오지 않을 기회인 듯싶어서 무리한 레버리지를 쓰려는 마음을 통제하는 것들은 리스크를 제어하는 일이다. 리스크를 제어하는 것은 성과에 드러나지 않아서 쓸모없어 보이기도 하지만 리스크를 대하는 태도가 투자자의 기저에 올바로 깔려 있는 것이 장기적인 투자의 관점에서는 그 무엇보다 중요하다고 생각한다. 투자는 '누가 누가 많이 버는가'의 게임이 아니라 '느리더라도 무탈하게 잘 운용해서 노후의 안정에 도움이 되느냐'의 게임이기 때문이다.

나도 큰돈을 벌고 싶었고, 돈만 많이 벌면 모든 게 행복하게 굴러갈 줄 알았다. 그래서 큰 자산을 모을 수 있는 길이 주식투자에 있다는 것을 진정으로 깨달은 이후 그 갈망 속에서 투자를 이끌어왔다. 그러나 많다면 많을 수도 있고 적다면 적을 수도 있는 자산의 숫자를 찍은 후에도 내가 상상하던 행복은 없었다. 오히려 그렇게 버둥거렸으면서도 목표 자산을 향해 가는 그 과정이 더 행복하지 않았나 싶은 생각이 들 정도이니, 가지고 싶은 것과 가진 후의 마음가짐은 하늘과 땅 차이였다. 그러고 보니 100억이든 1000억이든 1조든 그 무엇이 다르겠는가. 생활이 무탈할 수 있는 자산이라면 그 위로 얼마의 자산이 있든 그것으로 행복이 비례해서 올라가진 않는다는 사실을 받아들였다. 올바른 투자자의 길을 알려주셨던 찰리 멍거 선생님께서 하신 말씀 중에 "처음부터 이렇게 큰 부자가 되려는 것은 아니었어요. 독립성을 갖고 싶었어요"라는 내용이 있었는데, 주식투자의 목적성을 이야기하는 데 최고의 말씀이 아닌가 싶다.

그렇다면 투자는 어떻게 해야 하는 것일까. 주식에 몰입하여 성공은 하되 중독은 되지 않고, 주식에 인생을 걸듯 목숨 걸고 하되 주식이 인생이 되지는 않도록, 그래서 인생을 안전하게 지켜갈 수 있는 수단으로 주식투자를 지속했으면 한다. 엄청난 부자가 아닌 나와 내 가족과 나의 소중한 사람들과 무탈하게 살 수 있는 수단으로서의 주식투자로 말이다. 그 와중에 투자를 잘해서 엄청난 부자가 되어도 좋고, 그렇지 못해도 최소한 무탈하게 살 수 있는 수준으로는 남을 수 있기를 바란다. 그렇게 투자를 하나의 직업이나 취미로서 삶의 일부로 함께하다 보면 결국 늙어 죽을 때는 부자로 남지 않을까 싶고, 그것이 행복한 투자자의 모습일 것이다. 이렇게 투자 능력을 기르는 과정과, 투자를 통해 얻으려 하는 것, 그리고 그것들을 위해 해야 할 것과 하지 말아야 할 것들을 완전히 이해하고 철저히 지키는 것이 투자자의 삶을 사는 사람들에게 기본 소양이 되었으면 한다.

이 글을 읽는 사람 중에도 주식투자 때문에 힘든 시간을 보내고 있는 사람이 있을 것이다. 투자가 잘 안 돼서 힘든 사람도 많을 것이고, 투자가 잘 안 되는 것은 아니어도 자신에게 엄격하여 자기 탓을 하는 사람들도 많을 것이다.

자신은 더 좋은 결과를 낼 수도 있었고, 더 잘할 수도 있었고, 그런 멍청한 짓을 하지 않을 수 있었고, 잘못된 그 모든 것이 내 탓이고, 내가 멍청하고, 그 후회의 순간을 도저히 받아들일 수 없는…… 그런 사람들 말이다.

그렇다, 나도 그런 사람이었다. 나는 그런 힘든 시간들을 힘겹게 이겨내긴 했지만 자책의 시간들은 너무 괴로웠다. 이 글을 읽는 사람들은 그 괴로움이 너무 심하지 않았으면 하는 게 지금의 바람이다.

투자를 하다 보면 자신에게 관대하고 자신을 위로해주어야 할 때가 있다. 투자가 너무 힘들다면 지금이 바로 그때다.

그렇다고 아무렇게나 넘기라는 뜻이 아니다. 반드시 그 어려움을 겪게 된 원인을 거슬러 올라가 분명히 복기해야 한다. 처절하고 철저하게 해야 한다. 인간은 망각의 동물이라 자꾸만 과거의 잘못을 잊고 같은 실수를 반복하기 마련이어서 철저하게 복기하고 두 번 다시 같은 잘못을 하지 않겠다는 생각으로 기록을 남기고 그것을 반복해서 읽고 뼈에 새겨야 한다.

하지만 너무 심하게 자책하지 않았으면 한다. 너무 심한 자책은 다시 일어서기 힘들게 만들고, 실패를 받아들이지 못하게 해서 새로운 마음으로 시작할 수 없게 발목을 잡는다.

투자는 언제나 지금 다시 새로 시작할 수 있다. 무언가 너무 잘못된 거 같아도 끊어내지 못하고 끌려다니기만 해서는 점점 더 나락으로 빨려들어간다. 투자가 꼬이고 더 꼬이는 사람들은 그런 사람들이다.

지금 힘든 상황을 겪고 있다면 지금까지 무엇이 잘못되었는지 파악하고 그것을 받아들여라. 그리고 자신의 실수를 인정하고 자신이 무언가를 잘못했기에 이런 결과가 나왔다는 것을 수용해야 한다. 그래야만 다시 무언가를 시작할 수 있다.

손절을 해야 되면 하고, 뭔가를 사야겠으면 사라. 대신에 절대적으로 그 과정을 인지하고, 그럴 만한 충분한 이유를 스스로에게 각인시키고, 단기적으로 결과가 거꾸로 나온다 해도 받아들이겠다고 자신에게 반드시 수긍시켜야 한다. 이렇게 해야만 주가가 거꾸로 갈 때 못 견딜 것만 같은 두려움을 이기고 새로 시작할 수 있다.

다이어트를 하다가 실패하는 사람은 한 번 폭식하고선 다이어트 실패라고, 나는 그런 인간이라고 자책하며 다시 예전으로 돌아가는 사람이고, 금연에 실패한 사람도 참고 참다가 한 번 피웠다고 모든 게 무너진 것처럼 자포자기하는 사람들이다.

한 번 폭식을 하든 한 번 담배를 피우든, 자신을 너무 책망하지 말고 다시 다이어트를 시작하고 다시 금연을 시작하면 된다. 사람들은 말한다. 그런 마음가짐으로 뭘 하겠느냐고. 아니다. 그런 마음가짐을 계속 가지는 것이 중요하고, 자신을 믿는 마음이 필요하다.

투자는 더욱 그렇다. 투자는 언제나 뿌연 안갯속에서 자신을 믿고 걸어가야 하는 불안과 후회의 감정의 연속이다. 거기서 믿고 의지할 것은 자신에 대한 믿음과 과거 성공의 경험이다.

처음부터 성공의 경험을 쌓으면서 차곡차곡 진행하면 좋겠지만 주식시장은 그렇게 호락호락하지 않다. 좌충우돌 실패가 연속되더라도 그 실패의 이유를 복기하여 잘못된 행동들을 반복하지 않게 하고, 잘못된 흐름은 어느 순간 끊어내고 다시 시작할 수 있어야 성공의 기회를 잡을 수 있다. 그리고 그 성공의 경험으로 자신에 대한 믿음이 강화되고, 투자에서 성공의 길이 조금 열리는 것이다.

꾸준함은 힘이 있다. 많은 사람이 알아주든 아니든, 본인에게 가장 큰 힘이 되어, 그로 인해 어떠한 일이 파생될지 모른다. 언제 결과가 나올지 모르지만 꾸준하게 열심히 하는 것. 전제가 되어야 할 것은, 그게 옳은 방향인가 하는 것. 그리고 운.

정리하자면,
— 철저하고 명확한 복기로 같은 실수를 반복하지 않는 것.
— 결과가 안 좋을 때 자신을 책망하고 후회하는 것은 어쩔 수 없지만, 어느 순간에는 그 감정을 끊어내고 다시 시작할 수 있는 힘.
— 성공의 경험으로 자신에 대한 믿음의 강화.
— 옳은 방향, 꾸준함, 운.

이런 것들을 오랜 기간 지속하면서 성공적인 투자자로 발전하기를 바란다. 그리고 인생을 걸고 투자하시는 분도, 인생의 일부로 투자하시는 분도, 너무 과도한 위험은 지지 않고 투자하시기를 언제나처럼 당부드린다. 나는 그리 똑똑한 사람도 배짱이 큰 사람도 아니었고, 살아오면서 무언가를 특출나게 해본 적도 없는 사람이었으며, 투자에서도 역시 그리 스마트하지 못했다. 그래서 투자하는 내내 다른 사람들이 겪지 않던 우여곡절도 있었지만 적어도 '과도한 위험을 지지 않는 것', 그것만은 지켰기에, 수많은 사고를 치면서도 앞으로 나아갈 수 있었지 않았나 싶다.

 이 책을 읽는 사람들 모두가 언제일지는 모르겠지만, 열심히 그리고 꾸준히 하다 보니 어느 순간 부자가 되어 있기를 진심으로 기원한다.

감사의 말

아내에게.

전업투자에 뛰어들고 시간이 많이 지난 어느 날 "내가 전업투자를 하겠다고 했을 때 뭘 믿고 그러라고 했냐"고 물었더니, 나를 믿었다고 했었지. 나도 나를 믿지 못했는데 뭘 보고 날 믿었냐며 둘러댔지만 마음속으로는 큰 감동이었다.

대학생 시절 난 복학생으로 당신은 신입생으로 만난 이후, 지금껏 연인이자 친구로 그리고 삶의 동반자로 언제나 날 믿어주고 옆에 있어줘서 고마워. 그리고 사랑해.

정윤아, 태희야.

언제나 너희에게 좋은 아빠가 되고 싶었는데 그랬던 순간도 있고 아쉬운 순간도 있구나. 아빠와 엄마의 소중한 딸과 아들로 태어나 건강하게 잘 자라준 것만으로도 언제나 고맙고 사랑한다.

알바트로스 성필규 님께.

슬럼프에 빠져 있던 제게 투자를 다시 시작할 수 있는 용기를 주셨고, 책을 써보라고 강하게 권해주셨습니다. 처음엔 몰랐지만 글을 써가면서 그 의미를 조금 알 것 같았고 저 자신을 되돌아보게 되었습니다.

트레이딩과 가치투자라는 서로 다른 투자의 세계를 걸어왔지만 신기하게도 비슷한 결의 느낌 속에 좋은 인연이 되고, 무엇보다 이 책을 낼 수 있었던 출발점이 되어주신 것에 진심으로 감사드립니다.

전업투자 초기부터 많은 것을 배울 수 있었던 DIS 모임의 홍열 형님, 인택 형님, 석형 형님, 리다 형님과 동생들.
투자 모임 '다모임', '대인배', '대장부'의 회원들.
사무실을 함께하는 청수와 병도.
내가 봐온 그 누구보다 열심히 하는 성진이와 동민이.

그리고 투자의 세계에서 저를 아시는 모든 분들께 감사의 말씀을 전합니다.

포즈랑의 투자 이야기

초판 1쇄 발행 | 2025년 10월 20일
초판 2쇄 발행 | 2025년 10월 31일

지은이 | 포즈랑
발행인 | 김태진, 승영란
편집주간 | 김태정
마케팅 | 함송이
경영지원 | 이보혜
디자인 | 여상우
출력 | 블루엔
인쇄 | 다라니인쇄
제본 | 경문제책사
펴낸 곳 | 에디터
주소 | 서울특별시 마포구 만리재로 80 예담빌딩 6층
전화 | 02-753-2700, 2778 팩스 | 02-753-2779
출판등록 | 1991년 6월 18일 제1991-000074호

값 22,000원
ISBN 978-89-6744-299-6 03320

ⓒ 포즈랑, 2025

이 책은 에디터와 저작권자와의 계약에 따라 발행한 것이므로
본사의 서면 허락 없이는 어떠한 형태나 수단으로도 이 책의 내용을 이용하지 못합니다.

■잘못된 책은 구입하신 곳에서 바꾸어 드립니다.